遇见

YU JIAN

基于幼儿园教师专业化成长的教育探究

JIYU YOUERYUAN JIAOSHI ZHUANYEHUA
CHENGZHANG DE JIAOYU TANJIU

孟祥倩 / 著

天津社会科学院 出版社

图书在版编目（ＣＩＰ）数据

遇见：基于幼儿园教师专业化成长的教育探究 / 孟祥倩著. -- 天津：天津社会科学院出版社，2023.9
ISBN 978-7-5563-0916-0

Ⅰ．①遇… Ⅱ．①孟… Ⅲ．①幼教人员－师资培养－研究 Ⅳ．①G615

中国国家版本馆 CIP 数据核字(2023)第 183505 号

遇见：基于幼儿园教师专业化成长的教育探究
YUJIAN：JIYU YOUERYUAN JIAOSHI ZHUANYEHUA CHENGZHANG DE JIAOYU TANJIU
选题策划：韩　鹏
责任编辑：柳　晔
责任校对：王　丽
装帧设计：高馨月
出版发行：天津社会科学院出版社
地　　址：天津市南开区迎水道 7 号
邮　　编：300191
电　　话：（022）23360165
印　　刷：北京建宏印刷有限公司
开　　本：787×1092　　1/16
印　　张：25
字　　数：320 千字
版　　次：2023 年 9 月第 1 版　　2023 年 9 月第 1 次印刷
定　　价：88.00 元

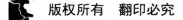

扮演童话剧『小鸭子』的角色

担任主持人

与幼儿同创新年环境

创设隐性环境

琴音绕梁

天津市优秀教育活动现场

开展"我们都是设计师"活动

椅子游戏

带领幼儿观察幼儿园的楼房

舞动未来

亲子共舞

带着中国传统技艺
——染纸走进美国幼儿课堂

与美国小朋友携手感受水墨画

和孩子一起成长

获得加州大学颁发的证书

比比课程

展翅飞翔

学期末总结会

天津市主题游戏研讨会

全市展示交流

环境展示

携手前行

全园教师专项培训

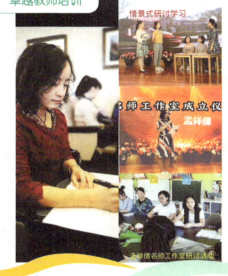

卓越教师培训

情景式研讨学习

美术绘本的选择与研讨

"追求卓越幼教师资培训工

卓越伙伴

环保创意服装秀

教师专业培训

童年的游戏

愿你们飞得更高！

让我们一同起飞

芬芳行知勤勉　　立德树人师

市级骨干教师奖

孙丽静　孟祥倩

天津市骨干教师

领航教师培训

名师工作室线上研讨会

永远的回忆

I ♥ 天津

孟祥倩名师工作室创意挂牌仪式

孟祥倩名师工作室成员合影

名师工作室课题研讨

蒲公英主题活动交流

撕贴也是一种美

疫情时期的创意美术活动教研

走进蒲公英世界

幼儿美术作品评价与指导

音乐情境下的
创意美术研讨

椰子树下的小憩

让阅读走进孩子心里

享受海边的余晖

教研永远在路上

一课三研

名师工作室展示课

留恋山间的小路

回眸一笑

同行的快乐

杰出津门教师开班典礼

河东区幼儿园教师和保育员培训

续百年初心　　担当育人

继续教育培训

（一）色彩开放式游戏，传递音乐的情绪表达

孟祥倩创新人才工作室成果汇报

将绘本融入创意的思考

河东区学前名师工作室展示

专业引领践行初心 根植教育服务为民

河东区教育系统庆祝教师节系列活动

河东区学前名师工作室展示

参加"校长来了"

传帮带

鼓励孩子的点滴进步

发现光影的秘密

祝你孔雀开屏

感受画中的神奇

有趣的创意拼摆

枯木逢春

观摩活动后的反思研讨

创意美术活动体验式研讨

发现孩子眼中的美

参加骨干教师做课活动

树叶娃娃的新衣裙

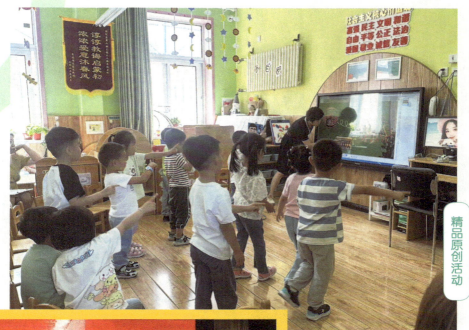

精品原创活动

天津市优秀教师

我们设计的游园地图

参加教育部"新时代中小学学科领军教师示范性培训"联合开班活动

领军教师破冰之旅

领军教师自我介绍

聆听教师的专业讲座

小组研讨发言

珍惜每一次学习的机会

培训后和自己的名字牌留念

在北京师范大学的校园留影

眼中有光

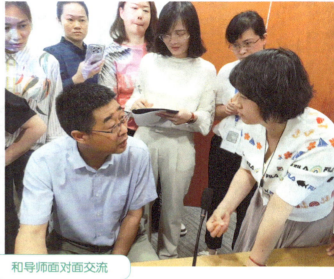

和导师面对面交流

花仙子

火焰精灵

自 序

　　人世间的一切皆是遇见。春遇见冬，有了岁月；冷遇见暖，有了雨雪；天遇见地，有了永恒；我遇见你，有了"我们"。遇见孩子，遇见惊喜；遇见"自我"，遇见成长；遇见"我们"，遇见未来。因为"小写"的遇见所以成就了大写的"我们"。

　　我徜徉在园所的每一个角落是为了遇见孩子。苏格拉底曾说过：教育不是灌输，而是点燃火焰。作为一个"大朋友"，我用点滴经验支持孩子们的自主探索和自我发展，也在与他们的同行探索中，更加深刻地感悟到浸润的、无痕的、自然的教育才是最好的教育。随着自身专业技能的不断锤炼与提升，我坚持以植根教学实践、聚焦专项研究的方式寻求专业成长的突破点，在天津市河东区第二幼儿园"润泽生命、还原童心"理念的指引下，从"生活小事情"切入，与孩子共同创作"教育大文章"，逐渐沉淀出自己"在生活中成长，在游戏中发现，在环境中体验"的教育教学风格。日常，以一串又一串接踵而至的"小问题""小场景"为路引，激发孩子的"主人翁"意识，引导他们规划自己的一日生活、设定自己的一岁期许，亲手设计绘制"幼儿园装修图纸"，创造机会让他们发现周遭时令变化，感受和体味音律之美，用画笔记录创意与表达，进而令其自然地生发疑问、探索规律……鼓励孩子做"自己的主人"、做"班级的主人"、做"幼儿园的主人"、做"社会的主人"。遇见孩子，"我"看到笑、嗅到香，见到成长；遇见孩子，"我"流于指尖，藏在眼中，走进心里……"我"慢慢地充盈，慢慢地扩大。

　　行走在童心世界，遇见纯真的"自我"。我时常思索如何才能立足脚下的道路，让个体之"我"与千千万万个性之"我"、群体之"我"并肩秀立。为此，我将"教孩子一天，为孩子一生"的朴素信念作为教育信条，以"假如是我的孩子，假如我是孩子"的转换视角为行为准则，用日渐丰盈的心灵、不断地更新理念、脚踏实地的教育并影响着孩子们。只有用真心做善行，才能品味事业的幸福；只有以真我伴童心，才能绽放生命的华彩；只有将"我"字放大，才能遇见心灵的纯真。

在幼儿园一方小小的天地里，遇见大写的"我们"。这个"我"，不是个体的"我"，而是同行的"我们"。躬耕学前沃土，令我时有收获，而我也乐于将这满掌的欢欣奉于伙伴分享周知：得益于师长的引导、同伴的协力，感恩市教研室试点研究、继续教育辅导、农村骨干教师培训和立德树人优质均衡培训月等一个又一个不同的舞台，在承担各级各类观摩展示、经验交流、讲评培训和研讨发言任务的过程中提升自我，在姐妹园"内行人"的教学现场将我自身的思考以专业的方式呈现出来。同伴对我多加鼓励，令我有机会让自己的事迹见诸报刊，参加电视专访，将自己的研究成果传播到社区乃至社会。且思且行，我带着自己对教育教学的执着追求与刻苦努力，载着同伴的祝愿鼓舞和奋进助力，在行为与观念的并进中踏石留印，愈加感到舞台渐大、天地渐宽、责任愈重。我愿将"我"汇入万千的"我们"，滔滔改革水，悠悠教育情。

遇见逆境，遇见付出，遇见成长。在曲折征程中，不仅常有伙伴牵手的温暖、幼儿纯真的稚爱，更总能撷取人生与事业中臻美的回忆与硕果：那些穿梭在三层脚手架上为新建的教学楼外墙画底稿，白日耀眼、挥汗如雨的三伏天；那些腰间缠着海绵材料绘制幼儿园院墙，寒风凛冽、飘送雪花的三九天；那一天天熬夜加班做开园准备的孕期；那一个个放弃哺乳全心安抚新小班孩子的正午……遇见机遇、遇见收获、遇见幸福。幼儿园教师的职业热情，正是在一次次敢于尝试的撞击中得到了最大限度的彰显。这种精神，连接了我的昨天、今天与明天。遇见积极向上的生命热情、职业情怀、意志力量，帮助我在事业中消隐有限的"自我"，收获贯通你我、联结孩子、教师、家长乃至整个社会的无限的"大我"。

今天，我将自己近二十年在学前教育领域耕耘的心路历程汇编成册，愿这段美好的人生经历得以珍藏，更寄望与同业同志者谋同心、寻同路。愿前行路上，遇见更多教育人的精神与品格，遇见更多成长者的气度与从容，遇见这份职业的沉淀与幸福，遇见此生使命的成就与担当。

　　于天地之间，书大写的"我"；用大写之"师"，铸大写的"人"！

目录

遇见——基于幼儿园教师专业化成长的教育探究

002

第 一 章

概　述

　　20世纪80年代，国际教师教育领域专业化运动兴起，专业形象作为教师教育形象和职业形象的契合器，确立了以教师专业发展为本的价值导向。我国学前教育事业的发展离不开幼儿园教师专业形象的树立，国家也对幼儿园教师提出了更高的要求，2012年国务院颁布《关于加强教师队伍建设的意见》，明确提出大力提高教师专业化水平，完善教师专业发展标准体系等要求；教育部颁行《幼儿园教师专业标准（试行）》，为进一步规范幼儿园教师的专业行为提供强有力的参考。《关于全面深化新时代教师队伍建设改革的意见》《新时代幼儿园教师职业行为十项准则》等政策文件相继出台，也为幼儿园教师专业化指明了方向。

　　幼儿园教师专业形象主要包括专业理念、专业知能、职业道德、专业自主和专业成长五大核心范畴。幼儿园教师自身的专业性是塑造教师专业形象的根本所在。其中，园所文化是专业形象确立的促进要素。鉴于此，为全面提升幼儿园教师的专业形象，我们将群体培训与个体研修相合，专业形象与行为自觉同频；园所文化与生态教育互生，专业教师与生命发展为伴，探索出提升幼儿园教师专业形象的有效策略。

第一节 幼儿园教师专业形象与发展取向

一、幼儿园教师的专业形象

教师形象是社会期望具有教师身份的人所应表现的行为模式，是社会公众及个人对教师群体的综合评价。教师的素养和技能是教师形象的"基本色"，阮成武和裴春秀认为教师形象局限于制度和法规所完成的任务，所以在不同的社会文化背景下，教师形象被画上了不同的"历史色"，教师作为文化主体形象彰显了国家的历史变迁。

随着教师形象的深入研究，近年来对幼儿园教师形象的研究也逐渐增多，我国幼儿教师形象正经历由"保育型形象""教育型形象"到"专业型形象"的蜕变。幼儿园教师形象是指在不同人群视角下，教师在特定的社会教育系统中，自身内在的价值观念形象与外在所表现出的教育行为的总和。专业形象是指某一特定领域的从业者或社会他人，对于该职业的专业性质、专业程度和专业提升途径的认知和看法。教师专业形象是指一般社会大众及教师自身对教师工作的专业性质、专业程度和专业提升途径的评价与看法。简言之，幼儿园教师专业形象就是不同群体（包括教师自身和社会大众）从教师专业素质结构出发探讨和架构教师形象，以凸显教师职业形象的独特性和专业性。

二、专业形象的确定有助于幼儿园教师的专业化成长

形象既是力量，又是竞争的资本，构建良好的形象对个人获得事业的成功至关重要。教师作为教育事业的代言人，教师形象是教师风貌、才能和素质的综合体现，也是实现教育现代化的重要力量，良好的教师形象有利于提

高教师职业的吸引力,增强教师职业的黏性。同时,教师专业形象既是教师内在精神展示和外在物质表现的一系列客观状态的综合体现,又是体现教师专业能力和素养的重要途经。其中,内在因素主要包括职业信念、社会责任感、职业道德、职业认知、职业心理特征和职业技能等精神形象;外在因素主要包括教师在职业行为过程中的服饰装扮、仪容仪表、言谈举止、神情姿态、动作行为等物质形象。

"教师专业化"和"教师专业形象"两者密切相关,专业形象的确立既是教师专业化发展的最终目标,又是教师专业化实现的必要条件。根据当前社会现状,我国幼儿园教师专业形象以负面为主,大众对幼儿园教师的认识产生不同程度上的偏差。社会群体对幼儿园教师存在刻板印象,固化于"高级保姆"的形象当中,与其他年龄学段教师相比弱化对幼儿园教师"专业性"的考量,而更多关注在个人形象上,在整个教师体系当中社会地位偏下,不利于教师专业的发展和成长。唯有打破传统的教师形象,构建符合教师职业规律的专业形象,才能提升教师群体在社会大众心目中的专业地位,激发教师自身的职业期待和身份认同,推进教师教育的专业化进程。

第二节
幼儿园教师专业形象的价值意义

◎ 一、学术价值

（一）丰富幼儿园教师专业化的研究

关于教师职业的专业化探讨始于 20 世纪 60 年代，国际劳工组织和联合国教科文组织提出的《关于教师地位的建议》，初次为教师的专业地位发声；20 世纪 80 年代，在美国的推动下，教师教育专业化运动兴起并受到世界各国的关注。国外对于教师的"专业能力点"和"专业素质结构"的把握更为准确，且形成了系统的理论体系。我国教育部在 1978 年 10 月颁布《关于加强和发展师范教育意见》，教师的地位和发展方向得以厘清，在此后的时间里，教师专业化研究更多聚焦于高校和中小学教师，幼儿园教师专业化研究也在近几年形成政策规范。为此，笔者借鉴教师专业化发展的相关研究，将研究聚集到幼儿园教师的专业形象上，以丰富教师专业化理论在学前教育领域中的运用。

（二）丰富幼儿园教师专业形象的研究

关于专业形象的研究主要集中在专业性得到社会普遍认可的行业领域，如医生、律师、工程师等职业。随着时间的推移，教师职业的专业性被社会所接受，逐步形成具有一定社会地位的专业化职业，从此我国关于教师专业形象的研究取得实质性进展。幼儿园教师的专业形象研究更多的是对教师理想形象的探讨或聚焦在教师内在形象和外在形象等方面，教师缺乏职业所带来自身价值和社会价值的同构，难以形成共生和统一的整体。本文在幼儿园教师专业化发展的基础上探究幼儿园教师专业形象的认知，归纳概括出专业形象的结构和要素，进一步丰富幼儿园教师专业形象的研究。

◎ 二、应用价值

（一）为幼儿园教师提升自身专业形象提供支持

幼儿园教师的专业形象是促进学校良性发展的需要，也是学前教育事业进步的必经之路。由于接触对象的身心发展的特点，学前教育需要保教结合，相较于其他学段的教师，在大众意识层面上的专业性并未充分确立。通过明确幼儿园教师专业形象的结构和要素，力图帮助社会大众更加清晰地认识幼儿园教师的地位和专业。同时，从不同视角分析当前幼儿园教师专业形象的现状和内容，并通过自身实践的行动研究，进行计划、行动、调整和反思的过程。在对研究结果分析的基础上，探索出提升幼儿园教师专业形象的有效策略。这不但能帮助一线教师在专业形象上进行反思和调整，还为教师提升专业自觉，提高自身专业形象提供具体要求与支持。

（二）为幼儿园教师开展职业培训提供参考

教师职业培训主要包括职前培养、职后培训两个部分，是教师憧憬职业发展前景和提升职业发展信念的重要桥梁。前者通过幼儿园教师专业形象内容的贯穿，助推高质量教师队伍，后者以教学实践为纽带，拧紧教师专业形象发展的"螺丝"，增强教师的职业获得感、坚定感和使命感。幼儿园依托园所文化为创新优势，不断变革人才培养理念，调整人才培养方案，对接幼儿园的实际需求，还可以从幼儿园教师专业形象的结构要素入手丰富培训内容，展开多元化、多层级的系统性培训，构建教师职业培训的新格局，逐步提高幼儿园教师的专业认同，促进幼儿园教师的自我觉醒和专业发展。

第三节 幼儿园教师专业形象的内容框架

一、专业理念

专业理念是指专业人员对自身专业性质、专业标准、专业价值的理解与期待，它影响着专业人员自身的思考方式和行为举措。作为幼儿园教师的教育理念是指教师在对学前教育工作本质的理解基础上，在教学实践中逐步形成的关于学前教育的观念和理性认识。理念的专业性为教师行为的专业性提供理论支撑，也是体现了学前教育的独特性。幼儿园教师的儿童观包括：以儿童为中心，尊重理解儿童，以发展态度看待幼儿的成长，儿童为学习的主体；教育观包括：玩中学、学中玩，一日生活皆课程，因材施教，坚持保教结合。

二、专业知能

专业知能是专业知识和能力的简称。其中，专业知识是指为胜任教育教学工作所具备的知识，是被教育实践证实的、真实准确可以指导并解决教学实践问题的经验；专业能力是在教育实践中体现的，保障完成职业要求和工作职责必要条件。由于教育对象的特殊性，幼儿园教师的专业知能是多层次的，具有综合全面性和跨学科性等基本特征。

本研究中的专业知能包含幼儿园教师的专业知识结构、教育教学能力、沟通合作能力、反思实践能力和观察评估能力。专业知识结构包括：幼教理论知识、普通类文化知识；教育教学能力包括：组织实施能力、问题解决能力、情绪管控能力、环境创设能力；沟通合作能力包括：亲师沟通合作能力、师幼沟通交流能力、同事沟通协作能力；反思实践能力包括：勤于反思能力、具有问题意识；观察评估能力包括：善于观察能力和多元评估能力。

三、职业道德

教师的职业道德即师德，是教师在长期的教育教学实践中必须遵守的道德观念、行为规范和道德品质的综合，是教师思想觉悟、道德品质和精神面貌的集中体现。2018 年 11 月国家出台了《新时代幼儿园教师职业行为十项准则》（以下简称《准则》），从国家层面为幼儿园教师的职业道德提出了特殊而重要的具体要求，由于幼儿园教师施教对象的特殊性，教师职业道德能够提高教师的内在责任心和认同感。因此，专业的幼儿园教师应该以专业知能为基础不断提升自身的职业道德，真正做到师德为先、为人师表。依据《准则》可以梳理出幼儿园教师职业道德态度和职业行为规范两个方面，具体要求包括：高度责任心与事业心、精心看护严防伤害、呵护幼儿心灵成长、遵循幼儿教育规律、尊重家长廉洁从教、不断提高职业素养。

四、专业自主

专业自主是指教师享有的专业判断及自由施教，不受非专业成员干预的权利教师的专业自主，包括教育教学自主、科学研究自主、民主管理自主、进修培训自主等方面。教师作为幼儿阶段教育的主要承担者和实施者，教师只有主动地对自己的教育行为进行审视，在教育实践中不断进行反思和改进，才能实现自身专业能力的飞跃，唤醒教师的内部动机，最终实现教师的专业自主发展。

在教育教学过程中，教师能够自主根据班级幼儿学习需求选择适当的教学方法，改进教学策略。与此同时，在班级学期目标的引领下，根据班级主题活动，确定教育内容，推进教育计划。教育教研让理论与实践形成合力，运用"接地气"的形式，将教研通俗化、精准化、差异化，让每位教师都能在教研活动中有收获、有感悟。

五、专业成长

专业成长是指教师在严格的专业训练和自身主动学习的基础上，逐渐发展成为一名专业教育者的过程。幼儿园教师的专业成长是展现教师专业化形象的必要条件，也是提高该学龄阶段教师地位的重要因素。教师的专业成长主要分为内部和外部两个方面。内部主要是教育系统内的职前和职后培训项目，外部是教师通过网络信息技术在探寻相关领域的学习内容。教育系统内部唤醒教师内部动机，激发教师的发展需求，增强实现自我价值和社会价值的信念；教师自身端正职业动机，主动制订发展计划，开展教育行动研究，突破教学重难点，利用内外因素协同作用促进教师专业成长。

第四节　幼儿园教师专业形象的影响因素

　　幼儿园教师专业形象主要包括专业理念、专业知能、职业道德、专业自主和专业成长五大核心范畴。幼儿园教师专业形象主要来自社会因素和自身因素两个方面，教师在提升自身专业能力的同时，又体现出社会群体对专业形象期待的情境性和整合性。因此，幼儿园教师专业形象的形成以"专业理念"为引导，"专业知能"为主体，"职业道德"为先导，"专业成长"贯穿始终，"专业自主"为重要构成的内涵。

◎ 一、教师自身的专业性是专业形象确立的根本所在

　　幼儿园教师自身的专业行为表现展示给他人的认知是最直观的，教师的谈吐举止、工作表现、教育成效等都是他人可以接收到的信息，从这样的线索中，园所领导、同事、家长对幼儿园教师专业形象的认知就可能发生强化或改变。

（一）理念先行，坚守教育使命

　　教育理念是幼儿园教师对学前教育事业的理解和认识，自我认知与行为倾向。先进的教学理念会增强教师对职业的认同感和自豪感，从教师本心能够对自身职业和幼儿怀有满腔的爱意和高度的责任感。科学的教育理念也是教师专业成长的"地基"，在教育活动开展的过程中，教师能够充分尊重幼儿的意愿，在改进和反思中提升自身的教学能力和指导水平，也让幼儿在游戏过程中茁壮成长。因此，教师自身的理念态度会直接影响其在实践中的教育教学行为，进而影响自身专业形象的确立。

（二）师德为先，树立教师模范

"学高为师，身正为范"，作为教师要时刻以职业道德准则高标准要求自己，3—6岁幼儿模仿能力强，作为幼儿园教师更需要时刻做好道德表率作用，展现良好的道德风貌。专业的幼儿园教师需要保持高尚的道德水准，将职业道德由外部工作制度约束管理转向自我道德管理。幼儿园教师的职业道德认知表现为自身在幼儿教育工作中的专业行为，这是一种来自专业的认知、情感、行为反馈带来的综合性反思和形象自觉。幼儿园教师道德水平的高低将会影响教师的责任心和外部行为表现，还会影响教师职业发展的积极内部动机，最终影响到专业形象的确立。

（三）行动为要，点燃梦想火种

幼儿园教师的专业素养通过自身行为表现所呈现，并将最终影响到专业形象的确立。幼儿园教师的行为表现作用于幼儿成长的方方面面，教师专业的行为表现能够引领幼儿成长，为幼儿向善的发展提供支撑。因此，根据幼儿园教师的专业行为表现去影响幼儿、感染家长、服务社会，逐步获得社会对幼教工作者专业形象的认可和接受。

二、园所文化是幼儿园教师专业形象确立的促成要素

幼儿园是一个创造意义、价值和文化的"生活空间"，园所共享的文化理念会影响幼儿园教师的思维方式和行事风格。教师的思想观念是在社会环境和园所文化相互作用中逐渐生长。教师的专业形象并不是一成不变的，在园所"小社会"文化的浸染下，教师的职业态度和专业规划都会随之发生变化。园所需要以园所文化理念引领为核心，要通过加强教师对园所文化的理解和认同，凝聚共识，发展专业自主意识，起到外部"督促"的效用，指明教师发展方向，实现专业成长。

（一）健全园所文化，遵守职业自觉

园所文化包括物质文化、精神文化和制度文化，良好的园所文化对教师一日生活组织与保育、沟通与合作、激励与评价等专业能力的提升具有显著

影响。其中，物质文化包括园所的空间环境、硬件设施设备和符号标识；精神文化是共享的职业信念、价值标准和教育目标；制度文化是一所幼儿园得以有序运行的必要条件，是幼儿园教职工共同遵守和维护的行为规范、工作流程和管理机制，包括教师在衣着穿戴、仪容仪表、言行举止、师德师风等方面的规范。

园所文化能够提升教师的专业自治能力与专业技能，保障教师的合法权利。民主规范的园所文化不仅能够维系幼儿园工作的正常运行，增强教师的职业认同和专业情意，还是保障教师专业成长的良好环境。随着时间的积淀，幼儿园对教师外在的行为规范会逐渐内化为他们的自主意识，通过健全完善内部管理机制，帮助教师合理规划个人专业发展目标，引导教师主动思考如何将个人专业发展与园所文化建设相联系，并有意地注重和提升自我专业形象，从而坚定自身的职业自觉。

（二）强化师德建设，践行职后培训

幼儿园要提高教师专业素养，提升专业形象，一方面要加强师德师风建设，将师德素养教育贯穿于整个幼儿教师专业发展的全过程。首先，适当提高幼儿园教师的入职门槛，在职前除了专业技能的考核，更要加强对教师道德品质的把关；其次，完善并落实职后培训体系，教育系统内定期组织教师群体参加师德师风系列活动，增强幼儿园教师对自身师德的重视；再次，以反面典型作为警示，组织教师队伍进行自省，汲取"经验"进行反思，并引以为戒。与此同时，针对优秀幼儿园教师的事迹要深入学习，对正面榜样自勉学习，不断完善自我。

另一方面，职后培训要增强内容的针对性，组织开展"教师专业化形象"的系列培训，将问题和要求细化，剥开条例转化为具体行为和情感，切实让幼儿园教师感受到树立专业形象的必要性。在此基础上，幼儿园设立了多层次教师评价、多渠道专业进修等活动形式，鼓励区内、园内形成互帮互助小组，构建学习型组织，定期组织开展关于教师形象教育的专题讲座，利用专家资源和网络技术，以"师带徒""老带新"的方式夯实专业素养，规

范教育教学行为、班级管理行为、言谈举止表现等，不断提升自我形象，促进教师专业成长，形成具有时代特色的专业人格素养和个性心理品质。

（三）彰显民主管理，塑造专业形象

民主型的管理风格更善于营造和谐融洽的组织氛围，其自身宽容开朗的性格、乐观健康的心态和勇于创新的精神会感染身边每一位教师，引导他们在合作中良性竞争，促进教师内部形成一种开放、互助、信赖的同事关系。

同时，一所幼儿园管理水平的高低和教师专业发展的质量很大限度上取决于领导者的管理风格和专业领导力。一名民主型的领导者，有更宽广的胸襟、有更强的亲和力和凝聚力，能够时时刻刻给教师提供专业支持，引领教师专业成长，帮助教师形成专业理念，提升专业知识和能力，具备专业自主意识，进而助力教师专业形象的发展，尤其是给予新手教师足够的成长空间和自主权，尽量满足他们的合理要求，提供教师更多参与决策的机会，激发教师的工作热情与动力，使得教师真正认识到自我专业价值，增强专业自信。

第 二 章

教育寻真

遇见"自我",憧憬一场亦真亦幻的梦

第一节

群体培训与个体研修相合，专业形象与行为自觉同频

为了促使社会群体对幼儿园教师这一职业形成更加全面、客观、清晰的认识，我们基于专业性质、专业程度和专业路径三个方面塑造了幼儿园教师的专业形象，意在全面提高幼儿园教师的社会地位和专业形象，如果仅仅依靠外部力量的驱动发展会在一定程度上束缚教师教育实践的能动性。因此，还需要从内部根源入手，以"幼儿园教师"的生命主体性促进他们专业发展的自觉性，优化其现实生活中的专业行为表现，从而探索出幼儿园教师专业形象的有效策略。

从群体层面的专业化来讲，当前国家已经在各级各类的教师培训中投入大量的人力、物力和财力，对幼儿园教师进行大规模的专业培训；从个体层面的专业化来讲，教师自身更应该注重个人形象的管理和设计，以"专业标准"和"十项准则"等政策文件为基本底线要求自己，时刻保持着自主学习意识，持续反思实践活动，规范自身行为表现，努力把自己塑造成为一个更具专业智慧的新型幼儿园教师，不断提升自我的专业形象。

捡拾"第一印象"，还原本真自我

用爱浸染 用心润泽——转变角色，以园为家

心理学研究表明，在与陌生人交往时，最初印象总是格外鲜明和深刻，所谓"首因效应"就是指个体在社会认知过程中通过"第一印象"最先输入的信息对客体以后的认知产生的影响。依据"首因效应"，幼儿园教师自我行为举止的专业与否会给他人（领导、同事、家长、孩子）留下"第一印

象"，会让他们对其专业形象的判断产生直接影响。

说起"第一印象"，我想到天津给我的第一印象——陌生、有趣。2005年的夏天，我身背行囊从东北闯进了这座陌生的城市。作为一名刚刚毕业的大学生，内心五味杂陈，孤独、无助、忐忑与自卑时常萦绕在身旁，第一次半夜踏出火车站大门，有种被热浪裹挟的不知所措；第一次欣赏盛夏知了此起彼伏的交响乐，有种无可奈何；第一次睡梦中被闹猫惊醒，有种心惊胆颤；第一次走出学校仍然睡在简陋的上铺，有种重回校园的浮想联翩；第一次听到满大街的天津话，有种听群口相声的身临其境；第一次看到神奇的"大饼卷一切"，有种无从下口的犹豫不决……这就是一个东北姑娘对天津的最初印象。

二幼给我的第一印象——忙碌，我给大家的第一印象——爱哭。走进河东二幼的第一天已是午后，我一袭粉色长裙憧憬着幼儿园的美好，屁股还没坐热就被安排画幼儿园户外的院墙，虽然自己擅长美术创作，但第一次使用丙烯颜料致使自己最喜欢的这条粉裙子被染色，心疼不已。黄昏时分，当万家灯火陆续点亮时，我偷偷地站在圆梦楼二楼俯视这个偌大的院子（后面的新操场和启慧楼还没建好），想起主任去学校招聘时描绘的宏伟蓝图，有种不一样的感觉，想家的酸楚、心理的落差，眼泪瞬间止不住地往下流，大家安慰的话语显得那么苍白无力，原本就爱哭的我依然觉得好委屈！倔强、不服输的我在心里暗下决心：既然是自己选择的路，再苦再难也要勇敢地往前走……

老师们给我的第一印象——温暖、亲切。第一年，我有幸和园所的第一位大学生胡老师搭班，她家在静海，也是住宿舍，同龄与同在外工作的感觉让我找到了一位知心姐姐，从拘束不安到无话不谈，我感到了一丝温暖！教师若想教育出幸福的孩子，首先自己心中要盛满幸福，可此刻的我哪里感到一丝的幸福呢？每天孩子的离园犹如欢乐散场，留给我的是一个人站在教室里深深的孤独感。环视这个也许我将在此奋斗一生，却又那样与我微妙疏离的新环境，我的眼泪又一次不受控制地流下来。那段时间，园所领导在休息时间经常带着她们亲手做的排骨，走进我们的宿舍，招呼我们几个外地来的老师们一起品尝，简简单单的一餐饭却是那样温暖——温暖得让我想起了自己的妈妈！那一刻，我渐渐地对河东二幼有了家的归属感。

闲暇时，单位的老教师和我们聊起自己的从教经历：她刚踏上工作岗位时也忐忑不安，她经历每一次艰难时也会坚韧隐忍……困惑谁不曾有？但咬咬牙顶过去，天地换新颜。历经艰辛是共鸣，攻坚克难是激励，靠着一次次回想前辈的话，我脚踏实地地度过了新入职的焦虑期。这一年，我不仅顺利送走自己的第一届毕业生，还在新园落成典礼的西瓜晚会上，身兼舞台背景、主持、舞蹈、童话剧、朗诵数职，在自身能力得到历练的同时，我慢慢地体会并收获了自己在河东二幼的价值感。

规范行为举止，实现形象自觉
迎难而上　挑战自我——把小事放大，让内心变强

具备规范的行为举止是幼儿园教师通过不断努力，使自身达到专业化的水平，拥有专业的知识和能力，从而实现自我行为表现的专业化。因此，幼儿园教师只要善于规范自我行为，将本职工作落地生根，才能实现完美的专业自觉。

同时，幼儿园教师要在专业自觉的基础上实现形象自觉。其中，专业自觉是教师对自己所处的教育工作的专业性具有清晰的认知，能够意识到自己是专业发展的主体，依据社会赋予教师的特定要求，结合教师专业标准的认识，充分了解自我的专业理念、师德、专业知能和价值观，不断调整反思自我教育理念，最终实现专业发展目标和自觉行为。而形象自觉是教师能够以自身作为发展主体，以教师形象作为内容和框架，以个体发展作为出发点和落脚点的自我形象认知、自我形象审视和自我形象提升的过程。它是专业形象得以发展直至最终确立的内驱力，定位专业形象目标，及时审视自身不足，使教师能更加理性乐观地面对困难，不断反思和超越，在过程中形成自

己充实的精神世界。因此，幼儿园教师应努力规范自身的行为举止，努力实现专业的形象自觉。

河东二幼常常流传着这样一句话："年轻人出力长力，要不惧挑战，一年成才，两年成骨干，三年成为学科带头人。"在全园领导和老师们的鼓励下，刚刚入职第二年我就勇于挑战自己，竞聘班长岗位，面对我这份初生牛犊不怕虎的冲劲儿，领导们时常进班指导、关注点拨默默支持，鼓励我敢于放手，勇于将自己的每一个想法付诸于实践。

2006年，我有幸参加河东区幼儿园美工区环境交流，为了把握这次难得的实践机会，我每天披星戴月地全情投入到工作中，随时接受领导、老师们的指导，为了更加注重美工区大餐的"味"，我结合园所生态环境，将美工区的背景墙饰装饰成"海底世界"，在反复的调整与改进中，以"鱼"为主题开展多重形式的美工活动，根据秋天的季节特点尝试五花八门的果蔬创意，将美工区的触角延伸至角色区、建构区、阅读区，还首次尝试了多区域的联动与融合。

2007年，我们承接了平和园，面对毛坯的楼房，我忐忑地向我的师傅提出一个疯狂的建议——带孩子们去实地参观、设计正在新建的平河园，没想到她毫不犹豫地同意了，并带领我们走进布满尘土的施工现场进行实地考察。在计划、观察、讨论、设计、创意、修改的过程中，为了打造属于孩子们梦想中的幼儿园，我和孩子们主人翁的意识被沉底激发了！面对教室里座无虚席的听课老师时，紧张是不可避免的，当我的目光注视着自己的孩子时，心跳变得平和和坚定，当我们赢得在场所有老师的掌声时，我觉得一切付出都是值得的。整个活动中，师傅四两拨千斤、信手拈来的指导，把我一路上的小失误点亮成为大精彩，回想起当初她的果敢决断与教育艺术至今令我叹服。

二幼的园训是扎实、充实、丰实、平实、真实。我以日常工作的"扎实"、教育行为的"平实"，一日生活的"充实"，文化内涵的"丰实"，牢牢抓住每一次的机会与挑战，谱写自己教育的"真实"。为了将自己的点滴思考与老师们分享，园长在园所网站上开辟了一个"园长感悟之窗"专栏。每当我们心生倦怠、教育匮乏时，我们能从中找到自己需要的星星点点的思想荧光，在彼此的交流中，为我舒解心结，提供帮助，这让我的精神为之一振，重新投入到学习中。凭借这种心与心的交流方式，我在班级开设家长信箱、纸条约谈、微家长会、走进我家……多元化的家园互动深深触动我们柔软的内心，抚平我们心灵的鸿沟，因为每一个生命的成长都迫切地等待我们用真正有益的方式去解决。渐渐地，在与孩子和家长的心灵交流中，我善于发现捕捉，绝不许灵感和思考稍纵即逝，纵然工作繁重，却仿佛不知疲倦，永远无懈可击，始终将自身的言行作为孩子成长的立体教科书。

园所每学期不同层级的教师感悟会是大家吐露心声、交流分享的舞台。作为青年教师，我们不仅有机会感受园所的发展历程，借鉴中老年教师的特色经验，还能聆听同伴的困惑与成长，拉近彼此心与心的距离，更能收获领导的鞭策与鼓励，激励自己"不待扬鞭自奋蹄"的决心！记得那年的感悟会上，我动情地发表感言：总觉得离校的日子还在昨天，可看到二幼今夕的变化，我才发觉已经过了三年；总觉得自己还是个长不大的孩子，可即将送走第二届大班毕业生，我才意识到自己是个大人；总觉得自己很辛苦，可拜读了孟主任的感悟之窗后，我才了解领导的不容易、不简单……因为此刻的我终于读懂了那句话——经历风雨才会见彩虹！

持续自我反思，塑造专业形象

走进方能欣赏，自然才最真实——特别的规划给特别的你

持续反思是教师专业成长的关键，基于实践的教学反思在教师的专业成长中发挥着重要价值和作用。美国心理学家波斯纳曾指出教师的专业成长离不开经验和反思。叶澜教授也认为一个教师写一辈子教案难以成为名师，但如果写了三年教学反思则有可能成为名师。由此可知，善于反思的教师更能改进自身教育教学行为，提升教育教学能力，促进自我专业发展，继

而影响自身专业形象的确立。因此,幼儿园教师要转变观念,提高自我反思意识,针对保教活动中存在的问题要善于积累、冷静思考、克服不足,不断进步;丰富反思内容,从单一视角的反思拓展到对教育理念、幼儿发展、自身专业发展、与家长沟通交流等问题上来。

此外,幼儿园教师还要加强自我学习,不断提升专业素养,努力塑造自我专业形象。首先,教师要具有积极进取的学习态度,主动参与各种研修活动中,拓宽视野,提升技能。其次,教师还需要树立终身学习的理念,不断努力完善自我。随着现代社会的发展,知识更新的速度越来越快,作为一名专业的幼儿园教师对儿童和教育的理解也应该与时俱进。教师唯有不断学习先进的理论,顺应学前教育变革的潮流,才能跟上时代发展的步伐。因此,幼儿园教师要具备自我发展力,敏锐地洞察专业发展处境,客观认识自我,调整职业发展目标,生成教育智慧,不断完善自我,超越自我,实现自我,最终提升自我专业形象。

孩子们是一张张五颜六色的画纸,兴趣不同、性格各异,我们要在上面描绘属于他们自己的独一无二的图画。在与孩子的朝夕相处中,我时时与孩子同行在园所的每一方角落,支持他们自主探索、自我发展,深刻体会到自然的教育才是最好的教育。在专业技能的不断锤炼中,我坚持以植根教学实践、聚焦专项研究的方式寻求专业成长的突破点,在"润泽生命、还原童心"理念的指导下,不仅追求让生活小事情成就教育大文章,还探索出"在生活中成长,在游戏中发现,在环境中体验"的教学风格。引导孩子主动为幼儿园的装修工程设计图纸,鼓励孩子因园所树木的变化而自主探索季节更迭的规律,带领幼儿聆听不同的音乐而拿起画笔表达自己的独特感受……

第二节

园所文化与生态教育互生，专业教师与生命发展为伴

习近平总书记在全国教育大会上强调，我们的教育必须把培养社会主义建设者和接班人作为根本任务，同时更要培养一支执着于教书育人的高素质教师队伍。习近平总书记通过六个"下功夫"全面阐述了"时代新人"的具体内涵，着重强调"对社会、对国家的责任感与融入感"，这无疑需要教育的本位要从"知识能力"转向"价值体系"，教师的职能要从"传道授业"转向"立德树人"。而幼儿园是打造这支高素质队伍，实现教育本位，履行教师职能的基本环境，其中幼儿园文化包括物质文化和精神文化，不同的幼儿园有不同的文化，同一所幼儿园在不同时期也有不同的文化。民主、宽松、自由、平等的园所文化不仅能促进教师的专业成长，更有助于教师专业形象的形成与确立。这种植根现实、着眼未来的可持续发展目光正是河东二幼致力于"生态教育"的理想追求。

"生态教育"是将幼儿园看作一个开放的生态系统，通过教育和管理促使系统中各个因子处于一种和谐、平衡、互生互促的运转之中。在此理念指导下，我们提出"润泽生命、融入自然、还原童心"的办园理念，在实践层面引导教师通过与己合、与人合、与社会合三个维度，学会以客观、理性、积极、仁爱的态度去安教育之身，立教育之命；通过自我认同、接纳差异、肩负责任三个层面帮助幼儿认识与感悟生命的价值和意义，学会用自己的力量去生存。

管理提高生命质量　教师绽放教育精彩

学前教育是终身学习的开端，承担着为幼儿未来人生奠定性格、习惯、能力基础的重任，面对当前社会对学前教育的高需求、国家的高重视、家长的高期盼，我们更加需要一支师德高尚、业务精湛、充满活力的教师队伍，为实践"看不见的教育"奠定基础。而生态化的管理就是要帮助教师收获一种职业幸福的能力，让每一位教师的生命因融入了教育事业而焕发勃勃生机，成为新时代的筑梦人。

与己合

辛苦不等于不幸福——忘记"小我"，成就"大我"

我们强调对教师生命状态的深切关爱，为他们实现人生出彩搭建舞台。将其"理想信念"的确立、"教育情怀"的培养作为生态化管理的重要内容，帮助教师通过自我成长逐步获得内心的满足与专业价值的实现，达成其内在动因与现实状态的和谐相促，让他们在磨砺中悦纳自己的选择。

幼儿园的工作纷繁复杂，幼儿园教师身兼数职，是当之无愧的万花筒、小陀螺。有人说我们是园艺师，美化园所环境；有人说我们是艺术家，巧手百变万物；有人说我们是大力士，从不知疲倦；有人说我们是清洁工，所到之处一尘不染；有人说我们是舞蹈家，日日与孩子共舞；有人说我们是演员，处处需随机应变……园所利用教师不同领域的优势资源，形成一个兼具思政、研究、培训、督导的成长共同体，通过"导师团＋影子工程"的培养机制，引领青年教师接纳与认同自己的职业；放大、强化已有的优势，逐步探索教育特色，树立职业理想，让教师在成长中忘记"小我"成就"大我"，真正得以认同整个教育过程并乐于自主参与其中。

在园所的各项工作中，教师以高度的大局意识和忘我精神，忘记"小我"，成就"大我"。三伏天，我穿梭在三层脚手架上打底稿，硕大的汗珠迷了双眼，小心翼翼地用沾满粉笔灰的手指擦拭，同伴的一个动作引起脚手架的剧烈摇晃，一颗心提到嗓子眼儿；三九天，我带着厚手套、穿着棉袄站在寒风中画院墙，路人纷纷投来赞赏的目光，有的以为是装修队，上前询问能否帮忙画电视墙；每当园所遭遇暴雨、大雪的关键时期，每位老师都不约而同地赶到单位自愿帮忙清理；每当承担大型活动、接待任务时，全园上下加班加点、没日没夜地以园为家，园所的每一个角落都撒满了欢笑与汗水，领导的以身作则让我再次感受到什么叫平等，什么是奉献。在备战平和园开园的日子里，我强忍怀孕的不适，熬夜加班设计、制作园所环境；在小班幼儿入园的适应期，为了帮助他们尽快缓解分离焦虑，我自愿牺牲哺乳时间，选择用全天候的陪伴和温暖的安抚他们；舍下骨折做手术的儿子配合自闭幼儿诊断；拖延手术日期带领老师装点园所环境；全情投入建设从无到有的金地分园；开放全天候课堂引领孩子全面发展，吸引家长走进学前成为教育共同体……虽然亏欠了亲情，承受了考验，但我更加体悟到了教育的真谛。

回首过去的这些年，可以说我是幸运的，因为我亲眼目睹了幼儿园改扩建工程的顺利竣工、旧貌换新颜；亲耳聆听了市级示范园揭牌儿仪式上的声声礼炮；亲身体会了全园领导、老师的齐心协力；亲自品尝了丰收后的累累硕果……今天的二幼在众人敬仰的目光中小有成绩，我也因是二幼人而深感骄傲与自豪，这个家里的每个人都在用心地当家做主人，爱惜自己身边的一砖一瓦、一草一木，倍加珍惜眼前的一切，因为我们经历风雨才能见彩虹！

与人合
以教促教　教学相长——成长是一份携手并进的情

在生态化管理中提出引导教师"与人合"的理念，即让教师在群体中找到自己，用团队的凝聚力和归属感来强化教师的职业精神。每一个人都用欣赏鼓励的目光去放大其他教师日常不经意的精彩，通过对教育故事的挖掘、教育细节的展现，让教师看见平凡职业中蕴藏的不凡价值，从而收获对职业价值的高度认同。

随着自身教育经验的丰富与教育阅历的增加，我主动承担起薪火相传的发展任务。在"项目研究"的团队构建中，无论是自主建团、策划设计、推进执行，还是环境创设、区域材料、家长工作、团队考核，我都竭尽所能地出谋划策、奉献专长，帮助每位教师同伴实现想法自助、参与自主、发展自由，找到自己存在的价值，将色彩缤纷的个体凝聚在团队的共同愿景之下，在接力奋斗中担当起新时代赋予的重任。

记得在一次的环创评比中，我发现年轻教师正在耗时费力地用线描的方式装饰环境，我将自己的经验毫无保留地与他们分享："慢下来，想想怎样才能既省力又有意义？"老师们顿时醒悟：环境是孩子的环境，创设的过程也应该放手给他们自己！先思后行，方能事半功倍。从那以后，我们打破传统思维，启发孩子大胆创意，陪伴孩子同创环境，力求让孩子对班级充满归属感、责任感与自豪感，并通过召开班级的"民主会议"，讨论制定区域规则、协商班级制度，利用每一次发现的问题集中商讨修改调整规则，让孩子真正成为自己生命的主人。同时，在传帮带中主动承担观摩课、示范课，帮助徒弟认真备课，做好每个活动的反思与总结，有针对性地进行讲评，帮助青年教师尽快地成长与成熟。

从初出茅庐到屹立职场，我用十八年的时间快速成长为园所骨干、科研名师。不仅积极承担市教研室的试点研究工作，以特级教师师带徒研究课、面向青年教师培训课、家长督导团展示课为契机不断磨练自己的反思研究能力。通过多种方式为天津市乡村教师、全区保教人员以及全园教师进行专业指导与培训，参与编写天津市幼儿教育教学研究室主持的《幼儿园五大领域教育——教师指导用书》和园本课程系列丛书，教学案例的对比性反思刊登在于晓霞主编一书中，多篇文章刊登在市幼教简讯上，向全市示范园教师进行展示交流和经验介绍，多篇教案收录在天津市教研室出版的教师指导用书中，白板教学论文和个人事迹在区论文集、报刊上发表。教育的过程让我体味了幼教改革的艰辛，领悟到个人成长的真谛，在收获属于自己的专业成长的同时，也竭尽全力"反哺"培育我专业成长的园所。我以河东名师、河东区学科名师、河东区学科领航教师的专业身份成立了第三期、第四期的孟祥倩名师工作室，积极组织多领域的分层培训、借鉴观摩、专家讲座等活动，为辐射引领一批骨干教师队伍成长贡献自己的力量。

在津门教师、卓越教师、骨干教师、名师领航等学习历练中，我的教科研能力得到快速提升，不仅开阔了实践研究的多维视角，锻炼了实践研究的专业能力，还与老师们共同承担完成多项国家级课题和市级课题，并利用自己的美术专长组织教师开展课题"在基于儿童视角的幼儿园创造性美术活动的实践研究"，探讨幼儿园创造性美术活动的现状和问题，分析其实施过程中儿童视角不足的表现及其原因，依据幼儿视知觉的自我发现和独特的审美能力构思幼儿园创造性美术活动的实施路径，为幼儿园实施具体活动提供理论依据与实践指导，增强幼儿的主体性、独立性，培养幼儿的创造力，促进幼儿完整、全面、和谐的发展。其中，所撰写的多篇相关论文、案例获得市区级一等奖，并多次刊登在《天津教育》上，出版《原来我也是大师》一书。同时，为了更好地发挥名师工作室的辐射引领作用，我邀请幼教专家进行专题讲座，组织各园所间多领域的分层培训、借鉴观摩，以达成工作室成员间的协同发展，加强教师之间的交流共享。在 2021 年河东区教育系统庆祝教师节系列活动——学前名师工作室成果展示中，以《飞吧，蒲公英》为题进行了课例研讨发言，个人的教育事迹刊登在《天津教育报》上。

在天津教育"专业引领，不断提升教师职业素养，锐意进取，持续优化区域教育水平——河东区名师工作室风采展示"中报道我名师工作室，并参加"校长来了"电视台专访，与大家分享自己的专业成长历程。在河东区立德树人优质均衡培训月及对天津市农村幼儿园骨干教师的培训中，积极承担培训观摩任务，展现专业魅力，彰显名师风采。在市级示范园评选前夕，深入多所幼儿园的教学现场，进行班级环境创设、教育活动设计、游戏活动观察等专业指导，提供大量实践案例及经验介绍进行对口帮扶。同时，将工作室的研究成果辐射到社区，为社区儿童及家长提供专业的教育支持。

未来，我将进一步明确"强化教师职业精神，引领团队专业成长，激发教育创新能量"的研究方向，通过"名师"的精神熏染与学术支持，与怀揣梦想的老师们携手并肩，共建学习、研究、成长的共同体，努力做师德的表率，育人的模范，教学的专家。

与社会合

生态系统是一个个体、组织与社会三方协同发展的开放性组织。因此，生态化幼儿园在自我发展的同时，还需要承担起服务社会和促进社会发展的功能与价值。引导教师在"与社会合"中履行自己作为一个社会公民的责任，带动周边因子的活跃与发展，将家、园、社区整合为一个完整的教育生态圈。河东二幼延续多年的男性家长助教团，在为园所补充教育资源的同时提高了家长自身的教育能力与站位；家长学校宣讲团、陪测团、课程资源开发组等利用不同家长的优势资源达成了家园双边的教育协同。在积极促进家园共建的同时，我们还将教育的触角延伸到社区，建立了教师社区志愿者队伍，实现了教育回归本源，服务民生。

请进来——主题式共育，强化参与的深度与广度
角色分享，拓宽认知视角

家庭是幼儿生活中最亲密的环境，家庭环境对幼儿的发展起着至关重要的作用。家长身上蕴含着丰富的教育资源，教师要注意发现与利用家长特有的教育优势，充分挖掘这些教育资源，利用其为幼儿园教学服务。然而，由于幼儿园开展的多数家园共育的活动持续性不强，系统性和内在逻辑性缺

失，家长参与的深度和质量难以保证，处于活动计划和实施的被动地位，导致教师的组织实施能力无法有效提升。因此，采用"请进来"的方式，充分利用各种人力资源，使家长在教育观念上循序渐进地参与其中，与教师的教育观念达成一致，形成家园合力，拓宽认知视角，使其获得个性化的主题经验。

在"白杨树穿新衣"的创造性美术活动中，通过"三进门"邀请家长参与其中，逐步平视幼儿、读懂幼儿，强化幼儿参与的深度和广度：一进门送知识，为了帮助白杨树顺利地过冬，通过亲子查找资料，与园林绿化的家长进行对话，使家长利用专业知识引导幼儿了解石灰水的作用；二进门齐探索，家长带领幼儿在刷石灰水的同时，探索、发现白杨树身上的"生物链"，以"情感链接"为线索，运用家长的知识拓宽幼儿的创意视角，让幼儿萌生给小动物建家的想法，通过自主活动进行实地的观察与体验，激发幼儿与家长大胆探索未知领域的自信心；三进门同创意，利用三维立体的生活本品进行亲子创意制作房子，自选涂、粘、画等多种艺术形式进行装修，使用干草、树叶、细树枝添置家具，并通过亲子搜集低结构材料，自主分组讨论、创意装饰拼搭自助餐厅。为了方便不同的小动物进食，家长操作一些危险性的工作，帮助幼儿切割瓶子等，提升创意作品的功能性、艺术性和可操作性。

由此可见，尽管儿童视角与成人视角存在一定差异，但两者之间的交流与融合是有章可循的，不同主题、不同领域的家长能主动走进幼儿的创意世界，积极参与亲子创意制作，不仅实现了家长、教师与幼儿多视角、多角色的融合，还提升了亲子之间的观察能力、合作能力、交往能力，获得社会性的发展。

父亲参与，促进全面发展

父亲是幼儿成长中重要的引路人，是家园共育的中坚力量，他们积极参与幼儿园活动是家园共育中最好的教育手段之一，然而当今父亲角色却被边缘化，参与率降低，参与内容形式单一。为了提高父亲的参与性，我们引导父亲站在儿童视角，关注儿童需要，帮助他们从不同角度去分析问题，满足幼儿认识世界、独立探索的好奇心，激发幼儿的想象力，帮助幼儿释放天性，促进幼儿创造力的发展。

在利用户外器械和自然物创意蒲公英的活动过程中，爸爸们的条理清晰、思维发散、形式开放。通过自导自演、分工合作、定位构图的方式引导幼儿独立进行创意拼摆，强壮的身体使得爸爸在搬运大型器械时深受孩子的崇拜，幽默的风格让爸爸将趣味动作融入画面与孩子一起"放纵"，在创意中没有束缚，在游戏中没有对错，轻松愉悦的氛围让父子享受亲子时光，平等地交流勾勒出互爱互助的画面，让父亲参与创造性美术活动中来不仅可以促进幼儿的全面发展，还有利于幼儿园工作的有效展开。

可见，父亲的有效参与可以使幼儿的人生观和价值观变得更加成熟，降低幼儿母亲的压力并减少不必要的冲突，弥补幼儿教育中男性力量缺失的现状。

融入环境创设，成为评价的教育主体

家长是幼儿生活中的"重要他人"，是最关注孩子成长的群体，在幼儿园教学中家长对孩子评价的参与至关重要。因此，利用与幼儿生活密切相关的创造性美术活动的主题进行亲子创设环境，易于家长从儿童视角出发参与其中，增进成人与幼儿的真实交往。当家长用幼儿的思维方式、语言习惯，通过环境创设这一途径表达幼儿的生活世界和艺术畅享时，家长和教师在态度上给予幼儿充分的肯定，幼儿在与成人的精神互动中获得安全感、成就感，激发彼此不断探索与学习的原动力。

《0—6岁儿童学习与发展指南》中明确指出艺术过程比艺术结果更重要，环境创设是有意义的学习过程。亲子创设环境之前，通过多种家园共育的形式，帮助家长了解每次创造性美术活动开展的教育意图，充分调动各种类型的家长资源，根据相应的主题收集材料，为创设环境提供充足的物质保障，了解自己在活动中的角色分工；亲子创意的过程中，引导家长关注幼儿探索材料的思考过程，表现美术语言的活动过程，在幼儿需要帮助时启发他们用自己喜欢的方式创造性地表达对美好事物的感受和自己的情感、意愿，表达自己独特的想法；亲子创意之后，成人对待幼儿创作的每个点、每条线、每个图形、每种颜色都要以欣赏的眼光去肯定，积极的评价会使幼儿获得成就感，在欣赏美的环境、美的作品时，提升幼儿和家长的美术素养和创造能力。

在创设环境中将家长纳入评价主体之中，不仅有利于转变家长的教育观念，加强家园共同教育孩子的意识，促进家长多关注自己孩子的成长，获得幼儿发展的真实情况，促进幼儿的全面发展，使幼儿园教学评价更加全面，为教师组织教学活动提供依据，确保家园共育的质量。

走出去——多元化分享，助推创意新体验
家园同步出游，共享自然的神奇魅力

教育应以自然为师。幼儿发展是其与周围环境相互作用的结果，除了幼儿熟悉的幼儿园环境和家庭环境之外，丰富的自然资源和人文资源都是给予幼儿创意灵感的环境资源。采用"走出去"的方式，家园携手带领幼儿回归自然，挖掘身边的环境资源，拓展教学空间，丰富幼儿的创意新体验。在创造性美术活动中，通过家园合作为幼儿提供更多接触自然、体验自然的机会，将美丽的大自然作为联结幼儿园、教师、家长、幼儿的有效纽带，顺应儿童天性，尊重幼儿身心发展规律，利用亲子的有效沟通感受、发现和欣赏自然中美的事物，并运用各种表达方式，促进幼儿的认知与创作，助推和谐的亲子关系。

春天，亲子沐浴桃花雨，利用掉落的桃花瓣装饰彼此的服装，通过模特

大赛欣赏亲子的创意；夏天的雨后，亲子徜徉绿篱下，比赛捡蜗牛；为了给蜗牛创办生日舞会，家长、教师和幼儿一同选场地、设计舞会厅、装饰跳舞毯……深秋，亲子躺在落叶上，静享天空的宁静，扬树叶、踩树叶、捡树叶，利用残缺的树叶进行大胆的想象，大家一起合作完成亲子创意；冬天飘雪，亲子飞奔在雪地，打雪仗、堆雪人，运用白雪、叶子、树枝进行创意比拼。

在家园共育中，教师要充分利用四季的自然资源，抓住每一次创造表现的机会，让家长和幼儿全情投入大自然，开阔幼儿的视野，让幼儿用眼睛去观察，用手去触摸，用心灵去感受，敏锐感知并提取自然元素，发现美的特征，激发审美欣赏的兴趣和进行艺术创作的动机，创作出自然的、富有个性的艺术作品，并用一种自然的方式进行展示，实现一种源于自然而高于自然的艺术境界。

家园同频创意，发现生活的点滴精彩

《幼儿园教育指导纲要（试行）》也明确指出幼儿园应充分利用自然环境和社区的教育资源，扩展幼儿生活和学习的空间，共同为幼儿的发展创造良好的条件。因此，教育走向社会，教育回归生活，是家园共育的必然趋势。在家庭这个宽松、自由的环境里，家长要巩固教育观念，尝试从儿童的视角看教育，更好地换位思考，理解和尊重幼儿，把自主权还给幼儿，平等地对待幼儿，从幼儿的意愿、兴趣、需要出发，亲子大胆创意，尝试用幼儿的方式合理地利用家里的生活物品表达与创造美。

当今时代随着信息技术的发展与应用，从家长实际需要出发，结合创意主题，利用微信群进行照片与视频的实时共享，实现家园共育的同频直播互动，线上分享家长和幼儿的家庭创意作品和心得。如：运用拍照、绘画的形式设计制作亲子原创图画书《蜗牛的一家》并录音生成二维码；利用果蔬、玩具、生活物品等创作千姿百态的蜗牛，组合拼摆身体动作亲子创意蒲公英，围绕创意的内容开展亲子故事会……

这种线上家园共育模式是疫情时期家园共育的新模式，不仅能聚焦亲子互动的创意现场，还能有针对性地整合家园共育的多种途径和形式，有效地互相借鉴经验，转变家长的育儿观念，改变家长的教育行为，提高家长的育儿水平，形成家园共育合力，从而促进幼儿身心和谐发展。

自我认同，自主成长

挑战亦或成功，放弃定会失败——承载自信的"W"型曲线

在教育体系中，以"自我认同，自主成长"为目标，帮助幼儿学会正确看待自己的生命与成长，感受自己存在这个世界的意义与使命。通过自我认知主题课程、情绪管理项目学习、幼儿电子成长档案等方式，引导他们从了解自己开始，逐渐过渡到接纳自己，能够体认自己的情绪与个性，界定自己的能力及喜好。然后进一步开展兴趣选修、健康承诺、小园长团等活动，让幼儿充分行使自主成长的权利，进而拥有自尊自信、积极独立的自我价值。在此过程中教师要用"爱"的教育，尊重与相信幼儿，帮助幼儿完成自我挑战，体验到克服困难后的喜悦与欢乐，让孩子像孩子一样长大。

我们每个人的人生都不会一帆风顺，就像德米安书中提到的"W"型曲线，从顶峰跌到谷底，从谷底重回顶峰，起起伏伏，跌跌宕宕。而当孩子们迷失在"W"低谷的时候，我就背负了一种无形的力量，陪伴他们一起慢慢地往上爬，鼓励他们要有克服困难的勇气，即使遇到再大的困难也拥有自己想办法解决的信念。

美国幼儿教育专家莉莲·凯茨在研究中发现，一个孩子在成长的过程中总会遇到挫折或失败，没有任何一个孩子在每个领域都是全能冠军，也不是在每一方面都能完全胜任。如果这些不能胜任的经历给孩子们带来强大的无效感，并被我们忽视和不被理解时，孩子就会从内心积累对自己的负面评价——我不行，从而丧失自信！《少有人走的路》一书中提到，一个人价

值的认知完全来自成人的爱，这种支持和爱的表达方式会帮助孩子产生一种坚定的信念——我是一个有价值的人，而这种信念会帮助孩子摆脱暂时的困境，修复孩子的情绪。建立自信的两大支柱是被接纳和成功体验。被接纳是指人被另外一个个体完全接受、接纳、支持、理解的行为和态度。孩子是一个独立的个体，无论他们做任何决定都会让其感觉安全与舒适，拥有自主选择、自主表达的权利，我们只需站在他们身后默默支持他们就好。因为只有当孩子的情绪被接纳后，他们主观向前的内心需求才能被成人觉察；只有当孩子的心结被打开，他们才会相信自己，相信他人，愿意努力去适应规则；只有当孩子的内心获得自信的力量时，他们才有动力让自己变得更好，变成一个越来越自信的优秀的人！

成功体验是指一个人克服困难、迎接挑战、体验成就感的整个过程。当孩子遇到困难和挫折的时候，我们通过可视化的、具体的、有效的帮助，让孩子形成一个完整的成功体验的经验过程。当无数个"我能行"积累在一起之后，就会变成孩子心中一个大大的惊叹号，支撑起自己的信念——我是一个有价值的人，即使孩子们未来遇到无数的困难和失败，也不会击垮他们创造未来的自信。

自信并不完美，完成才最重要。我们每一个人要接纳自己的不完美，孩子们只要拥有更多的能力才能在"W"的低谷中去继续完成自己的梦想！

接纳差异　健全人格

以心应心　以心迎心——身教大于言传，职业传递幸福

引导幼儿学习接纳差异，发展健全人格。通过一些特色活动中的角色设置、身份换位学会跳出以自我为中心的局限性，充分感知事物间的异同，进而学习正确对待差异、尊重他人，在欣赏、包容的基础上，发展与他人相互理解与分享、相互支持与协助等优秀品质，从而以感恩的心态认可他人存在的价值和意义，为健全人格奠定重要基础。在此过程中，教师的"教书育人

在细微处"的体现就更为重要。教师要注重自己的一言一行、一举一动，尊重幼儿发展中的个体差异，让每一个孩子都能在童年生活中，感受到来自老师的关注。

2008年底，我怀孕了，在欣喜之余，总是难以控制自己的坏情绪。一次户外，我带着小班的孩子在操场上玩皮球，正当一切都在有条不紊地进行时，突然，淘气的龙龙举起皮球猛地朝我砸过来，眼看皮球就要和我的肚子来个亲吻，我下意识地惨叫一声，抬手将球挡了回去，瞬间血液涌到头顶，伴随着心脏的剧烈跳动，我的眼泪"刷"的飞了出来，紧张、恐惧、埋怨、生气……所有的坏情绪一股脑地丢了出来，孩子们怔怔地看着我，仿佛被我的失魂落魄吓坏了。恰巧我的师傅从我身边经过，关切地询问并安慰道："我们的小弟弟一定吓坏了，哥哥姐姐们可要好好保护他呀！"说完悄悄地对我说："从怀孕开始，你做的每一件事可都是胎教呀！"一语惊醒梦中人，看着孩子们惊恐的表情，我擦干眼泪，轻轻地握着龙龙的手放在我的肚子上，温柔地说："小哥哥想和你玩皮球呢！"龙龙不好意思地摸摸头，喃喃地说："我以后可得小心点！"

从那以后，孩子们经常拉着我的手保护我，他们会热情地帮我搬椅子扶我坐下，关切地问："小弟弟喜欢我摸他吗？""小弟弟喜欢吃意大利面吗？"为了帮助孩子们更好地体会妈妈的辛苦，我们开展了主题活动"妈妈的大肚子"，孩子们观看妈妈怀孕时的照片和视频，感知妈妈身体的变化和怀孕的不适；或是在自己的衣服里塞上抱枕，感受妈妈的不便；或是让孩子扮演妈妈，照顾鸡蛋宝宝，体会妈妈的不容易……在与孩子朝夕相伴的日子里，我不仅体验到当妈妈的幸福，还时刻注意自己的一言一行，因为他们是我的复印机，我也从点滴小事中品味教育的智慧、磨炼情绪的耐力、传递职业的幸福。

心怀未来，肩负责任

以爱施爱　用情传情——同心交挚友，同德遇良知

教育目标最终聚焦"心怀未来，肩负责任"。儿童是具有社会属性的个体，是未来社会的主人。教育应力求引导孩子实现从自然人向社会人的转变，为未来社会价值体系的建构奠定重要基础。因此，我们注重通过园本课程设置、社会公益行动等方式引导幼儿关注社会发展、参与社会活动，让孩子在活动中获得成长，并从中体验到与他人、与生活的关系，使其思想品格得到锻炼，责任感、沟通能力、合作精神、诚信等都得到培养，让孩子像孩子一样长大。以期从这些种子里孕育出未来人才，向着更加和谐、美好的方向发展。

时隔半年，我休完产假重新回到工作岗位，开启了一个全新的职业生涯！角色的变化让我真正体会到幸福的滋味，当了妈妈以后我才真正理解每一位妈妈的不容易，从心里特别疼爱班级的每一个孩子。记得有一天，小雪不像往常那样活泼了，我的直觉告诉我小雪是不是发烧了，马上用眼皮贴在她的额头上，确实有点热，试表后发现她有些低烧，她妈妈焦急的泪水，真诚的谢谢让我的心为之一颤，这难道不是我们触摸家长最近的地方吗？

每次带班，我都喜欢走进孩子，和他们打成一片，他们总爱拉着我下棋，一起给娃娃过生日，还把自己制作的邮箱送给我，每天给我写信……那年，我带的一届大班孩子即将毕业，一向开朗的乐乐不"乐"了，坐在那里发呆。当孩子们都画出自己的心愿时，他却画了自己的妈妈，在分享中，他怯怯地说："我想妈妈了，我希望妈妈来参加我的毕业会！"我坚定地鼓励他说："妈妈是爱你的，我相信她一定来参加！"根据以往的经验我初步判断他的爸爸妈妈可能离婚了。于是，我分别联系了他的爸爸和妈妈，在交谈中，我印证了自己的猜测。从那以后，我经常和乐乐聊天，关注他情绪上的细微变化。为了想尽一切办法将孩子的伤害降到最低，我和他的爸爸妈妈经

常沟通，帮助他们了解孩子在园的表现，在真诚的倾诉中我和乐乐的爸妈成了好朋友。

几天后，乐乐开心地告诉我："妈妈晚上和我联系了！"看到他天真的笑容，我多么希望他的每一天都能这么开心呀！毕业那天，他带领全班小朋友唱了歌曲《凤凰花开的路口》，虽然没有妈妈在身边，但我像妈妈一样微笑地注视着他。当歌曲接近尾声时，他突然跑过来拉着我的手："孟老师，您家在哪？毕业之后我还想去看您。"那一刻，我们彼此的心中填满了无尽的信任与幸福！

一些媒体处于商业环境中，过分追逐经济效益而将社会效益置于其后，它们往往会选择性地放大负面事件以博取公众眼球，甚至不惜将报道对象"污名化""妖魔化"。于是，幼儿教师群体被个别媒体以负面形象报道，这不仅影响到教师的社会评价，还会牵连整个教育系统的话语生态，损害社会公众对学前教育的信心，造成社会信任危机。因此，在网络信息化时代，要想全面提升幼儿园教师在家长心目中的专业形象，老师们更要把握话语权。相关部门要严格督促，引导社会形成正确的舆论导向。网络媒体要增强自身的责任意识，主动承担社会责任，着力强化对幼儿园教师专业形象的塑造，深入了解学前教育专业领域内容，以专业性的眼光去分析看待幼儿园教师的行为与工作，确保呈现给社会公众的观点和立场是体现幼儿园教师专业精神、具有专业视角、符合标准规范的。及时报道幼儿园教师的生存状态及现实处境，体谅幼儿园教师为孩子的辛勤付出，突出对幼儿园教师真实生活样态的表征与描述，引发社会各界对幼儿园教师的职业认同与积极关注，唤醒大众的健康心态，主动传播积极向上的正能量引领社会朝向更加美好的方向发展。

生态教育需要我们努力探索、发现、掌握、运用教书育人规律与儿童成长规律；生态教育亦是一种艺术，需要我们灵活变通，及时甄别社会环境的动向，积极关注整个生态系统中的每一个生命成长愿望的实现，并追求生命间互生互长、共融共生的多赢局面。河东二幼的生态教育之树结出了丰满的果实。即教师的协同互助发展、幼儿的自主快乐生长、家长的主动融入与自我成长，共同构筑起园所的三方协同、内涵式发展。未来，生态之路将以新时代精神为引领，让幼儿园真正成为一方凝聚人心、完善人格、开发人力、培育人才、造福人民的沃土，成为个体生命丰满与社会和谐发展的起始田园！

第 三 章

教育求索

遇见"孩子",点亮一盏心中的灯

孩子是一个生于现在长于未来,富有个性的生命个体。他们有天真的本性、合理的需要和独立的人格,教育应该尊重和顺应他们的天性,满足他们的需要,巧妙地、不经修饰地把学习过程还原为儿童的自然生活,引导他们真正像孩子一样长大,激发他们最初的生命发展愿望,尽可能地接近天然禀性,用自己的力量去生存,开启生命的无限可能,点亮一盏孩子心中永不熄灭的灯。

第一节

遇见教育活动，守护逐梦青春

小班绘画活动 ⋯⋯⋯⋯⋯⋯⋯⋯⋯⋯⋯⋯⋯⋯⋯⋯ **拖拖地**

🍃 活动目标

1. 利用家用洗地机帮助妈妈拖拖地，体验劳动的乐趣。

2. 感知、分辨上下的方位，有意识地练习折线涂鸦。

🍃 活动重难点

重点：利用洗地机帮助妈妈拖拖地，体验劳动的乐趣。

难点：感知、分辨上下的方位，有控制地练习折线涂鸦。

🍃 活动准备

1. 经验准备：具有使用家用洗地机的生活经验，感受来来回回拖地的乐趣。

2. 物质准备：利用胶带将两支或三支深浅不同的水彩笔捆绑在一起，并粘洗地机的标志；从家居杂志上剪下的家具、电器、生活用品等；大张的彩纸（地板）若干。

🍃 活动过程

1. 通过视频调动幼儿的已有经验，观察洗地机在地面上的行动轨迹，感受"来来回回"拖地的快乐。

教师："家里是怎么变干净的？你是怎样使用洗地机的？"

2. 在操作洗地机的过程中，利用儿歌渲染劳动的氛围，帮助幼儿认识"折线"，了解"折线"的绘画特点。

小结：洗地机一直贴着地面，从上到下，从下到上地工作。

3. 幼儿选择不同颜色的"地板",使用"洗地机"拖地,并利用杂志图片进行居家贴画,教师适时指导。

4. 在分享与欣赏中,感受创意涂鸦。

教师:"你家的地板擦干净了吗?家具摆放整齐了吗?"

活动延伸

开展其他劳动游戏,如:擦桌子、洗衣服……进一步感受折线的绘画特点。

教育建议

对于任何阶段的幼儿来讲,帮助妈妈拖地是一件既兴奋又有意义的事情。通过模拟真实的生活场景体验涂鸦劳动的快乐,这种身临其境的感觉激发小班幼儿表达表现的愿望。

来来回回地涂鸦是小班幼儿的绘画特点,是一种无控制的涂鸦。为了保持幼儿对线条涂鸦的兴趣,引导他们从无控制向有控制过渡,教师选择"拖地"游戏再现幼儿的生活经验,易操作、可重复,并利用多支水彩笔捆绑在一起模拟洗地机,激发幼儿实际操作的兴趣,使枯燥重复的练习变成有意义的"劳动"。由于小班幼儿的思维具有直观形象的特点,因此,教师应选择杂志上实物的图片。在摆放家居用品的过程中,幼儿根据自己的喜好进行黏贴,不仅帮助幼儿在"劳动"中感受"我真能干"的自豪感,还能促进幼儿空间知觉能力的发展,寓绘画表现于游戏之中。

小班美术活动 ·········· **方格子老虎**

活动目标

1. 能在一定范围内画横线、竖线。

2. 愿意帮助小老虎,体验帮助别人的快乐。

活动重难点

能在一定范围内画横线、竖线,愿意帮助他人。

活动准备

1. 经验准备：利用美工区材料，帮助爸爸画短线胡子；给鼠小弟画香喷喷的横线面条；把大灰狼关在竖线的笼子里……通过故事感受帮助他人的快乐。

2. 物质准备：课件、背景音乐、虎宝宝型画纸、各色的水彩笔若干。

活动过程

1. 欣赏绘本，激发兴趣。

教师讲述故事，帮助幼儿理解故事内容。对于虎宝宝身上的条纹，感受虎爸爸和虎妈妈不同的态度。

2. 借助故事，掌握技能。

（1）感受故事情节，引导幼儿观察竖线和横线。

教师："虎爸爸要画的竖条纹是什么样的？怎么画？"

总结：竖条纹是从上到下直直的。

教师："虎妈妈要画的横条纹是什么样的？怎么画？"

总结：横条纹是从前到后平平的。

（2）引导幼儿进行书空练习，尝试绘画横线和竖线。

（3）结合课件继续讲故事，体验小老虎的心情，萌发幼儿帮助小老虎的愿望。

教师："小老虎看到爸爸妈妈吵架，心情会怎样？让我们一起帮小老虎想想办法吧。"

3. 尝试绘画，适时指导。

引导幼儿在小老虎的纸型上划横线和竖线，画出方格子老虎。

4. 欣赏评价，体验亲情。

教师引导幼儿从一下三个方面进行评价：

（1）关注横线、竖线下笔的流畅度；

（2）每一条线画满小老虎的身体；

（3）方格子基本均匀。

教师："小老虎变成了方格子老虎，爸爸妈妈再也不吵架了。"

🦋 活动延伸

欣赏各种方格子作品，感受方格子的美；邀请幼儿运用"方格子"装饰班级环境，帮助娃娃家设计方格子物品。

🦋 教育建议

幼儿绘画成长的必然规律是涂鸦期—象征期—图示期—写实期。涂鸦是小班幼儿在成长过程中留下的脚印，具有弥足珍贵的意义，涂鸦期的主要特点是对绘画动作的控制。由于小班幼儿手指和手腕的小肌肉尚没有充分发育，手部动作不准确，从最初的的乱涂逐渐过渡到有控制的涂画。随着手部力量的快速增强，小班幼儿渴望将无序的力量转换为控制能力，教师顺应幼儿的发展需求，有效地利用各种教育资源，激发幼儿大胆表达的愿望。因此，教师巧妙地借助绘本《方格子老虎》的有趣情境，催生有目的的涂鸦动机，帮助去从无控制、无目的涂鸦过渡到横线和竖线的有控制、有目的的涂鸦。

活动前，教师投放情境性美工区材料"爸爸的胡子""香喷喷的面条""大扫除""打败大灰狼"……引导幼儿尝试绘画短线、横线和竖线，提高幼儿的手眼协调能力，为绘画方格子做好经验铺垫。活动中，利用绘本中的故事情节调动幼儿的已有经验，激发幼儿绘画方格子的兴趣；通过书空练习，重塑横线和竖线的基本特征，进行归纳总结，帮助幼儿进一步感受横线和竖线的方位。活动后，幼儿通过欣赏小老虎身上的方格子，在多元评价中感受方格子的美，获得有控制的绘画的自信。

小班美术活动 ·································· **打电话**

🦋 活动目标

1. 在打电话的游戏情境中，喜欢与他人分享自己的开心事。

2. 尝试用螺旋线有控制地将两个物品连起来。

活动重难点

重点：在打电话的游戏情境中，喜欢与他人分享自己的开心事。

难点：尝试用螺旋线有控制地将两个物品连起来。

活动准备

1. 经验准备：有打电话的经验；能说完整话"我喜欢做某事"。

2. 物质准备：白板课件；家人头像、黏有过山车的水彩笔、操作纸若干。

活动过程

1. 创设打电话的游戏情景，激发幼儿参与活动的兴趣。

（1）利用问题情境观察电话线的特点。

（2）利用图片、儿歌直观形象地帮助幼儿书空练习螺旋线。

儿歌：上山坡、转个圈、下山坡、走走走……一直往前开，到站停下来！

（3）出示白板，利用教师、同伴示范电话线的画法，提出要求。

2. 幼儿自主操作，教师针对不同能力水平的幼儿进行适时指导。

（提供亲人照片，引导幼儿自主选择角色贴在电话上，连接电话线拨打电话。）

预设策略：观察图片、同伴示范、儿歌引导、书空练习……

3. 交流分享，多元评价。

（1）分散评价。

（2）集中评价为幼儿后续学习做好铺垫。

活动延伸

将材料投放在美工区，引导幼儿在区域游戏中自主选择，持续练习。

教育建议

随着通信设施的不断完善，电话成为人们日常生活中离不开的物品。在娃娃家，我们经常可以看到小班幼儿独自一人拿着电话自言自语，或模仿大人的口吻聊天。可见，打电话成为小班幼儿进行交往的常用方式。因此，我们借鉴幼儿已有的生活经验，创设给老师、家人打电话的游戏情境，引导幼儿运用螺旋线将电话机连接起来，发展幼儿的有控制涂鸦。

1. 将真实的游戏情境贯穿始终，再现"打电话"的生活经验。

"打电话"的游戏情境贯穿整个活动，教师要调动幼儿积极参与游戏的兴趣。通过自主观察电话线的特点，幼儿借鉴已有生活经验，能够直观地描述电话线的特征（长长的、卷卷的，像弹簧一样一圈一圈的）。

2. 运用直观形象的"过山车"游戏自主表现"电话线"的特点，为绘画做好铺垫。

利用白板课件展现过山车的轨道，帮助幼儿将电话线与过山车轨道相联系，调动幼儿参与书空练习的热情，引导幼儿主动念开车"咒语"，将"电话线"的画法直观形象地展现给幼儿。同时，在幼儿给班级老师打电话的过程中，通过教师示范、同伴示范，巩固练习开车"咒语"，为绘画做好铺垫。

3. 通过儿歌、图片、书空练习、教师示范、同伴示范等教育策略帮助幼儿自主认知与操"电话线"。

（1）同伴示范。

在幼儿自主绘画的环节，教师通过观察发现小卓没有表现出"电话线"的画法，而是一个圆圈连接一条线再连接一个圆圈，教师请他先观察旁边小萌的电话线，鼓励小萌当小卓的小老师，同班平行示范更易于被自尊心强的幼儿所接受。

（2）语言指导。

内向、追求完美的小梅迟迟不肯动笔，教师运用情境性的语言引导幼儿绘画，说："奶奶正在家等你的电话呢，快把电话线连接上吧。"

（3）儿歌传染。

祁涵飞一边画一边不停地念叨着开车"咒语"："上坡、转个圈、下坡、走走走。"榜样的力量深深地感染者身边每一个幼儿，旁边腼腆的小俊听后也跟着念了起来，儿歌指导帮助幼儿掌握了"电话线"的绘画技巧。

4. 点评环节，运用多元评价提升幼儿的绘画技能。

（1）在分散评价环节中，幼儿陆续将自己的作品介绍给老师和同伴，分享打电话的快乐。

（2）在集中评价环节中，通过模拟打电话，验证电话是否安装成功；围绕"电话是否信号好"，鼓励幼儿下笔要大胆流畅，打电话时要大胆说话，满足幼儿打电话的游戏需求，在游戏情境中实现活动目标，解决活动的重难点。可见，小班美术的评价环节渗透游戏化、情境性的语言，便于引导幼儿通过对比性观察进行自主评价。

小班美术活动 ·············· **神奇的小魔刷**

活动目标

1. 大胆使用色彩，体验玩色的快乐。

2. 尝试使用板刷进行刷色。

活动重难点

尝试使用板刷进行刷色，体验玩色的快乐。

活动准备

1. 经验准备：营造热闹的新年环境，感受快乐的新年主题。

2. 物质准备：课件、暗藏有礼物图案的水粉纸（礼物放在水粉纸的不同位置）、红黄蓝颜料、板刷、色碟、围裙、抹布若干。

活动过程

1. 通过边演示课件边讲述故事，激发幼儿参与的兴趣。

（1）以新年老人寻求幼儿的帮助为切入点，调动幼儿参与活动的热情。

教师："大家好，我是新年老人，新年马上就到了，我为你们准备了好多好多的新年礼物，一会儿就给你们送过来！"

（刮风了，下雪了……）"不好了，刮风了，下雪了，啊！我的礼物，我的礼物，我的礼物不见了！"（突然，新年老人的礼物被风吹跑了，散落在雪地里。）

（新年老人坐在雪地上哭！）"呜呜呜……我找不到我的礼物了，怎么办呀？呜呜呜……"

（2）鼓励幼儿帮助新年老人想办法捡礼物。

2. 出示"神奇的小魔刷"，通过咒语引导幼儿仔细观察，了解魔刷的使用方法。

教师："神奇的小魔刷喜欢看着你们画画，快让它对你笑一笑。"

（1）念咒语，学习使用小魔刷。

小咒语：小魔刷、小魔刷，来来回回用力刷；刷得多，刷得满，新年礼物出来了！

（2）书空练习，尝试刷色，清除积雪。

让幼儿"猜猜雪地里藏了什么礼物？"调动他们参与活动的积极性。

3. 自主选择画纸进行刷色，体验玩色的快乐。

（1）教师巡回观察，以"谁的小笑脸露在外面，谁的小魔刷就喜欢和你做朋友。"这一游戏口吻指导幼儿正确使用板刷；

（2）鼓励幼儿"来来回回仔细（用力）刷"，指导幼儿蘸好颜料，在边上靠一靠，鼓励幼儿尝试上下刷、左右刷等方法正确使用板刷刷色；

（3）"小礼物都快冻僵了"请幼儿尽量将颜色刷满、刷匀，初步感知油水分离和色彩混合的效果。

4. 鼓励幼儿将自己找到的礼物贴在展板上，并作为新年老人送给自己的礼物。

活动延伸

请幼儿将这些小礼物撕下来，装饰班级环境，为布置班级的新年环境做好准备。

教育建议

喜迎新年，给予幼儿丰富的情感体验与美好享受。在《新年》主题活动中，通过动手操作、儿歌故事、体验游戏等方式让幼儿了解新年、感受新年、迎接新年。为了顺应幼儿游戏与尝试的心理需求，结合小班幼儿的年龄特点，笔者将魔术"扫雪"巧妙地融入其中，采用变魔术的方式激发幼儿参与劳动过程、体验劳动收获的兴趣，由此设计了此次美术活动，让幼儿在轻松愉快的游戏情境中，练习控制手臂力量，使用板刷刷色的方式寻找礼物，体验玩色的快乐。

1. 根据孩子的发展水平制订适宜的教学目标。

根据日常观察，教师发现孩子在玩色活动中遇到困难，分析他们运用工具的水平，根据幼儿的能力和发展水平制定适宜的教学目标。小班幼儿已经具备运用各种玩色工具大面积涂色的经验，手臂控制力量的能力逐渐增强，但是还不能灵活运用手腕进行玩色，因此本活动的目标定位在来来回回用刷子刷色，涂色均匀。

2. 分析小班孩子的年龄特点选择会说话的材料。

提供刷柄上带笑脸的小刷子，提示小朋友："小刷子喜欢看着宝宝画画，快让它对你笑一笑。"充满童趣的游戏化语言帮助孩子掌握的使用方法。同时，利用白蜡绘画隐藏在雪地里的礼物，激发幼儿反复游戏的兴趣。

3. 运用情境性指导提高孩子玩色的兴趣和技能。

利用朗朗上口的小咒语："小魔刷、小魔刷，来来回回用力刷；刷得多，刷得满，新年礼物出来了！"教师将使用刷子的动作要领蕴含其中，帮助孩子在念儿歌的同时就学会了来来回回刷色的方法。

小班绘画游戏 ⸺⸺⸺⸺⸺⸺⸺⸺⸺⸺⸺⸺⸺ 游园地图

🦋 活动目标

1. 在游戏情境中，根据户外游戏路径和幼儿行进动作进一步感知各种线的特点，体验绘画游戏的快乐。

2. 尝试运用各种各样的线表现户外游戏的特征。

🦋 活动重难点

在游戏情境中，尝试运用各种各样的线表现户外游戏的特征。

🦋 活动准备

经验准备：利用幼儿园的玩具进行游戏，感受游戏的快乐；了解各种线条的形象特点。

物质准备：视频、白板课件、器械图片、"回"字形大操场的纸张、胶棒、彩笔若干。

活动过程

1.出示视频，调动已有游戏经验，激发幼儿参与活动的兴趣。

2.利用白板课件，直观形象地感知各种线的特点，为绘画游戏做好铺垫。

（1）根据自己的喜好将玩具图片"运"到操场上；

（2）观察玩具的外形特征以及游戏的路径特点，利用动画视频、图片观察、儿歌提示、书空练习、同伴示范等方式支持幼儿能大胆地表现线与形。

3.幼儿自主选择玩具图片，结合行进动作绘画线条，教师进行适时指导。

（1）选择自己喜欢的水笔，根据玩具的形状进行圈画。

师：用玩具喜欢的形状和他们打声招呼呦（每人一种颜色便于区分不同的路径）

（2）在玩具四周画出游戏动作和行进动作的线条。

注意：不同颜色的线条代表幼儿玩的次数，提高幼儿绘画线条的流畅度。

4.欣赏与评价。

（1）选择多种线条。

（2）运笔流畅。

（3）创新动作路径。

活动延伸

师幼继续搜集资料，制作大型游园地图。

教育建议

小班幼儿能有意识地通过线条、图形的简单组合表现事物的大致特征，逐渐转向有控制地涂鸦。根据小班幼儿感知和表现的特点，结合他们身边的游戏场景和生活实际，深入挖掘其生活中内隐与外显的线与形，将游戏与绘画进行优化组合，借助游戏过程，鼓励幼儿运用户外的游戏路径和幼儿的行进动作创造图式，寓教于乐，以此提高幼儿的观察力、空间知觉力、想象力、手眼协调能力。此次绘画游戏将活动目标定位在：

1. 在游戏情境中，根据户外游戏路径和幼儿行进动作进一步感知各种线的特点，体验绘画游戏的快乐。

2. 尝试运用各种各样的线表现户外游戏的特征。

其中，活动重难点是在游戏情境中，尝试运用各种各样的线表现游戏的特征。在活动过程中，教师为幼儿提供内隐与外显的支持，将游戏贯穿绘画始终，帮助他们体验成功与自信。

· 活动前的经验支持

（1）活动前，抓拍幼儿利用玩具自由玩耍的视频，并引导幼儿进行自主观察与肢体表现；

（2）利用毛根百变的特点表现各种线的形象特点；

（3）选择"回"字形"大操场"，减少对角多次交叉碰撞；

（4）活动前请幼儿根据自己的喜好将玩具图片"运"到操场上进行自主粘贴，为了帮助幼儿须留出更大的绘画空间，运用情境化语言提示幼儿拉大玩具之间的距离，避免人群拥挤出现危险。

· 活动中的指导支持

1. 绘画前的支持。

（1）出示视频，调动已有游戏经验，激发幼儿参与活动的兴趣。

（2）利用白板课件，直观形象地感知线的特点，为绘画游戏做好铺垫。

2. 玩具中的游戏路径。

结合小班幼儿的认知水平，选择圆形的转椅、三角形的攀爬架和长方形的小木桥，利用动画效果感知转椅旋转出蜗牛线，通过"从中心向四周越转越大，越转越快，从四周向中心，越转越小，越转越慢，停下来"感受蜗牛线的旋转特点；在三角形的攀爬架中，运用魔术"巴拉巴拉，变！"将小朋友

"变"进攀爬架，拖动他爬上去、爬下来，引导幼儿发现锯齿线（直线爬上去，直线爬下来）；在长方形的小木桥中，通过慢动作回放幼儿迈过吊桥每一块横板，幼儿发现了上波浪线。（一个小弧线、一个小弧线……）

· 行进中的动作路径

在每种玩具之间的路线中，教师应引导幼儿尝试不同的行进动作，并利用现场模拟、肢体语言、图片观察、儿歌提示等方式支持幼儿大胆地发现各种各样的线，如：直线走（直线）、曲线跑（波浪线）、转着圈地走（螺旋线"上山坡，转个圈，下山坡，走走走"）、大步垫脚走（虚线）、骑着扭扭车走（锯齿线）、跳着走（上波浪线）……

1. 绘画中的支持。

每人选择一种颜色的水彩笔，便于区分、观察幼儿的游戏路径；幼儿选择自己喜欢的玩具，通过绘画玩具的形状与他们有礼貌地打招呼，为绘画动作路径明确幼儿所选的玩具；结合幼儿生活经验，提示幼儿寻找远处的玩具，增加行进的路程，注重画面的流动性，为幼儿的大胆表达表现提供充足的空间，有助于增强幼儿运笔的流畅性；教师融入游戏角色，运用游戏化语言，通过借鉴同伴经验、平行示范、肢体语言、图片、视频、儿歌等方式，帮助幼儿掌握螺旋线、锯齿线、上波浪线的绘画技巧。

2. 绘画后的支持。

（1）自由欣赏与评价。

邀请老师、同伴参与其中，再现幼儿绘画线条所代表的行动路径和游戏动作，从中乐于自主分享自己选择的玩具种类、行进动作的特点，为集中分享与评价做好准备。

（2）集中分享与评价。

请幼儿主动分享自己的作品，利用情境性语言，帮助幼儿从运笔流畅、结构均匀、创新表现三个方面进行梳理，如：转圈走，螺旋线的线条很流畅，没有摔跤；走过小木桥时，每一个小弧线大小都很均匀，这样就不会踩空掉到小河里；在行进的方式中，扭扭车扭出了锯齿线，绕过交通锥的波浪线，双脚跳跳出了上波浪线。同时，有的孩子还创意出不同动作组合的方式：走走走的直线、大步迈的虚线、跑跑跑的波浪线、跳跳跳的上波浪线、扭扭扭的锯齿线、上楼梯的折线、城墙线……

· 活动后的评价支持

幼儿的作品不再是静止的"图画"，而是孩子们手中富有生命的游戏道具。在活动延伸的过程中，"游园地图"发挥其独特的魅力，从作品到道具激发幼儿新的创作灵感，形成一个良性循环。孩子们根据"游园地图"开展丰富多彩的户外游戏，并运用生活中常见的物品进行"线"的创意拼摆，如：毛根、绳子、玩具、生活物品……从而提高幼儿的审美情趣和表现力。

中班绘画活动 ·························· 幼儿园的新楼房

活动目标

1.通过为幼儿园设计新楼房活动，表现自己对楼房美的经验。

2.用绘画的方式创造性地表现了楼房在造型、色彩、结构、装饰等方面的美。

活动重难点

初步构思画面并运用绘画的方式表现楼房在造型、色彩、结构、装饰等方面的美。

活动准备

1.经验准备：参观河东二幼的三所分园，感受不同楼房的美；与老师、父母一起观察各种建筑物，感受不同楼房在造型、色彩和装饰等方面的不同特点；创设墙饰"幼儿园的楼房"。

2.物质准备：课件、录像、照片、大小颜色不同的纸、彩笔、蜡笔若干。

活动过程

1.引导幼儿回忆所看到的三所幼儿园楼房的不同特点，梳理提升已有经验。

（1）讨论交流、梳理经验。

策略：通过课件感受比较三所幼儿园在楼顶、墙体色彩、装饰和造型结构上的不同特点，帮助幼儿梳理提升对楼房的美的经验认识。

（2）图片欣赏，扩展经验。

策略：引导幼儿欣赏不同造型、装饰特点的楼房，扩展幼儿对细节的关注。

2. 提出任务，引导幼儿进行绘画构思。

（1）通过观看采访园长的录像，了解绘画要求，明确绘画主题。

（2）引导幼儿交流绘画想法，确定绘画思路。

3. 幼儿设计绘画，教师观察幼儿绘画情况，提供适宜支持。

预想指导策略：

（1）对没有想法的幼儿，教师可用个别交谈、同伴的经验借鉴等方式引导幼儿确定绘画内容；

（2）根据幼儿对楼房设计的不同角度、需求，提供不同创意造型的楼房图片、观察利用班级环境中的吊饰和墙面图片、平行示范等；

（3）提供带有楼型的纸，供幼儿自选，支持造型能力不强的幼儿设计表现楼房结构特点；

（4）引导鼓励画完的幼儿与小朋友、老师交流、欣赏自己的设计想法，请其他老师提出建议。

4. 分类展示幼儿作品，请他们介绍自己的设计想法，并帮助他们提升绘画经验。

鼓励幼儿大胆说出自己设计的房子的独特之处，教师给予肯定，这样可以帮助幼儿提升对楼房的造型、色彩装饰等美的绘画表现经验。

活动延伸

引导幼儿将设计图在幼儿园中进行展示，请全园老师和小朋友进行投票，选出他们心中最美的幼儿园。

教育建议

河东二幼一直以来以环境教育为特色，十分注重利用幼儿周围的环境开展教育活动，为此这次美术活动"幼儿园的新楼房"就是引导幼儿观察周围环境，关注幼儿园的变化，进行命题画尝试。

首先，在选择活动内容时，教师应把握"挖掘园所资源，构建连续主题"的关键点，提取绘画素材。在前期，引导孩子观察不同房子的特点，带领幼儿参观游览具有天津代表性的建筑，幼儿开始关注物体各部分的组合大小与位置，并对运用图形、图像表现楼房组合和丰富细节产生浓厚的兴趣。于是，教师以此为契机开展连续性、综合性的主题活动"漂亮的房子"，并组织了"我看到的房子""漂亮的屋顶"等活动提高幼儿的自主表现能力。

在主题活动的基础上，幼儿对于其他两所分园比较感兴趣，于是，我带领幼儿参观了平河园和滨河园，以此引导幼儿关注幼儿园环境的变化，提升幼儿在造型、色彩等方面的能力。同时，在参观的过程中，幼儿能直观感受到三所园在楼顶、墙体色彩、装饰和造型结构上的不同美感，利用写生、拍照、录像等方式观察、记录关注的细节特征，为他们用自己独特的绘画语言表达想法做好铺垫。

基于此，我将本次活动的目标确定为：

（1）通过为幼儿园设计楼房活动，表现自己对楼房美的经验。

（2）能用绘画的方式表现楼房在造型、色彩、结构、装饰等方面的美。

整个活动从命题情境入手，把握幼儿绘画技能的提升，以此突破活动的重难点。

1. 语言描绘。

通过录像启发想像，鼓励幼儿运用已有经验大胆说出自己的想法，并转化为独特的绘画语言。比如：在活动中，引导幼儿将教师和其他幼儿的建议融入自己的设计中，通过"你希望咱们的新幼儿园设计成什么样子？"等问题调动幼儿已有经验，引导幼儿大胆想象，表达自己的想法和感受。通过具体问题引导幼儿构思画面，"说说你设计的房子是什么样子的？"为幼儿有目的的绘画做好铺垫。

2. 动作描绘。

通过指一指、比一比来进行观察比较，引导幼儿感受对比三所幼儿园在楼顶、墙体色彩、装饰和造型结构上的不同美感，掌握不同的细节特征，帮助幼儿感知图形组合、线与形的组合。

3. 图例描绘。

从中班幼儿的年龄特点和兴趣出发，选择"房子"的主题活动，创设"房子"的各种隐性教育环境，并有目的地将房子图片分类订册，制成图书，使他们时时处处都能感受到房子的神奇；利用一日生活各环节帮助幼儿运用图形组合的方法表现房子的整体结构特点。同时，在美工区投放图形拼贴画，在益智区投放七巧板等材料，支持孩子大胆地表达；利用园所现有环境资源，捕捉、放大其教育价值，体现幼儿在园的主体地位，使他们获得成功与自信。

在讲评环节中，我把握一下几个关键点，帮助幼儿提升经验为下次活动做铺垫：

1. 关注幼儿对于房子的整体构图技能的提升；

2. 关注幼儿在画面的细节刻画以及色彩方面的想法，请幼儿介绍自己的作品，帮助幼儿扩展思维；

3. 关注在房子设计上比较有创意的作品，请幼儿来讲一讲，帮助幼儿提升技能方面的能力。

中班美术活动 ···················· **龙舟大赛**

🦋 活动目标

1. 通过绘本《影子爷爷》中"皮影戏"的信息，激发幼儿参与皮影龙舟赛的兴趣。

2. 结合端午节尝试运用彩色线描的方式在塑料膜上表现划龙舟的快乐

体验。

第三章 教育求索——遇见『孩子』，点亮一盏心中的灯

活动重难点

重点：乐于运用绘画的形式表达自己参与游戏的快乐体验。

难点：结合端午节尝试运用彩色线描的方式在塑料膜上表现划龙舟的人物坐姿。

活动准备

1.经验准备：讲述《影子爷爷》的部分故事内容，认识书中的角色，初步了解皮影戏的相关常识，端午节的墙饰如划龙舟、吃粽子、戴五彩线等。

2.物质准备：白色幕布、大小不同的塑料膜、线描笔、马克笔、剪刀、吸管、坐姿人物图册、手电筒若干。

活动过程

1.阅读绘本，感受"皮影戏"的有趣，激发幼儿绘画的兴趣。

2.结合"端午节"的传统节日，通过幼儿表演划龙舟，自主观察人物的坐姿和手臂动作。

（1）观察划龙舟的视频，感受选手分工和座位方向。

（2）请幼儿表演划龙舟，观察人物的坐姿和手臂划船的动作。

（3）自由分组，绘画划龙舟的皮影人。

3.鼓励幼儿运用彩色线描在膜上表现划龙舟的人物，教师针对幼儿的不同能力水平提供适宜的帮助与指导。（材料、参考图片和教师示范性的帮助与支持等）

4.请幼儿将作品黏在吸管上，分组投射在皮影幕布上，通过同伴合作、分组竞赛表演划龙舟。

活动延伸

引导幼儿构思、绘画、讲述一个较完整的、有情节的端午节故事。

教育建议

1.选取绘本信息感受传统文化。

分析并利用绘本中"皮影戏"的相关元素了解端午节的民俗，感受中国

的传统文化——赛龙舟,采用皮影龙舟赛的方式激励幼儿参与到小组协商、讨论、分工、合作的游戏中,调动幼儿参与的积极性。

2.采用多种策略解决活动难点。

由于中班末期的幼儿观察能力不断增强,且能细致观察、大胆表现人物的动作、表情等相关的细节。因此,我们将本次活动的难点放在表现龙舟上人物的坐姿,通过现场表演、儿歌总结、动作示范、同伴示范、平行绘画、图片观察等策略解决活动的难点,但大多数幼儿易于将双腿跪地和坐下的人物混淆,我们运用现场表演、观察图片、同伴示范的形式请幼儿观察他们的区别,引导幼儿自主发现坐下的人屁股向下,跪地的人膝盖朝下,进一步回忆并巩固儿歌"屁股朝下坐,两腿向前弯,双手握桨一边划,一二一二齐用力"。帮助幼儿抓住"屁股朝下,双腿向前弯曲"的关键点,把握动态人物的特点。

3.利用分组协商表现人物特点。

利用视频帮助幼儿观察龙舟上的角色分工,自主分配角色,通过不同角色的人物坐姿图,引导幼儿观察细节表现选手敲鼓、划船、掌舵的不同特点。

4.结合皮影游戏体验成功喜悦。

在光影游戏中,利用彩色线描表现参赛的人物特点,通过同伴合作表演赛龙舟不仅增强游戏的趣味性,还帮助幼儿之间互相欣赏与借鉴,促进同伴之间的相互学习。

中班美术活动 ⋯⋯⋯⋯⋯⋯⋯⋯ **我爸爸**

🍃 **活动目标**

1.通过游戏仔细观察爸爸的外貌特征,尝试画出自己眼中的爸爸。

2.在亲子互动中感受爸爸的爱与伟大。

活动重难点

通过游戏仔细观察爸爸的外貌特征，尝试画出自己眼中的爸爸。

活动准备

1. 经验准备：通过观看和爸爸游戏照片及视频进行相关谈话，初步了解幼儿所关注的爸爸细节，丰富他们对爸爸的观察与了解；师幼共同创设主题墙"我爱我爸爸"；邀请爸爸参与活动。

2. 物质准备：搜集并分类整理爸爸和自己游戏的照片，白板课件，大小不同的纸、水彩笔、蜡笔若干。

活动过程

1. 通过游戏参与和白板观察引导其构思一个自己心目中的爸爸形象，为绘画做好铺垫。

（1）通过"猜猜他是谁"的游戏激发幼儿对爸爸进行主动观察。

游戏规则：几位爸爸走错班级，被一面墙挡住了，每次只能拿掉一块砖，露出爸爸的一角，请幼儿猜猜这是谁的爸爸，猜对的爸爸就能走进班级。

（2）出示白板课件，通过对爸爸细节的观察引导幼儿大胆猜想。

教师："你想拿掉哪块砖？露出了哪里？它是什么样子的？猜猜他是谁？"

（3）自主交流，构思画面。

教师："你觉得你的爸爸哪里长得与众不同？"（请你和你旁边的小朋友说说你的爸爸长得最与众不同的地方。）

2. 爸爸离开活动现场，幼儿自主绘画，教师针对幼儿的不同能力水平提供适宜的帮助与指导。

3. 请画完的幼儿将自己的作品展示在墙上。

活动延伸

通过竞猜环节邀请爸爸猜出自己的画像，合影留念。

教育建议

由于中班下学期幼儿有意注意发展，观察的稳定性、目的性明显提高，能够较完整地观察客观事物，并运用图形组合的方法进行表达，尤其在关注、表现某些细节方面。因此,教师利用父亲节开展爸爸进课堂的绘画活动"我爸爸",引导幼儿观察爸爸的主要特征,运用图形组合、颜色对应的方式提高幼儿独立创造图像的能力。

利用白板游戏引导幼儿观察爸爸的发型、半个脸部的五官、眼睛、鼻子、嘴巴、动作、衣着,唤起幼儿零碎的记忆,并在交流分享中表征爸爸的基本特点,帮助幼儿将自己绘画的爸爸图像逐步接近客观观察,由简单的图像取代符号的愿望;在自由竞猜环节,爸爸根据幼儿作品的绘画方式和表现特点进行一一对应,幼儿能够自主发现观察的重要性,在与爸爸的默契配合下体验成功与自信。

中班美术欣赏 ······ 天空中蓝色的金子

🦋 活动目标

1. 通过对比,感受画面中黄色、蓝色与黑色的强烈对比,体会色彩搭配的美感。

2. 能大胆表达自己对作品的理解和感受,体验欣赏活动的乐趣。

🦋 活动重难点

重点:感受画面中黄色与蓝色对比关系。

难点:运用已有生活经验大胆表达自己对作品的理解和感受。

🦋 活动准备

1. 经验准备:已有欣赏画的经验,有初步感知色彩的经验;幼儿可知不同色调变化带来不同的心理感受;将《天空中蓝色的金子》这幅画布置在美工区,供幼儿欣赏。

2. 物质准备:《天空中蓝色的金子》的图片。

🦋 活动过程

1. 出示作品,引导幼儿从整体观察画面。

(1)通过细致观察了解画面中出现的各种颜色及形状。

（2）更换黄色和蓝色，引导幼儿直观地感知画面中色彩的对比关系。

2. 了解作品的作者和名称，进一步感受画面中所传递的美好意境。

（1）这幅画是米罗的作品，名字叫《天空中蓝色的金子》。

（2）谁能说一说黄色和蓝色搭配在一起，给你什么感觉呢？

（3）你觉得画中的天气怎么样？

（4）谁知道画家是如何把蓝色的金子画成透明的？蓝色的线是什么样的？是直线还是曲线？

活动延伸

请幼儿利用蓝色和黄色搭配在一起，创作一幅有趣的画。

教育建议

由于中班幼儿对颜色产生了极大的兴趣，从使用颜色越多越好逐渐过渡到关注画面颜色之间的配合。因此，我们选择美术欣赏《天空中蓝色的金子》帮助幼儿在直观感受、对比欣赏中提升他们感受美、表现美、创造美的能力。

在欣赏中，引导幼儿观察画面主体的形状及颜色，进行大胆想象。通过更换黄色背景和蓝色物体的方式，引导幼儿自主观察、直观感受画面中色彩的对比关系，进一步体验画面中传递的美好意境。同时，帮助幼儿将欣赏活动中蕴含的美术元素以及感知的经验运用到自己的创作中。

中班美术活动 ·········· 花格子大象

活动目标

1. 尝试探索不同的色彩对比装饰的方法，体验色块组合的美。

2. 有目的地选配对比色进行装饰，创造性地表现花格子大象的色彩美。

活动重难点

有目的地选配对比颜色进行装饰，创造性地表现花格子大象的色彩美。

活动准备

1. 经验准备：欣赏蒙德里安的格子画，感受色彩搭配的美。

2. 物质准备：课件、各色的画布图片、炫彩棒、花格子大象形状的白纸、胶水若干，背景图一张。

活动过程

1. 欣赏讨论。

（1）通过阅读绘本大胆讨论，感受花格子大象的色彩美。

（2）引导幼儿感受故事情节，寻找配色方法。

教师："其他的大象都想变成花格子大象怎么办？""你们喜欢什么样的花格子呢？"（出示花布，感受色彩搭配的美）

（3）请幼儿大胆尝试多种配色的方法。

2. 操作表现。

（1）鼓励幼儿尝试不同颜色，有目的地运用排序、对比的方法装饰大象。

（2）针对幼儿的不同能力水平提供适宜的帮助与指导。

3. 欣赏体验。

（1）请幼儿将装饰好的大象贴在背景图适当的位置，进行自由分享交流。

（2）集中欣赏评价。

教师："你最喜欢哪只大象，为什么？"

评价点：

（1）涂色均匀。

（2）运用排序的方法。

（3）运用对比色。

活动延伸

请幼儿续编故事，和同伴共同进行分享。

教育建议

中班的幼儿更喜欢关注细节，对色块组合兴趣浓厚。为了让幼儿在轻松愉快的氛围中有目的地选配颜色，感受色彩搭配的美，我选择了《花格子大象》这个绘本作为主线贯穿整个美术活动的始终，它的角色造型可爱生动，颜色使用新颖大胆。因此，我挖掘多元化的美术装饰性元素，将色彩融入美术之中，以情节的自然递进为转换环节的契机，引导幼儿积极参与，激发他们尝试设计格子画的审美情趣。

1.绘画前，通过阅读绘本故事，激发幼儿兴趣；利用花布帮助幼儿发现色彩搭配的美。

2.绘画中，针对幼儿的不同能力水平进行适时指导，比如：运用绘本角色口吻："……他才会高兴！"利用同伴经验借鉴、平行示范、图片支持等策略引导幼儿有目的地运用排序、对比的方法装饰大象。

3.绘画后，绘本中的原背景增强画面的整体效果，与绘本故事前后呼应。在评价环节，将有代表性的作品通过多元评价（自我评价、教师评价、同伴评价）做好铺垫。

中班美术活动·········· 艾玛化装舞会

活动目标

1.大胆使用鲜明的色彩、简单的造型（图案）创造性地装饰大象。

2.能根据自己的想象合理布局，感受色彩搭配的美。

活动重难点

重点：大胆使用鲜明的色彩、简单的造型创造性地装饰大象。

难点：能根据自己的想象合理布局，色彩搭配适宜。

活动准备

1.经验准备：了解绘本《花格子大象》的故事情节，感知冷暖色调对于心情的影响，尝试不同的色彩搭配。

2.物质准备：课件、蜡笔、线描笔、各种姿态的大象形纸、各种图形的拓板、胶水若干、化妆节音乐和背景图一张。

活动过程

1.欣赏讨论,激发兴趣。

(1)创设艾玛化妆舞会的游戏情境,激发幼儿的绘画兴趣。

教师:"艾玛和好朋友们要举办化妆舞会,有几只大象已经画好了妆,你最喜欢谁?"

(2)通过欣赏装饰后的大象,引导幼儿发现色彩搭配的不同视觉效果。

教师:"它的身上都有哪些颜色?这些颜色有什么特点?"(五颜六色、黑白相间有序的装扮美)

(3)通过更换背景色,引导幼儿发现色彩搭配的美。

教师:"这只大象在身上涂了什么颜色?(蓝色)""身上的星星是什么颜色?(黄色)"

教师:"如果把蓝色变成橙色,你觉得效果怎么样?"

总结:如果大象身上变成橙色,黄色的星星就看不清了。因为蓝色和黄色是对比色,所以星星象很漂亮。

(4)通过移动大象身上的图案,引导幼儿感受画面的合理布局。

教师:"这几只大象也画好妆了,你们觉得哪只大象最漂亮?为什么?"

总结:这只大象身上的图案均匀地分布在身上,所以很漂亮。

(5)引导幼儿发挥各自的想象,为装饰大象拓宽绘画思路。

教师:"你喜欢用什么颜色或图案装扮自己的大象?"(请你和旁边的小朋友说一说自己的设计想法吧)

2.大胆操作,创意表现。

(1)鼓励幼儿运用鲜明的色彩、创意图形组合装饰大象。

(2)针对幼儿的不同能力水平提供适宜的帮助与指导。

(重点关注幼儿色彩的运用与图案的选择,并适时提供材料的支持与方法的指导)

3.交流分享,欣赏体验。

(1)适宜评价:引导幼儿重点体会色彩搭配、图案装饰的美。

（2）请幼儿将装饰好的大象贴在手掌上，充分感受装饰后愉悦的情感体验。

教师："你最喜欢哪只大象？喜欢它的什么地方？"

（1）布局合理。

（2）运用对比色。

（3）运用排序的方法进行规律涂色。

（4）涂色干净整洁。

活动延伸

请幼儿将大象做成立体的手偶，投放到表演区续编故事紧扣情景线索，拓展了幼儿想象的空间。

教育建议

中班下学期的幼儿，有意注意发展，观察的稳定性明显提高，喜欢运用图形组合的方式表现客观对象，关注一定的细节，并对颜色兴趣浓厚。为了让幼儿在轻松愉快的氛围中有目的的进行装饰、选配颜色，增强画面的视觉效果，我选择了以艾玛化妆舞会的情境为主线贯穿整个美术活动的始终，使孩子们怀着一种积极的态度参与活动，鼓励他们尝试运用色彩进行搭配、利用简单的图案装饰大象，逐步形成图案装饰的迁移能力，有效促进幼儿的主动学习。

在绘画前，通过艾玛化妆舞会的情境，激发幼儿的绘画兴趣，再通过观察各种装饰好的大象图片，从色彩鲜艳、黑白有序搭配、运用简单图案进行装饰这几个层面引导幼儿重点观察三幅图片，使幼儿在自主观察中发现色彩搭配的不同视觉效果，并暗示给幼儿一些简单的装饰性元素，在第三幅图片中，将大象的名字和它喜欢的东西联系在一起，调动幼儿已有的生活经验和想象力，从而迁移到大象身上的图案，拓展幼儿的绘画思路，激发他们自主创作的欲望。

在绘画中，教师针对幼儿的不同能力水平进行适时的指导，比如：运用化妆舞会的情境引导幼儿将图案画得大一些，让大家一眼就能看到自己，同伴经验借鉴、平行示范、图片、借助图形的拓板帮助幼儿降低难度,获得成功的体验。

在绘画后,运用自由交流欣赏和集中交流欣赏两个环节引导幼儿进行讨论分享。其中,绘本中的原景增强画面的整体效果,与绘本前后呼应。在集中评价环节,将有代表性的作品通过多种评价策略(自我评价、教师评价、同伴评价)提升幼儿的自信度与成功感。

同伴评价:你喜欢哪只大象?为什么?

教师评价、自评:这只大象是谁化的妆,你觉得自己化的哪个部分最漂亮?我们从大胆使用色彩、合理搭配色彩、创造性地选择图案几个方面进行评价,并带着自己的大象伴随音乐参加化妆舞会的情境首尾呼应,充分感受装饰后愉悦的情感体验。在延伸活动中教师可以利用装饰好的大象续编故事。

中班拓印美术活动 ⸻⸻⸻⸻⸻⸻ **小黑鱼**

🦋 活动目标

1. 在欣赏绘本《小黑鱼》的过程中,体会小鱼变大鱼后的成功与快乐。

2. 尝试进行有规律的拓印,并能注意拓印的方向。

🦋 活动重难点

重点:在帮助小黑鱼的过程中,体会小鱼变大鱼后的成功与快乐。

难点:尝试进行有规律的拓印,并能注意拓印的方向。

🦋 活动准备

1. 经验准备:参观海洋馆,了解海里各种各样生物的外形特点和习性;在玩色中积累初步的拓印经验。

2. 物质准备:亲子制作"小鱼"的蔬菜印章,绘本《小黑鱼》课件,大鱼纸型、各色大纸、红色颜料、小黑鱼、胶棒、画笔以及海底世界的背景墙。

活动过程

1. 在绘本欣赏中，引导幼儿积极帮助小黑鱼想办法，探索小鱼印章的使用方法，梳理、提升拓印经验，激发幼儿的主观体验。

（1）利用绘本的高潮部分组织谈话："谁能有好办法帮帮小红鱼？"调动幼儿的情绪，激发他们内心情感的充分表达。

（2）在交流、讨论、操作中，围绕主线"小鱼们怎么才能变成一条大鱼呢？"鼓励幼儿自主绘画大鱼轮廓并大胆尝试拓印。

2. 关注幼儿创作中对表现方法的运用，教师适时介入进行指导有助于提升幼儿的拓印技能。

教师："谁还能变出更大的鱼吓跑大怪鱼呢？"

（鼓励幼儿将自己的大鱼展示在背景墙上，并添画。）

3. 在点评中，多样化的评价方式促进幼儿多维度的发展。

（1）展示交流：请幼儿将自己拓印的大鱼粘贴在故事墙上进行作品的交流和欣赏。

（2）分散交流欣赏环节：幼儿陆续完成、展示作品后，可以自主选择同伴进行交流分享，教师不仅在安静倾听中进一步了解幼儿对故事的理解，还能选择有代表性的作品进行评价。

（3）集中交流欣赏环节：在整个评价环节中，我运用幼儿自我评价、教师评价、同伴评价等多种评价策略，选择几个体现孩子在拓印中的教育点，如：排列整齐、方向一致、合作完成、添画有创意等，帮助幼儿发现不同的表现内容和方式，并从同伴的作品中借鉴经验，为今后自己提升绘画技能做好铺垫。

活动延伸

将故事墙拍照制成精美的图画书，便于幼儿自由讲述和创编故事。

教育建议

绘本《小黑鱼》采用水粉拓印的美术方式表现了五彩斑斓的海底世界，呈现出半透明的拓印效果，给人以神秘感。在绘本中，小黑鱼带领一群小红鱼游成一条大鱼最终战胜了大怪鱼是绘本的高潮部分，彰显了"团结就是力量"的主题。同时，由于中班上学期幼儿创作的目的性明显增强，能关注色彩、形态等特征，并运用绘画、手工等方式表达自己观察到的或想象到的事物，但缺少规律性，容易遗漏。因此，我们围绕绘本的高潮部分，明晰此次活动的线索"看—猜—试—看"，引导幼儿在积极地帮助小黑鱼想办法的过程中，运用拓印添画的美术形式进行大胆表现。

1. 创设充满意境的情景，讨论相关的表现方法。

引导幼儿积极帮助小黑鱼想办法，自主探索小鱼印章的使用方法，梳理、提升拓印经验，激发幼儿的主观体验。其中，利用绘本的高潮部分组织谈话"谁能有好办法帮帮小红鱼？"调动幼儿的情绪，激发他们内心的情感。在交流、讨论、操作中，围绕主线"小鱼们怎么才能变成一条大鱼呢？"鼓励幼儿自主绘画大鱼轮廓并大胆尝试拓印，自主发现小鱼印章的使用方法，从不同的角度表达感受，为拓印添画做好准备。

2. 关注幼儿在创作中对表现方法的运用，教师适时介入进行指导有助于提升幼儿的拓印技能。

在幼儿自主创作中，教师通过耐心观察、适时指导为幼儿拓展绘画思路，并针对幼儿的不同能力水平和需要，教师采用语言指导、观察图片、教师示范、同伴示范、同伴经验借鉴、儿歌进行指导，帮助他们体验成功带来的喜悦。

教师预设

一是操作印章不规范，运用儿歌"喝口水，歇一歇"进行个别指导；

二是小鱼的方向混乱，通过提问"小鱼们怎么才能朝同一个方向游呢？"帮助幼儿在拓印中自主寻找方向；

三是小鱼之间的距离过大，利用情境性语言"小鱼的数量太少，大怪鱼又会欺负它们的，怎么办？"引导幼儿一个接一个的进行拓印；

四是小鱼重叠在一起，借鉴幼儿已有经验帮助小鱼想办法"小鱼挤在一起速度会变慢，跟不上大家就会很危险！"

在整个活动中，以绘本《小黑鱼》贯穿活动始终，情节跌宕起伏，深入人心。为了帮助小鱼们战胜大怪鱼，围绕"小鱼们怎么才能变成一条大鱼呢？"这条主线，关注拓印细节，运用已有拓印经验进行表达表现，教师不仅注重幼儿的自主感知、大胆想象，还关注他们的不同需求给予个性化的指导，引导幼儿通过分享拓印经验，获得"帮助别人快乐自己"的主观感受，发现一个属于自己心中的多彩世界！

中班绘本活动 ······························· **小真的长头发**

活动目标

1. 通过观察画面进行大胆猜想，乐于表达自己的想法。

2. 在肢体游戏中尽情表现小真的长头发，感受绘本的有趣。

活动重难点

在肢体游戏中尽情表现小真的长头发，感受故事的有趣。

活动准备

1. 经验准备：结合自己的生活经验了解长长的物品的用途。

2. 物质准备：《小真的长发》幻灯片、小真的头饰。

活动过程

1. 观察图片，引导幼儿大胆猜想，激发幼儿的阅读兴趣。

（1）出示没有小真和题目的封面，引导幼儿大胆猜想。

教师："你们觉得这条长长的、黑色的东西像什么？"

（2）出示手偶、扉页，请幼儿带着问题进行师幼共读。

2. 通过肢体游戏引导幼儿用动作表现小真的长头发。

（1）引导幼儿自由地运用动作进行表现。

教师："你觉得小真的头发有多长呢？"

（2）引导部分幼儿通过合作进行表现。

（3）引导全体幼儿创造性的大胆表现。

3.师幼共读，通过细致观察画面感受小真的长头发，并调动已有经验进行大胆的猜想与表达。

（1）请幼儿观察画面猜想与感受小真的头发到底有多长。

（2）通过为小真设计发型，为揭晓封面谜底做好铺垫。

（3）结合幼儿已有生活经验，猜想长辫子的用途。

教师："如果你也有像小真那样长长的辫子，你会用它来做什么？"

（4）再次引导幼儿细致观察画面并进行表达。

教师："让我们一起来看看小真还能用长长的辫子做什么？"

4.完整讲述故事，感受绘本的有趣。

活动延伸

"小真的头发真的有那么长吗？"请幼儿在活动后认真阅读这本书来寻找答案吧！

教育建议

绘本《小真的长头发》用单色与彩色画面相交替的方式串起现实与想象的不同场景。而画面中天马行空的想象和充满天真稚趣的问答，使得整个故事充满戏剧张力。鲜艳明快的画面、妙趣横生的情节、幽默的对白，带领我们走进了一个美妙的童趣世界。当留着妹妹头的小真津津有味地描述着自己的头发长得老长老长的情景时，那些奇特的用途让两个好朋友听得入了神，也让幼儿的童趣大增。第一次我们尝试了利用传统的故事进行教学，让孩子按照图书的顺序观察画面、倾听故事并回答问题。但课后我们进行反思——过于频繁、高度控制的提问讲述让孩子厌烦、削弱了绘本本身的趣味性。为了挖掘这个以想象为特点的故事的教育价值，我们进行了多次实践和小组研讨，反复对活动教案进行修改，以小真头发的长作为切入点，将活动的目标定位为：

1.能够大胆猜测，乐于表达自己的想法。

2.通过肢体游戏大胆表现小真的长头发，感受故事的趣味性。

在活动的过程中，为了尊重每个幼儿的不同感受，将绘本的图页进行删减，调整页面顺序，便于中班幼儿阅读理解。同时，对图片也略作修改，用讲述提问、图片猜测等方式鼓励幼儿边阅读边进行大胆猜想。

以"小真头发的长"为主线。通过阅读绘本，幼儿对于小真头发的长有了大胆地猜测与想象，为小真头发的用途以及合作游戏做好铺垫。对于中班幼儿来讲，单纯的猜想和比划只是虚空的想象，满足不了他们的好奇心，于是我们决定把"小真的长头发"搬到现实中来，利用简单的提问："小真的头发还能更长吗？"这一问题引发幼儿的思考，助力同伴的合作，引导幼儿大胆运用肢体表现小真头发的长。当幼儿看着小真的头发变长时，他们内心充盈着满足、惊叹、快乐、成就。

中班综合活动 ·························· **花园里有什么**

🦋 **活动目标**

1. 利用生活经验发现花园里的秘密，尝试用散文中的句子表达自己的发现。

2. 感受散文中所表现出的大自然的诗意美。

🦋 **活动重难点**

重点：感受散文中所表现出的大自然的诗意美。

难点：利用生活经验发现花园里的秘密，尝试用散文中的句子表达自己的发现。

🦋 **活动准备**

1. 经验准备：发现并感受春天大自然的变化，用"五感"进行表达。

2. 物质准备：自制大图书、"会说话的地毯"、散文关键句提示卡。

🦋 **活动过程**

1. 说说花园里看得见的，引导幼儿运用丰富的词语介绍花园里的发现。

教师："请你看看图画中有什么？猜猜这可能是在什么地方？花园里到底有什么？"

小结：邀请幼儿一起感受散文的优美，一起来寻找花园里到底有什么？

2. 找找花园里躲起来的，鼓励幼儿参与散文表演。

教师："花园里有些东西是藏起来的，有些东西有时看得见，有时看不见，他们是什么呢？"（讨论片刻后，拨开花朵、树叶、草丛，翻开泥土，找到了蝴蝶、蚂蚱、蜗牛、蚂蚁。）

3. 感受花园里看不见的，帮助幼儿借鉴已有经验将自己的想法融入散文中。

教师："花园里还有一些东西是看不到的，但是用心感觉还是能够发现的，会是什么呢？"

🦋 活动延伸

利用小游戏"会说话的地毯"集体表演节目《花园里有什么》。

（请幼儿将自己在花园里的发现编到散文里，每次只有。一个朋友站在"会说话的地毯"上）

🦋 教育建议

在主题活动"春天"的背景下，教师组织此次活动《花园里有什么》，幼儿将自己在春天里的发现以散文诗的形式进行大胆表达，帮助幼儿重新梳理与春天有关的各种信息。在整个活动的细节上，以幼儿的五感为出发点，采用不同的策略，激发幼儿的兴趣，提高他们的参与度。

1. 结合"会说话的小地毯"，引导幼儿自主地参与仿编游戏中，能更好地保持散文的完整性。

2. 出示"邀请"的动作，展现教师对幼儿的尊重，拉近师幼的距离。

3. 利用"陶醉"的表情和动作，提示幼儿花园中看不见的东西有哪些，进而延展其他的感官去想象。

4. 完善有层次性的活动流程，鼓励幼儿层层递进地了解这个大花园，丰富散文诗的内容。

5. 利用直观、形象、可操作性的花园图片，增强幼儿的视觉刺激，使幼儿在动手操作中，激发参与的积极性。

活动目标

1.在打电话的游戏情境中,为大班的哥哥姐姐送上祝福,感受各种各样的电话铃声带来的乐趣。

2.能仔细观察画面,大胆地表达自己的想法。

活动重难点

在打电话的游戏情境中,仔细观察画面,大胆表达自己的想法。

活动准备

1.经验准备:有打电话的生活经验;愿意为哥哥姐姐送祝福;了解不同铃声的含义。

2.物质准备:课件。

活动过程

1.引导幼儿用打电话的方式为大班的哥哥姐姐送上祝福,感受同伴间的友情。

(1)孩子们,大班的哥哥姐姐已经从幼儿园毕业了,你们想念他们吗?

(2)他们马上就要上小学了,我们给他们打个电话,送去我们的美好祝福,怎么样?

(3)你们还记得咱们幼儿园一共有几个大班吗?

总结:咱们幼儿园一共有四个大班,有大一班、大二班、大三班和大四班。

(4)你们知道每个班级的电话号码吗?

(5)不知道没关系,我这里有一本电话号码本,让我们一起翻开看一看,你们想先给哪个班级打电话呢?

2.按照电话本上的号码打电话,感受各种铃声带来的乐趣,并与哥哥姐姐互送祝福。

(1)正确朗读大一班的电话号码,请幼儿说说听到这个铃声的感觉。

（谢谢，虽然我们毕业才几天，可是我们特别想念大家，想念小朋友、老师和幼儿园，我们会常回去看你们，祝愿大家平安、幸福！）

（2）通过"5"的相邻数找到大二班的电话号码，发现铃声的不同，说说自己的感受。

（谢谢你们，希望你们每天都坚持来幼儿园做早操，把身体练得棒棒的，祝愿你们永远健康！）

（3）利用短时记忆的方式给大三班打电话，发现这个电话铃声的具体内容。

（4）通过数字问答找到大四班电话号码，在合唱中感受铃声的喜悦。

（弟弟妹妹们，你们还有一年就要毕业了，在这一年里，你们一定要珍惜在幼儿园的每一天，祝愿你们永远开心、快乐！）

（5）在考察幼儿记忆力的同时，再次拨通大三班电话号码。

（谢谢大家，我们一定会好好学习、天天向上，永远记住自己是河东二幼的小朋友。）

3. 在音乐声中感受成长的喜悦。

教育建议

数学活动"打电话"不仅贴近幼儿生活，符合时代特征，又适合中班幼儿的年龄特点，情节鲜明突出，易于激发幼儿的学习兴趣。

1. 通过创设给大班的哥哥姐姐打电话送祝福的游戏情境，帮助幼儿认识数字，感知多少，理解相邻数、序数，记忆数字，并把数学的学习融入打电话的生活体验中，在游戏中发展幼儿的识数能力。

2. 欣赏不同风格的铃声，感受音乐特点，并通过送祝福引导幼儿完整表达自己的想法，进而融入语言、音乐领域的目标，培养幼儿表达能力、理解能力、观察能力、记忆能力、逻辑思维能力等。

3. 在游戏中分别采用四个不同的策略：

（1）直接说出电话号码，培养幼儿对数字的敏锐感知力。

（2）理解"5"的相邻数，并拨通电话号码，对比两种不同风格的铃声，感知音乐的不同特点。

（3）锻炼幼儿的瞬间记忆拨通电话号码，采用叙事铃声，引导幼儿认真倾听、理解并能清楚表达听到的内容，想到解决问题的办法。

（4）感知数字，理解序数拨通电话号码，在合唱中送上自己美好的祝福。

 **中班数学游戏** ·························· 几个人来吃饭

🌿 **活动目标**

1. 在餐厅的生活情境中，尝试运用多种方法进行封闭数数，并说出总数。

2. 通过游戏能够自主设立起始点，体验数学游戏的乐趣。

🌿 **活动重难点**

自主设立起始点，尝试运用多种方法进行封闭数数。

🌿 **活动准备**

1. 经验准备：能够熟练点数 10 以内的物体，并说出总数。

2. 物质准备：不同形状的桌子、椅子、餐具（碗、盘子、勺子）桌子上的菜（鸡蛋、数字饼、玉米花、水果拼盘）若干，大转盘（红黄相间的格子，里面隐藏着优惠券）

🌿 **活动过程**

1. 创设生活情境——自助餐厅，激发幼儿参与数学游戏的兴趣。

（1）出示大转盘，请幼儿点数格子数；

（2）转动大转盘，获得优惠券。

2. 在真实的餐厅情景中，利用桌上的物品进行反复操作，尝试探索利用多种方法进行封闭数数，并说出总数。

（1）初次点数，幼儿点数餐桌上的饭碗数，发现数不清的原因，并引发讨论。

师：数数餐桌上有几只碗？你是怎么数的？

（2）再次点数，幼儿在实际操作中大胆表达自己的想法，与同伴分享自己的发现。

（3）总结封闭数数的方法。

自主设立起始点，并做好标记；数一只碗，做一个记号，如：碗里放一个鸡蛋或一个勺子；数一只碗依次放一块数字饼。

3.在招待客人的游戏中，进一步巩固封闭数数的经验。

（1）展示围成圈的老师或幼儿（真实人物或图片）请幼儿点数来了几位客人。

（2）根据客人总数检查桌子上的餐具、椅子数量是否正确，教师进行适时指导。

（3）点数套餐托盘里的食材数量，说出总数并进行自检。（或服务员上菜，多少个大盘菜，多少个小盘菜，多少瓶饮料）

教育建议

将封闭式数数经验延伸至孩子们的日常生活中，数数钟表有几个大格子，雪花片有几瓣，户外玩具周围有几个圆孔，操场上的太阳光有几个锯齿，沙驰周围有多少个木桩，转椅有几根柱子……

中班体育活动 .... 勇敢的小战士

活动目标

1.练习从一定高处向下跳的基本动作，发展动作的协调性。

2.喜欢参加体育活动，体验椅子游戏的乐趣。

活动重难点

练习从一定高处向下跳的基本动作，发展动作的协调性。

活动准备

1.经验准备：利用小椅子开展各种游戏，丰富幼儿用椅子进行创意游戏的经验。

2. 物质准备：椅子、跳圈、垫子若干，碉堡四个，沙包若干。

活动过程

1. 利用"椅子热身操"活动身体的各个部位，重点是膝盖、脚腕，为锻炼腿部力量作准备。

2. 创设游戏情境，利用椅子开展体育游戏。

（1）通过训练环节重点练习向下跳的基本动作，教师适时指导。

（2）请幼儿进行练习，教师适时指导，请动作标准的幼儿进行示范。

（3）再次进行练习，教师利用儿歌示范正确的游戏玩法，重点讲解向下跳的动作要领，请幼儿进行练习，教师观察指导。

（4）布置任务，集中游戏。

预想策略

（1）教师以指挥官的角色提出战斗要求（游戏规则），重点讲解每人只能投一次"炸弹"。

（2）对于动作不规范的幼儿，教师可以用儿歌、平行示范、同伴示范的方法进行指导。

（3）对于还想炸一次碉堡的幼儿，教师可以从安全角度提醒幼儿赶快撤离。

3. 在轻缓的音乐中进行放松练习。

运用小椅子，在同伴合作的过程中进行放松练习，重点放松腿、脚踝、肩、臂等部位。

活动延伸：

请幼儿利用小椅子进行创意组合，开展各种体育游戏。

教育建议

幼儿园应把培养幼儿对体育活动的兴趣放在首位，体育活动的内容既贴近幼儿的生活选择又有助于幼儿的经验积累和拓宽视野。因此，我们选择孩子们每天在幼儿园朝夕相处的好伙伴——椅子，开展了有趣的体育游戏——勇敢的小战士。让孩子们体验椅子游戏的快乐。根据我班幼儿动作发展水平,我选择了从一定高处向下跳作为重点,意在发展幼儿动作的协调性。在前期的准备活动中,我们一起玩了抢椅子等多种游戏,增强孩子们利用椅子做游戏的趣味性;在准备环节,利用椅子操活动身体的各个部位;在小战士训练的过程中,请孩子们练习向下跳的基本动作,教师利用动作示范和同伴间的学习对孩子进行适时指导;在游戏过程中,教师用儿歌、角色语言提醒孩子向下跳时的注意事项,并选择垫子、跳圈、沙包、碉堡作为辅助游戏的材料,既增强趣味性又避免身体局部过度疲劳;在放松环节中可让孩子再次运用椅子放松重点部位,比如:腿、脚踝、肩等。

总之,在今天的活动中,我把动作发展与激发幼儿的兴趣结合起来,这样一来孩子们就会自觉、主动、积极的遵守规则,他们不仅玩得开心,身体也得到了发展。

大班美术活动 ·················· **我和蒲公英的故事**

🌱 活动目标

1. 了解放射状的创意拼摆方法,感知空间的构图美,养成良好的专注性、坚持性、计划性等学习习惯。

2. 能够与同伴合作分享,自主选择材料,完成创意拼摆任务,利用肢体动作创意"画面"。

3. 喜欢参与创意活动,感受与蒲公英交友的快乐,获得积极的情绪体验。

🌱 活动重难点

重点:了解放射状的创意拼摆方法,感知空间的构图美,养成良好的专注性、坚持性、计划性等学习习惯。

难点:能够与同伴合作分享,自主选择材料,完成创意拼摆任务,利用肢体动作创意"画面"。

活动准备

1.经验准备。

(1)鼓励幼儿走进真实的蒲公英世界,调动他们的视觉、听觉、嗅觉、味觉和触觉,观察、记录蒲公英的静态美与动态美,感知蒲公英的形态美,想象蒲公英的意境美,品味蒲公英的生命美。

(2)通过情景预想、隐性支持创设与蒲公英交友的游戏情境,关联幼儿的生活经验,解读他们之间的真实对话,提取蒲公英的自然元素,激发艺术表现与创作兴趣。

(3)鼓励幼儿利用生活中的各种物品进行创意拼摆,为创意美术做好铺垫。

2.物质准备。

(1)通过分组合作,结合户外器械的外形特点,尝试自主选择真实的户外器械图片进行拼摆黏贴,感受设计的排序美与构图美。

(2)在分享交流中投票选出大家最满意的设计图,为户外创意拼摆做好准备。

活动过程

1.唤醒经验,激发兴趣。

(1)通过视频帮助幼儿回忆自己与蒲公英交友的快乐体验,欣赏蒲公英的外形特点,激发幼儿的创意兴趣。

(2)关键性提问:"孩子们,我们和蒲公英成了好朋友,你们最喜欢它的什么地方?它是什么样子的?"

2.分组讨论,制订计划。

(1)出示设计图,结合"材料的使用""场地的布局""搬运的方法""造型的拼摆"幼儿自主分组讨论。

(2)利用图文并茂的方式制订计划,并进行介绍。

3.分组协作,实施计划。

(1)对照设计图,分组选择场地与材料。

079

（2）同伴合作搬运，利用围合、顺接的方式进行空间布局与创意拼摆，表现富有个性的蒲公英。

4.自主创编，肢体创意。

（1）结合与蒲公英交友的快乐体验，走进巨型的蒲公英世界。

（2）同伴合作创意不同的肢体动作，表现自己与蒲公英的游戏互动。

5.活动复盘，分享交流。

通过观看活动过程中的照片和视频，再次与同伴分享交流自己和蒲公英的创意故事。

🦋 活动延伸

1.幼儿在美工区继续分组添画设计图，表现丰富的故事内容；亲子创编故事、绘制图书，并将故事讲述生成二维码，进行分享。

2.利用"蒲公英"的放射状、点动式造型特点，设计"毕业合影"的队形平面图，并将其应用在自己的毕业照中，幼儿尝试利用身体和动作创意蒲公英进行合影留念，感受身体创意的神奇，体验与同伴合作的快乐。

3.将创意触角延伸至家庭，利用生活本品亲子创意自然而富有个性的蒲公英，激发幼儿的创造潜能和表现张力，获得源于自然，高于自然的审美认知与多元体验。

大班美术活动 ··· 快乐的运动会

🦋 活动目标

1.能围绕主题表达自己在运动会中的快乐体验。

2.尝试用不同的人物动作表现相应的活动和情节。

🦋 活动重难点

重点：能围绕主题表达自己的快乐体验。

难点：尝试用不同的人物动作表现相应的活动和情节。

活动准备

经验准备：通过观看运动会的视频进行相关的谈话，初步了解幼儿所关注的活动细节，体会他们的内心感受；通过开展"热闹的操场上"的意愿画的系列活动提高幼儿的绘画技能。

物质准备：搜集并分类整理幼儿参加运动会活动的照片，既有反映运动会整体场景的照片，又有幼儿参加某类运动项目的近景照片；有关运动会的图片册；幼儿参加运动会的相册；大小不同的纸、水彩笔、蜡笔若干。

活动过程

1. 通过谈话和观看运动会照片的形式激发幼儿在运动会中的主观体验，并引导其构思一个较完整的、有情节内容的画面。

教师："在运动会中，你觉得哪件事情最开心？为什么？"

预设的问题：

（1）练武术：你练武术时是怎么做的？（非常用力）你哪里最用力？

你站在前面还是后面？看到了什么？（大家动作整齐划一，爸爸、妈妈在拍照……）

你的心情（表情、眼神）是什么样的？（表情严肃、紧张）为什么不笑？（因为练武是一件严肃的事情；武术需要力量，人笑的时候很难用力。）

（2）炸碉堡：你觉得哪里最惊险、最刺激？你炸到碉堡了吗？（炸到了）你是怎么炸到的？（没炸到）你都遇到了哪些困难？你们队获胜了吗？（没获胜）为什么？（获胜了）你们队是怎么获胜的？（一定要团结，别人炸碉堡时，我们要给他加油）

（3）亲子项目"搭城堡"：你和家长一起游戏感觉怎么样？与平时和小朋友一起玩有什么不一样？

（4）入场式：运动员入场时你在什么位置上？你的心情是怎样的？咱们大班组喊的口号是什么？（张开嘴巴大声喊，既用力又整齐）

（5）升国旗：升国旗时，你的表情是什么样的？在干什么？其他人都在干什么？

（6）和家长一起跳户外舞蹈：你和家长一起跳舞的感觉怎么样？你觉得谁跳得好？为什么？

教师："请你和旁边的小朋友说说自己在运动会中最开心的事吧！"

（如果谈话活动在前一天进行，那么这个时间可以短些，关注那些经验不够丰富的幼儿，可以让他们再说一说。）

教师："你们在运动会中遇到了很多开心的事，让我们画下来和小伙伴分享这些快乐吧！"（桌子上有许多大小不同的纸，请幼儿自主选择座位和纸张。）

2.鼓励幼儿大胆绘画，并针对幼儿的不同能力水平提供适宜的帮助与指导。（材料、参考图片和教师示范性的帮助与支持）

教师在幼儿绘画之前要注意如果幼儿在绘画中如果遇到困难，教师的支持与介入的时间很重要，一定要对幼儿进行充分观察与判断后再介入，否则会打乱幼儿的绘画思路。

3.针对画完画的幼儿，教师可以引导他们用完整的语言介绍自己的作品，并记录在适当的地方。

4.请幼儿自己将作品贴在展示墙上进行的交流和欣赏，教师针对绘画过程中出现的问题引导幼儿进行讨论，为下一次活动做好准备。

（是否可以按运动类别把孩子的作品归类摆放，让孩子发现同一类活动不同孩子表现的重点、内容和方式是不同的，如果教师有新的发现，也可以提示给幼儿。交流欣赏可以是幼儿介绍自己的作品，也可以让其他幼儿来评价，大班幼儿可以尝试从作品的形式、内容以及情感方面进行评价，表达自己的感受，完成作品的幼儿可以相互交流或自我欣赏。）

教育建议

1.结合近期目标及开展的活动确定绘画主题、目标。

对幼儿来讲，表现事物的动态不是一件容易的事，这是一个缓慢的发展过程，通过对大量儿童绘画作品的分析，我发现他们即使是画行走或者跑步的人，也常以正面直立的方式加以表现，但到了大班末期，他们已经对自己的作品有了更高的要求——用动态的方式表现人物的各种动作，为此，我通过开展意愿画"热闹的操场上"这一系列活动来提升幼儿表现人物不同体态特征的绘画技能，春季运动会结束后，幼儿们仍然沉浸在那份喜悦当中，通过与他们的交流，我发现他们在运动会里有很多快乐的体验，因此，我确定了绘画活动的主题——快乐的运动会，并将目标定位在：能围绕主题表现自己在运动会中的快乐体验，尝试用不同的人物动作表现相应的活动和情节。

2. 绘画前围绕主题尽情表达的重要性。

绘画前，教师要提出问题并调动幼儿情绪，激发幼儿想表达内心情感的欲望，幼儿围绕"在运动会中，你觉得哪件事情最开心？为什么？"这一条主线展开讨论，教师引导和启发的策略为幼儿的绘画起到了关键的作用。

海儒说："我觉得升国旗最开心，因为我们排好队，站得整整齐齐，看着国旗升起，心里很激动，我们是在自己的国家里看升国旗。"天池说："我觉得练武术最开心，我们可以把身体练得棒棒的！""你能给我们表演一个你喜欢的武术动作吗？"他马上表演了起来，其他小朋友不约而同地进行描述："扎马步，双手握拳，手臂伸直……""练武术时你的表情是怎样的？为什么？""很严肃，因为笑的话就没力气了！"佳怡说："我喜欢'炸碉堡'的游戏，因为我们胜利了，我们高兴极了！""你们队是怎么获胜的？""我们队的速度又快又团结，后面的小朋友都为玩游戏的小朋友加油。""你们胜利后是怎么庆祝的？""我们有的两只手举起来喊'耶'！有的拍手。"这时我和他一起"击掌"的动作，把其他孩子的情绪也被调动了起来，欣欣说："我喜欢亲子游戏'用露露罐搭城堡'，因为我和妈妈一起玩游戏很开心！""你和妈妈玩游戏与平时和小朋友一起玩有什么不一样呢？""妈妈可以帮助我，我们很容易取得胜利！"妞妞说："我举红旗最开心，因为我站在第一排。"我马上将这张照片找了出来，孩子们一边观看照片，我一边提问："你站在第一排都看到了什么？"其他的小朋友补充道："我们看到了好多家长在照相，我们笑得很开心！"大兵说："我举国旗最开心，因为这是我在幼儿园最后一次举国旗了……"在孩子们陆续表达后，再次留给全体孩子进一步表达的时间，为接下来的绘画做好充分的准备。

3. 绘画中教师的有效指导能帮助幼儿提升绘画技能。

在幼儿自主绘画的过程中，教师先耐心观察再适时指导为幼儿拓展绘画思路、大胆表达表现、丰富学习途径提供了前提条件，并针对幼儿的不同能力水平和需要提供了适宜的指导，帮助他们体验到了成功的滋味，如：观察参考图片、教师示范、同伴示范以及借鉴同伴的经验等。

过了一会儿，我看到徐浩迟迟没有动笔画，通过刚才的谈话我知道他认为练武术最开心，于是，我主动为他当模特，为他表演他喜欢的武术动作，他笑了，可还是没有动笔，我又为他提供了这个动作的照片，他仔细地观察照片，一点一点地画了起来；这时阳阳跑过来对我说："我不会画大班的牌子。"我领他来到电脑前，找到那张照片，他兴奋地说："我知道该怎样画了。"天天悄悄地说："我不知道椅子该怎么画。"我告诉他："咱们班就有好多小椅子，你仔细看一看。"他一边看一边在纸上画了一个个小方块，我见他对立体的物品无从下手，便在另一张纸上边说椅子的样子边画了一把平面的小椅子，他很快地画了起来；欣欣画和妈妈顶露露罐，可是她和妈妈一样高，这时我表扬对面的小艺，说："小艺，我一眼就能看出这位是你妈妈，因为你的妈妈比你高，对吗？"小艺高兴地点点头，欣欣抬头看看我们，想了想在旁边又画了起来，一会儿，他悄悄地问我："孟老师，你知道哪个是我妈妈吗？"我指着那个高高的人，他快乐地点点头，笑了！闫旭问我："老师，沙包怎么画？"对面的欣欣说："我会画。"我给他找来一张白纸，她像小老师一样在纸上画了一个小方块，闫旭说："谢谢！"有时同伴之间的示范价值更大；佳佳看到妞妞画的双手举国旗的小人，开心地学到了新本领；我和王老师示范双手顶露露罐，乐乐看到我们的演示后找到了绘画的感觉……

4. 绘画后记录的内容和关键作用。

从美术教育角度讲，记录的过程是幼儿欣赏自己绘画作品的过程，是获得创作后获得满足感的心理过程，用语言来描述自己的绘画作品可以帮助幼儿从整体到局部欣赏自己的作品。从幼儿的全面发展角度来看，幼儿用口头语言描述作品的过程也是发展幼儿想象力和语言表达能力的过程，这样可以提高幼儿围绕一个中心进行表达的能力，从幼小衔接来看，可以发展幼儿的口头作文的能力。

幼儿在口头描述自己绘画内容时经常会超出绘画内容，由于时间的限制，教师将所有的信息记录下来是不可能，因此教师可有选择性地进行记录，记录画面的主要信息及与能反应画面信息的辅助说明。年龄小的幼儿，教师可将他们的想象记录在旁，教师在记录大班幼儿的表达内容时，以他们绘画中的事、物为主要记录内容，引导大班幼儿围绕一个主题进行口头表达。

5. 点评环节的点睛之处得以升华。

在整个评价环节中，我运用了幼儿自我评价、教师评价、同伴评价等多种评价策略，选择了几个能体现孩子在运动会中快乐的节点，如：表现人物心情的动作、表情，快乐的暖色调，附属品的有效运用等，都与目标相一致。这样可以更好地帮助幼儿从同伴的作品中积极地借鉴经验，为今后自己绘画技能的提升做好铺垫。

在点评环节中，我发现鹤鹤画的小人儿正用力地向前爬，于是，我请他给大家讲讲自己画的画，他说："我们这队炸碉堡时特别快，你看，我爬得特别努力。"我请阳阳说说他是从哪里看出鹤鹤很努力地爬的？阳阳说："你看，他的一条腿长一条腿短，说明他正在用力蹬垫子，手臂也使劲儿向前伸！""你观察得真仔细，你们看，后面的小朋友也排着整整齐齐为他加油呢！"同伴和老师的积极评价给予鹤鹤充分的肯定，而且，幼儿绘画经验的提升也是从同伴的评价中得来的；我指着大兵的画说："你们看，这幅画用了好多红色，你们看了有什么感受？"他们七嘴八舌地说："我很开心，运动会一定很热闹！"佳佳的画面中描绘活动场面的比重很小，但是他在画面的上空画了微笑的小鸟、云彩、太阳，她在评价自己的画面时说："小鸟、云彩、太阳也来参加我们的运动会了！"这时，其他幼儿也发现了自己绘画中的优势，可见，孩子能够运用附属物来表达自己在运动会中的快乐心情；大家都说喜欢海儒的画，乐乐说："我一眼就能看出他画的是什么！"因为他们发现这幅画里的小朋友用各种动作表达自己快乐的心情，而且他们的嘴张得大大的，证明他们很开心！

大班美术活动 ⋯⋯⋯⋯⋯⋯⋯⋯⋯⋯⋯⋯ 带着蜗牛逛幼儿园

活动目标

1. 在游戏情境中，运用线条和图案表现幼儿园常见的事物，感受线与形不同组合方式的装饰美。

2. 尝试有序、规律地表现线条和图案，提升线与形的多种变化、组合的审美经验。

活动重难点

尝试有序、规律地表现线条和图案，提升线与形的多种变化、组合的审美经验。

活动准备

1. 经验准备：对线描画有一定的了解。

2. 物质准备：课件、幼儿园常见事物的图片、各种纹样的参考资料、幼儿自己画好的各种姿态的蜗牛轮廓、线描笔、马克笔。

活动过程

1. 出示课件，结合与蜗牛做朋友的游戏情境引出美术主题，激发幼儿绘画的兴趣。

教师："我们的好朋友——小蜗牛来看望大家了，请大家做蜗牛的小导游，带它们逛逛我们美丽的幼儿园吧！"

2. 观察纹样的排列特征和组合规律，引导幼儿大胆想象并概括幼儿园常见事物的纹样。

预想问题

（1）我们来到了哪里？这些物品是由什么样的线与形组成的？蜗牛会把这些美丽的图案画在身上留作纪念，你觉得这些图案哪里最漂亮？（图案排列有序、有规律、有创意）

（2）你还会带蜗牛去哪里呢？蜗牛还会在身上留下什么样的图案呢？

（3）请你找到自己喜欢的蜗牛，送给他们一件漂亮的新衣服吧！

3.幼儿自主绘画，教师观察指导，适时给予帮助与指导。

（1）观察幼儿绘画中出现的问题，帮助幼儿解决。适当提供图片、实物等支持，鼓励幼儿完成自己的想法和设计。

（2）幼儿可以先用不同的线条、图案装饰蜗牛，在此基础上进行添画，鼓励幼儿大胆想象，有一定的创造力。

4.欣赏交流。

教师：你带着蜗牛都去了哪些地方，留下了什么样的图案，这些图案是怎样组合起来的？你觉得哪个图案最漂亮？（创意图案，有规律排序，色彩搭配，一排排整齐排列）

活动延伸

引导幼儿发现生活中更多常见事物的纹样，鼓励幼儿尝试用有规律的线条、图案进行表达表现。

087

教育建议

1.源于蜗牛游戏的生态资源。

（1）该活动源自自主、互动、体验的全新蜗牛探索性游戏，由于长时间的朝夕相处，我们给予幼儿充分自由的条件和创造的机会，幼儿以开放性、多元化和趣味性的方式与蜗牛进行深入互动，彼此建立深厚的情感链接。

（2）通过幼儿与蜗牛的深入交往，他们在细致观察的基础上绘画出自己心中形态各异的蜗牛，贴在美工区的大树上，为后面的线面绘画做好准备。

（3）以"当导游带蜗牛逛幼儿园"的游戏情境贯穿美术活动始终，引出美术主题，调动幼儿已有的生活经验，激发幼儿绘画的浓厚兴趣，进而主动观察、发现与表达。

2. 挖掘主动学习的原生动力。

（1）寻找幼儿生活中的纹样，放大观察的最大价值。

我们引导幼儿观察身边有趣的线描纹样，发现其中排列、组合的美，运用线与形的创意有机组合方式，大胆想象，将抽象、三维立体的生活用品化难为简，概括成二维的平面简约图案，如：立体的钻爬洞上的网子概括成横线、竖线交织在一起拼成方格子，交叉点是红色的圆形；攀爬山是左斜线和右斜线交叉成方形；房顶是直线和下波浪线组成的；蜘蛛攀爬架是中间一个红色的圆形加上放射线组成一轮太阳，从里到外的蜗牛线，两侧是轮胎的蓝红排序……幼儿们通过细心的观察，用形与线的组合直观形象地概括出幼儿园里的各种物品，为接下来的线描绘画做好铺垫。

（2）递进式问题解决活动重难点，了解线描画的表现方式。

"我们带蜗牛来到哪里？这里的东西是由什么线与形组成的？"随着问题的抛出，教师出示第一幅横竖线清晰明显的"钻爬洞"，幼儿直观概括第一幅图，便于幼儿进行对应勾勒，验证自己的表达。接下来的几幅图抽象度、复杂度逐渐增加。

同时，运用情境性语言"蜗牛会把自己喜欢的图案画在身上当作美丽的衣服留作纪念"从情感角度提高幼儿观察、发现的积极性。将几幅图贴在蜗牛身上后，运用问题"你觉得这些图案哪里最漂亮？"引导幼儿总结概括线描绘画的关键点：图案排列整齐有序，纹样、颜色有规律，绘画的图案源自生活，善于创意。

最后，教师运用人文性语言体现对蜗牛的尊重，构建幼儿与蜗牛、教师与蜗牛、教师与幼儿之间的平等关系，拉近彼此的距离，还原逼真的游戏情境，易于幼儿的表达表现。"接下来你还会带蜗牛去哪呢？蜗牛还会在身上留下什么图案呢？"等问题引发幼儿自主想象与创意表达。

（3）分层教学帮助不同能力水平的幼儿体验成功，获得幼儿自主学习的原动力。

通过美术活动与美工区域的完美融合，为幼儿提供隐性的环境支持，如：七巧板大树上爬满了幼儿自己绘画的蜗牛，巧妙的情境性设计使幼儿易于融入活动之中，教师利用"请幼儿寻找自己的蜗牛，送给他们一件漂亮新衣服。"的游戏性语言有效提升了幼儿主动创造的愿望。同时，美工区柜子上的线描装饰纹样、生活中的线描图册、立体的线描作品……不仅满足幼儿自主绘画的需求，还间接地为不同能力水平的幼儿提供隐性支持，如：遇到缺乏绘画经验的幼儿，利用同伴经验借鉴绘画墙壁；遇到缺乏绘画思路的幼儿，引导其观察美工区图册、课件中的图片以及班级中的物品和同伴作品拓展思路；遇到色彩单一的幼儿，利用语言和同伴经验帮助其感受装饰的色彩美；遇到画面内容单一的幼儿，教师并没有急于改变他们的想法，而是允许他们放慢脚步，为他们留有成长的空间……总之，利用适宜的策略鼓励幼儿按照自己的想法完成自己的设计，提升其主动学习的原动力。

3. 活跃作品评价的多元机制。

（1）展示作品进行集中评价与欣赏。

幼儿陆续带着自己的蜗牛爬到大树上，进行初步鉴赏，互相交流自己带蜗牛去过的地方，为集中评价做好铺垫，倾听幼儿，寻找幼儿需要讨论、集中借鉴的评价点。

（2）游戏性问题直击幼儿心灵，调动幼儿表达的积极性和主动性。

教师利用提问："你带着蜗牛都去了什么地方，留下了什么图案，图案是怎样组合起来的？你觉得哪个地方的图案最漂亮？"将"小导游"的游戏情境贯穿始终，与幼儿、蜗牛共情，调动幼儿积极分享的积极性，每个幼儿都跃跃欲试，纷纷争抢上台分享。教师选取两个评价点邀请幼儿进行分享：同伴分享绘画"墙壁"的经验，又快又好看；创意线条绘画地砖，色彩搭配和彩色线条的使用为其他幼儿的绘画提供借鉴经验。可见，同伴学习分享易于幼儿理解与接纳。此外，利用满含深情的结束语"相信小蜗牛穿上你们送的衣服，过冬就不冷了，我们和小蜗牛明年春天再见！"本次活动源于生活，归于生活，又高于生活！

大班美术活动 ·· 有趣的侧面皮影画

 活动目标

1.通过绘本《影子爷爷》了解皮影中侧面人的特点。

2.尝试运用彩色线描的方式在塑料膜上绘画侧面人，大胆表现侧面人的特点。

 活动重难点

尝试运用彩色线描的方式在塑料膜上绘画侧面人，大胆表现侧面人的特点。

 活动准备

1.经验准备：讲述《影子爷爷》的部分故事内容，认识书中的角色，初步了解皮影戏的相关常识。

2.物质准备：大小不同的塑料膜、线描笔、马克笔若干。

 活动过程

1.通过阅读绘本的关键画面了解侧面人的特点，为绘画做好铺垫。

教师："你们还认识豆子吗？""豆子每天都认真地和影子爷爷学做皮影画，你们看他做得多认真呀！""大家做了许多精美的皮影，当上了影子娃娃，你们都看到了谁？"教师："这些人物都有什么共同特点？"

演唱儿歌《侧面人》：

> 侧面人儿半张脸，
>
> 鼻子尖尖一只眼，
>
> 半张嘴巴一只耳，
>
> 左瞧瞧，眼在左，
>
> 右看看，眼在右，
>
> 鼻眼嘴巴一侧走。

教师："今天，咱们班来了很多模特老师，请你为他们画一张侧面人影子画吧！"

2.鼓励幼儿大胆绘画侧面人，并针对幼儿的不同能力水平提供适宜的帮助与指导。

3.将幼儿的作品投射在白板上，请幼儿大胆猜测，并交流分享自己最喜欢的侧面人，为下一次活动做好经验铺垫。

活动延伸

引导幼儿尝试制作活动的侧面人，引导其构思一个较完整的、有情节的故事。

教育建议

随着大班幼儿思维水平逐渐提高，他们喜欢从不同角度观察同一物体，表现的事物更接近客观，具有生动多样的特点。因此，教师利用绘本《影子爷爷》中的皮影帮助幼儿了解侧面人的特点，通过自主观察、创意写生大胆表现侧面人。

在引导幼儿画侧面人时，需尊重幼儿的观察和解释，切记避免站在成人的角度评价和演示替代行为。在幼儿自主观察的过程中，教师运用正面人和侧面人作对比的方法，引导幼儿认真观察侧面人物的特征、结构及简单的空间关系，并利用儿歌帮助幼儿把握侧面人的主要特征，使立体向平面转换。同时，运用彩色线描的表现方式在塑料膜上绘画侧面人，改变欣赏评价的环节，通过光影游戏放大幼儿的作品，使他们能更加清楚地观察自己和同伴的作品，提高其审美感受与表现能力。

大班美术欣赏 ··· **大碗岛的星期日下午**

活动目标

1.通过欣赏理解画面休闲、宁静的意境，感受画面中色彩的明暗对比、构图的空间关系。

2.能大胆表达自己对作品的理解和感受，体验欣赏活动的乐趣。

活动重难点

感受画面色彩、构图与画面休闲、宁静意境的有机联系。

活动准备

1. 经验准备：将《大碗岛的星期日下午》这幅作品放到美工区，并投放有关"点彩画"的材料，供幼儿探索；幼儿已有欣赏、感知色彩的经验；初步了解光影的变化，知道不同色调变化带来不同的心理感受。

2. 物质准备：《大碗岛的星期天下午》（乔治·修拉）图片。

活动过程

1. 出示作品，引导幼儿从整体观察画面。

教师："在这幅画中，你都看到了什么？"（人物、地点、时间。）

2. 引导幼儿从光影的变化、色彩的明暗等方面观察画面细节，分析画面的构图和色彩。

（1）在这幅画中，你觉得天气怎么样？是一天中的什么时候？你是怎么看出来的？（影子、阳光明媚、阴影、水面波纹等。）

（2）你觉得这是在什么地方？你怎么看出来的？

（3）这片为什么是深色的？

（4）这幅画中还有什么颜色？为什么？

3. 引导幼儿观察不同的人物姿态发现近大远小的空间构图关系，感受画面中所传递的休闲宁静的意境。

（1）这幅画中有这么多人，他们都在干什么？为什么看不清了？

（2）你觉得他们的心情怎么样？你是怎么看出来的？（请幼儿模仿人物的姿态感受他们的心情。）

4. 在音乐的背景下再次整体观察感受画面的意境。

5. 邀请幼儿为作品起名字，进一步提升幼儿对作品的理解。

（1）你可以给这幅画起一个好听的名字，谁来试一试？

（2）你们为这幅画起了这么多好听的名字，真了不起！

（画家爷爷创作的是法国巴黎一个叫大碗岛的地方。午后的阳光洒在草地上，度假的游人三三两两地在河边漫步、休息、划船、钓鱼的情景，所以爷爷为这幅画起了一个好听的名字叫《大碗岛的星期天下午》。）

6. 引导幼儿听音乐再次感受并表达画面的意境。

（1）看到这幅画你有什么感觉呢？

（2）你喜欢这幅画的什么地方？为什么？

活动延伸

我们把这幅画放在美工区，你们可以继续欣赏，看看画中还有什么小秘密，怎么样？"

教育建议

从写实作品欣赏角度来讲，应着重从幼儿直观感受的画面信息入手，引导幼儿从整体观察画面，了解画面中各种姿态的人物和不同的景物（草地、河水、远山……）从整体到局部，从色彩到构图，放大画面细节，以递进式提问为线索引导幼儿进行具体观察，帮助幼儿体验有层次的画面，感受色彩的明暗对比和构图的空间关系，进而走进画面休闲、宁静的意境。其中，教师运用提问、模仿、配乐朗诵等方式帮助幼儿进一步理解、感受画面意境，但在整个过程中，存在着诸多需要改进的地方：

1. 抛球时，避免重复性问题过多。

重复性问题的提出容易引起幼儿的紧张和疲劳，同一个问题可以以不同的方式提出，通过转变提问的策略，使幼儿能轻松地思考与表达。比如：将"为什么"改为"说说你的理由、谈谈你的想法……"

2. 接球时，应有选择性地接和弃。

面对幼儿所答非所问时，应重复提问或将问题分解，适用于不同能力水平幼儿的理解、倾听与表达；面对幼儿不自信的回答时，应以生活化的问题回应，如："你觉得天气怎么样？""在夏天，你有什么感受？"帮助幼儿结合自己已有的经验大胆表达；面对幼儿五花八门的回答应适当给予小结回应，因为教师的小结能传递给幼儿正确的信息，以便梳理他们正确的思路。如：草地的颜色如果定位在黄绿色，孩子就不会考虑其他方面，以影响后面观察的思路。

3.有效的人物模仿帮助幼儿走进画面。

不同的体验方式可以帮助幼儿理解不同的人物心情,感受不同的环境氛围。因此,利用幼儿模仿画面中的人物能够引导幼儿感受画面的意境美,午后宁静的惬意。

4.适度的语气语调提升幼儿的自信力。

教师提问的语气语调会影响幼儿观察、思考、表达的自信力,面对不同性格特点、能力水平的幼儿,教师应该选择不同的语气语调进行对话,不仅可以拉近师幼的距离,还能增强幼儿互动的自信。

大班美术活动 ·· **我们设计的幼儿园**

🦋 活动目标

1.喜欢参加设计活动,尝试运用已有经验进行创意表现。

2.运用清晰、完整的语言表达自己的想法,与同伴分享创造的乐趣。

🦋 活动重难点

重点:尝试运用已有经验进行想象与创造。

难点:利用已有技能再现自己的创意。

🦋 活动准备

1.经验准备:通过实地参观,初步了解室内外环境,丰富幼儿的生活经验;利用写生开展有关房子的设计活动。

2.物质准备:幼儿参观平河园的视频录像,参考的图片、课件及图书,水彩笔、蜡笔、颜料、大小不同的画纸若干。

🦋 活动过程

1.通过观看录像帮助幼儿梳理经验,再现平河园的风貌,引导幼儿大胆表达自己对设计平河园的想法,鼓励幼儿选择自己的设计方案。

2.引导幼儿根据自己的设计方案进行大胆创意,教师适时提供帮助与指导。

3. 鼓励完成设计的幼儿互相交流自己设计的创新之处,互提建议。

4. 在集中评价环节,邀请幼儿介绍自己的想法,教师给予肯定,并帮助幼儿提升创意经验。

活动延伸

征求其他班级幼儿及教师的意见,完善想法后再创作一幅设计图,帮助领导解决问题。

1. 巡回介绍,征求意见为完善设计做好铺垫。

2. 对不便于用画面表现的设计,引导幼儿通过建筑活动进行表现。

3. 确定设计方案后,提交领导参考,听取他人意见。

4. 平河园装修完工后,再次带幼儿进行参观,欣赏自己的设计成果。

教育建议

《纲要》明确指出环境是重要的教育资源,应通过环境的创设与利用,有效地促进幼儿的发展。幼儿的学习是在与环境中的人、事、物相互作用中得到发展的,环境对于幼儿的学习、发展起着重要影响作用。基于此,为了培养幼儿的想象力、创造力、关注生活、学会协商,我们以新接收的平河园装修为教育契机,生成"我们设计的幼儿园"这一美术活动。

幼儿园是孩子的家,是他们最喜欢的地方。因此,我们将设计的主动权还给幼儿,通过发放问卷,与幼儿、家长开展相关谈话的方式,向全园幼儿、家长和教师征求意见。在此过程中,幼儿们热情高涨,邀请爸爸妈妈搜集资料,力求通过以设计为载体的创意活动,使幼儿更具体、更直接地深入了解周围生活中的人和事,关注发生在自己身边的变化,运用自己已有的经验,尝试想象与创造,体验个人力量和群体力量,感受自我的价值,增强幼儿做幼儿园小主人的自信心,激发幼儿对幼儿园的喜爱之情。

小孩子最喜欢无拘无束地绘画,天真稚拙的萌动是幼儿充满神奇的想象,大班幼儿思维主要以具体形象思维为主,而抽象思维在这一阶段也有了初步的萌芽。大班幼儿在升班以来通过主题活动"漂亮的面具""美丽的色彩""设计我的家""街心公园"等,初步尝试用语言、美术、符号等形式表达自己的心情与想法,提高想象力和创造力。

幼儿们在创意的过程中,包含诸多的"发现"与"冒险",而"发现"与"冒险"的行为必须在一个自由、安全、宽松的精神环境中才能实现。所以,在发展幼儿创造力的过程中,教师要尽量少干预;了解并重视幼儿所处的年龄阶段;强调创作的过程而非创造的结果,注重创造力的发展不要太在意幼儿创造的结果,不要给幼儿创造的压力;为幼儿提供充足的创作空间,肯定幼儿的奇思妙想,接纳幼儿的个性差异;鼓励幼儿自主评价自己的设计作品,孩子的作品只有自己能看懂。因此,孩子自主介绍分享的环节既是展现幼儿创造的意图,也是其他幼儿接受、借鉴创造经验的"嗨"时刻!

大班色彩活动 ·· 树中的色彩

活动目标

1. 在光与影的作用下,发现树颜色深浅的变化,感知生活中色彩的美。

2. 能大胆使用色彩把观察到的表现出来。

活动重难点

重点:在光与影的作用下,发现树颜色深浅的变化,感知生活中色彩的美。

难点:能大胆使用色彩把观察到的表现出来。

活动准备

水粉笔、水粉纸、水粉颜料、画架、调色盘、有关树的照片若干。

活动过程

1. 户外观察。

选择户外的大杨树,引导幼儿由近及远,从局部到整体进行观察,发现树上的不同色彩,引导幼儿从不同角度、不同位置观察树中的色彩,帮助幼儿从相机的镜头(用自己的小手架成一个相机镜头)中观察树的颜色变化。

2. 集中谈话。

出示大杨树不同角度照片的课件，引导幼儿把自己观察发现的进行大胆表达。如：树叶颜色的深浅变化，树干上发现了哪些颜色，绿篱上发现了什么颜色，帮助幼儿发现颜色变化的原因。

（1）你从树叶中发现了哪些颜色？

（2）为什么树叶中会出现黄色？

总结：因为阳光从左面照过来，这边的树叶是黄色和黄绿色的，有的还泛白。

（3）还有别的原因吗？（树叶稀的地方颜色发黄）

（4）树叶中还有什么颜色？它在什么地方？阳光照不到的是什么颜色？在什么地方？

总结：阳光照不到的地方是墨绿色、深绿色的，树叶密的地方颜色比较深。

（5）树干是什么颜色的？为什么有不一样的颜色？

3. 户外写生。

写生前，幼儿自主选择绘画的角度和位置；写生中，教师观察幼儿的表现，根据幼儿的需要、出现的问题给予适时的指导，如：调动幼儿已有的经验，根据出现的问题再次进行细致的、有针对性的观察，借鉴同伴经验，平行绘画等从而提升幼儿的绘画技能。

4. 欣赏评价。

将作品置身于大自然中，幼儿在与自然的互动中欣赏交流，大胆表达自己的发现，包括使用的方法和表现的色彩，通过与自然中树的对比提升经验和技能。

教育建议

大班幼儿的深度知觉处于萌芽状态，思维仍具有具体形象的特点，色彩写生有助于幼儿将立体观察转变为平面图像，体会不同角度观察同一物体时所产生的形的无穷变化，不仅是培养幼儿发现美、感受美、表现美的重要手段，还能使幼儿与生俱来的探究本能和不断涌出的创造激情得到自由的表现和张显。为此，我们开展色彩写生"树中的色彩"，为幼儿提供大胆表现的机会，提高幼儿的艺术表现力。

1. 激发兴趣，为幼儿大胆表现提供支持。

为了激发幼儿对色彩美术的兴趣，引导幼儿发现色彩画的基本特点，我们开展了主题活动"美丽的秋天"。在幼儿充分感知秋天特征的基础上，在美工区展示表现秋天树林景色的色彩画作品和水粉材料，引发幼儿对色彩的关注。鼓励幼儿在观察中发现色彩美术的不同，并萌发大胆尝试的愿望。

2. 观察发现，引导幼儿从中提高表现技能。

幼儿在观察中发现树的色彩美，喜欢表现树的基本特征，但由于固化经验的限制，幼儿在绘画中还需借助已有的经验，运用线条勾画出树的轮廓，并在轮廓中涂色。教师没有直接灌输给幼儿运用色块与点彩进行表现的画法，而是采取平行示范的方式，鼓励幼儿尝试用不同的方式表现树。

由于幼儿园里树的品种繁多，秋天树叶颜色的变化却不同，有墨绿色的、浅绿色的、浅黄色的、深黄色的……树干的颜色也各有不同。同时，由于一天中阳光照射的角度不同，树叶的颜色也不同。最初，幼儿绘画时没有发现树中色彩的丰富变化，画出的树叶、树干都是同一种颜色，所以教师利用早饭后散步及下午户外活动的时机，引导幼儿观察一天中幼儿园里的各种树，引导他们发现树中的不同色彩，有的幼儿发现梧桐树的叶子黄色的多，海棠树的叶子是绿色的，树干却是黑色的，还有的幼儿发现树在阳光直接照射的时候，上面的叶子特别亮、特别黄，下面照不到的地方颜色就变深了。可见，只要帮助幼儿用自己的眼睛去观察，用心灵去体会，就能发现大自然不一样的美妙！

3. 色彩表达，鼓励幼儿抒发真实感受。

秋意渐凉，树上的叶子渐渐凋零，幼儿的作品也随着季节的变化而变化，不约而同地表达着他们对秋天的感受。有的作品中表现了地上的落叶，天黑时树中的黑色，阴天时树的灰色，晨光中叶子的透明，还有的幼儿发现树上的叶子变干了，蜷缩在一起变成了一个个小球，不同时间、不同天气、不同品种的树，都陆续出现在幼儿的画面里。

在活动过程中，我发现幼儿对色彩的观察不够细致，使用的位置不够准确，我运用了相应的指导策略：

（1）运用"小手架"进行局部观察，并布局画面；

（2）站在远处，眯起眼睛，观察树中的色彩；

（3）调动幼儿的已有经验，根据出现的问题再进行仔细的、有针对性的再观察；

（4）借鉴同伴的经验；

（5）教师进行平行绘画活动，请幼儿在与老师的绘画作品的比较中感悟方法，提升幼儿的绘画技能。

最后点评环节，我选择了几个评价点，帮助幼儿梳理经验：

（1）树叶出现疏密；

（2）过渡自然；

（3）阳光作用下，树叶和树干有深浅变化（树干中有条纹）；

（4）背景的使用。

4. 色彩拓展，提升幼儿的感受力与表现力。

幼儿天生就喜欢神奇的色彩，他们对色彩富有强烈的感受力和表现力，为了引导幼儿大胆运用色彩表现丰富的生活，利用自然资源带领幼儿观察幼儿园户外、室内的色彩美，为幼儿提供创造性地运用色彩表现各种感受的机会和条件。

幼儿不仅对色彩表现出浓厚的兴趣，还易于在色彩创意中获得自信与成功。在色彩美术活动中，教师应创设开放、自由的环境氛围，使幼儿能运用更多的方式感受美、体验美和表现美，发挥创造的巨大潜能，促进幼儿的全面发展。

（第一次活动）

🦋 活动目标

1. 自主观察画面细节,理解故事的内容。

2. 尝试根据画面间的联系和线索,对角色的心理和情节进行预期和想象,讲述有合理情节的故事。

🦋 活动重难点

重点:自主观察画面细节,理解故事的内容。

难点:根据画面间的联系和线索,对角色的心理和情节进行预期和想象,讲述有合理情节的故事。

线索:在不同场景下,狐狸运用不同的方法捕捉母鸡,又落了个可笑的失败下场。

🦋 活动准备

1. 经验准备:引导幼儿搜集有关"农场"的相关材料,师幼一同创设"农场"的墙饰;通过"在农场"丰富有关"农场"的常识;通过阅读活动丰富幼儿的词汇;在游戏中会正确运用方位词。

2. 物质准备:课件、图书。

🦋 活动过程

1. 出示农场分布图,介绍故事梗概。

（1）你们去过农场吗?今天老师带你们到一个农场里去看一看（出示农场分布图）,这里是母鸡萝丝的家,它每天都会出门去散步,它散步时会走过院子、绕过池塘、越过干草堆、经过磨房、穿过篱笆、钻过蜜蜂房,最后回家吃晚饭,今天,它又出门散步去了,会发生什么事情呢?让我们一起来看一看。

（2）他走过院子。你猜猜接下来会发生什么事情呢?你是从哪里看出来的?让我们一起看一看究竟发生了什么事情,当当当,你们太聪明了,狐狸被耙子给打到了。

（3）这一路上，狐狸还会遇到好多的倒霉事，请你们自己来看一看，你觉得哪件事情最有趣，一会儿给我们讲一讲，怎么样？

（4）老师在每组分别摆放了《母鸡萝丝去散步》这本书，请你们轻轻地搬起小椅子，选一个自己喜欢的位置坐下仔细的阅读吧！

2. 通过提问引导幼儿自主阅读。

（通过具体提问激发幼儿阅读的兴趣，引导幼儿仔细阅读图书，寻找答案。）

（1）幼儿自选座位，分组阅读。

（2）师生交流。

教师："你为什么笑？你觉得哪里可笑呢？你觉得它的心里是怎么想的？"

3. 围绕画面中具体事件集中进行讨论、交流。

（1）母鸡散步的这一路上，狐狸遇到了许多的倒霉事，你觉得哪件事情最有趣，为什么？

（2）母鸡知道身后发生的事情吗？你是怎么看出来的？

（3）狐狸为什么一次次的失败后还继续追母鸡呢？他是怎么想的？

🦋 活动延伸

教师："狐狸最后怎么样了？它还会回来吗？"请幼儿在活动后把你猜测的结果画出来，进行分享交流。

（第二次活动）

🦋 活动目标

1. 自主观察画面细节，理解故事的内容。

2. 尝试根据画面间的联系和线索，对角色的心理和情节进行预期和想象，讲述有合理情节的故事。

🦋 活动重难点

重点：自主观察画面细节，理解故事的内容。

难点：根据画面间的联系和线索，对角色的心理和情节进行预期和想象,讲述有合理情节的故事。

线索:在不同场景下,狐狸运用不同的方法捕捉母鸡,又落了个可笑的失败下场。

活动准备

1.经验准备:宽松和谐的师生关系,教师能接纳幼儿的想法和技能上的个体差异,使幼儿能大胆地表达表现;通过《快乐家园》——在农场丰富有关"农场"的常识;通过阅读活动丰富幼儿词汇;在游戏中学会正确运用方位词。

2.物质准备:课件、图书。

活动过程

1.分别出示母鸡萝丝散步的每一个场景,引导幼儿运用已有经验大胆地进行猜测,并表达自己的想法。

教师:"孩子们,你们去过农场吗?今天老师带你们到一个农场里去看一看(出示农场分布图),这里是母鸡萝丝的家,它每天都会出门去散步,它散步时会走过院子、绕过池塘、越过干草堆、经过磨房、穿过篱笆、钻过蜜蜂房,最后回家吃晚饭,今天,它又出门散步去了……"

(1)出示农场的院子:他走过院子。你猜猜接下来会发生什么事情呢?你是怎么猜到的?

(2)出示农场的池塘:他绕过池塘,又会发生什么事情呢?你是怎么猜到的?

(3)出示农场的干草堆:越过干草堆还会发生什么事情呢?为什么?

(4)出示农场的磨坊:经过磨坊时会发生什么事情呢?你是怎么猜到的?

(5)出示农场的栅栏:穿过栅栏会发生什么事情呢?为什么?

(6)出示农场的蜜蜂房:钻过蜜蜂房会怎样呢?

教师:"老师在每组分别摆放了《母鸡萝丝去散步》这本书,请你们到书中去寻找答案吧!"

2.通过自主阅读验证自己的猜想。

（1）幼儿自选座位，分组阅读。

（2）师生交流。

教师："你为什么会笑？你觉得哪里有趣呢？你觉得它的心里是怎么想的？"

3.围绕画面中具体事件集中进行讨论、交流。

教师："在母鸡散步的这一路上，狐狸遇到了许多倒霉事，你觉得那件事情最有趣，为什么？母鸡知道身后发生的事情吗？你是怎么看出来的？狐狸为什么一次次的失败后还继续追母鸡呢？他是怎么想的？"

（引导幼儿运用已有的生活经验体会狐狸遇到各种倒霉事的心情。）

🦋 活动延伸

"狐狸最后怎么样了？它还会再回来吗？请你在活动后把你猜测的结果画出来，好不好？"

🦋 教育建议

《母鸡萝丝去散步》是一本外国经典图画书，具有较强的戏剧性，书中的文字与图画形成一种滑稽的对比，本书以"在不同场景下，狐狸偷袭母鸡，却以一连串滑稽、可笑的下场失败。"为线索，为读者描述了五个不同的场景，每一个场景里都有两个联系紧密的画面，我欲引导幼儿在自主观察第一幅画面的过程中，大胆地想象第二幅画面的故事内容，进而体验狐狸失败后的感受，不断加深对故事的理解，从而可以讲出隐藏在文字背后的故事，提高自己的观察、想象、表达、创造等方面的能力。因此，我将本活动的目标定位于：

1.自主观察画面细节，理解故事的内容，感受故事诙谐幽默的主题。

2.尝试根据画面间的联系和线索，对角色的心理和情节进行预期和想象，讲述有合理情节的故事。

在第一次活动的导入环节中，通过观察农场的分布图，我引导幼儿熟悉农场的整体环境，为其了解故事发展的脉络做好铺垫。随后，我出示故事的第一幅画面"母鸡去散步",用一系列的问题"……母鸡发现狐狸在后面了吗？狐狸遇到了哪些倒霉事？他最后吃到母鸡了吗？"引导幼儿猜想故事的内容，激起幼儿自主阅读的兴趣，在自选座位后，幼儿进行分组阅读，我观察幼儿的行为表现，并针对他们提出的问题，适时地介入进行指导。但孩子在拿到书后，并没有像预期的那样，细致地观察第一幅画面，猜想故事的结果，大胆地讲述，而是急于从第二幅画面中寻找答案，草草地浏览整本书。

反思这次活动，我发现它的致命缺陷在于：教师没有很好地解读幼儿，从而没能充分思考活动设计的适宜性。学前儿童具有强烈的好奇心，这驱使他们在拿到书后没有耐心地观察、猜想，而是迫不及待地翻阅图书寻找答案，从而使得活动的目标难以实现。

在第二次活动中，我改变了活动的组织方式和指导策略，在引导幼儿观察农场的整体环境后，我采用师幼共读的方式引导幼儿理解前两个场景的故事内容，观察画面间的联系和线索，进行大胆表达。接下来，我将后三个场景的第一幅图画分发给三组幼儿，引导其分组观察画面的细节，猜想并讲述狐狸遇到的倒霉事，我适时出示第二幅画，以便幼儿验证自己的猜想。在活动的最后，我给幼儿留有充分的自主阅读的时间，让幼儿系统地读完整本书，真正感受故事诙谐幽默的主题。

活动结束后，我对两次活动进行了对比性思考，自主阅读是教师主导与幼儿主体相结合的一种阅读活动。在第一次活动中，教师进行了简单的引导后，就让幼儿自主阅读，幼儿在好奇心的驱使下，不能如教师预期的那样进行观察、猜想和表达，活动目标难以实现。在第二次活动中，教师通过师幼阅读的方式，引导幼儿细致观察画面，大胆想象，发现画面间的联系和线索，并让幼儿带着好奇心进行分组猜想、大胆表达，从而顺利地达成活动目标。通过这两次活动，我亲身体验了观念转变的过程，也感受到贯彻《纲要》带来的成功与快乐。

大班绘本活动 ······ **方格子老虎**

🦋 活动目标

1. 理解绘本内容，喜欢方格子老虎为别人着想的情节。

2. 能围绕一定的问题，大胆、连贯地表达自己的想法和见解。

🦋 活动重难点

在理解故事内容的基础上，大胆、连贯地表达自己的想法和见解。

🦋 活动准备

1. 经验准备：幼儿有阅读绘本的经验。

2. 物质准备：绘本课件、录音。

🦋 活动过程

1. 环节导入，激发幼儿兴趣。

（1）谜语：身穿黄袍带黑杠，大叫一声震山冈，不吃粮食光吃肉，人称它是兽中王——（老虎）

（2）出示封面，引导幼儿观察封面了解故事的名字，猜测故事的内容。

教师："故事的名字叫什么？你发现小老虎今天有什么不一样的地方？"

2. 出示课件引导幼儿倾听故事，利用问题与幼儿一起分析画面，理解故事内容。

（1）小老虎出生后，虎爸爸和虎妈妈要做什么？

（2）老虎爸爸和老虎妈妈发生争吵了，我们来看看小老虎有什么好方法？

（3）如果你的爸爸妈妈发生争吵了，你们心情会怎样？你们会想什么办法？

教师鼓励幼儿大胆表达自己的想法。观察画面中小老虎和虎爸爸、虎妈妈的表情和动作，理解故事。

3. 教师继续讲述故事，帮助幼儿感受小老虎对爸爸妈妈的爱，体会方格子老虎身上发生的趣事。

105

（1）学学虎爸爸和虎妈妈和好的动作；

（2）小老虎在幼儿园是否被小伙伴和老师接受呢？

（3）引导幼儿进行联想与讨论"方格子还可以用来干什么？"

（4）故事结尾引导幼儿体会老虎爸爸妈妈的感受。

教师："为什么小老虎身上只留下横条纹？"

4.讨论故事中传递的情感及其表达意义。

教师："在别人需要帮助、不开心的时候，你会为别人做什么事？你有什么与众不同的方法带给大家快乐？"

（1）没有方格子，爸爸妈妈还会爱他吗？

（2）虎爸爸虎妈妈到底爱的是它身上的方格子，还是爱小老虎本身？

播放录音：孩子，世界上有一种爱，它是处处为人着想，还能带给别人幸福和快乐！有没有方格子并不重要，重要的是你的身上，就有这样的一颗爱心，爸爸妈妈会永远爱你！

🦋 活动延伸

鼓励幼儿说说爸爸妈妈爱自己什么地方？感受爸爸妈妈对自己的爱。

🦋 教育建议

《方格子老虎》是一则幽默、感人、富有创意的绘本故事，虽然情节简单却意味深远。故事将父母对孩子的期望具化为各种条纹，这些条纹本来属于孩子自身的特征，却被贴上标签，统一售卖，这个画面既可笑又真实，讽刺了现实生活中父母对孩子教育与期望的商业化特征及其空洞性。同时，这个故事也揭示了虎爸爸和虎妈妈的高期望和小老虎的美好品质之间的巨大反差，发人深省。

封面上的小老虎胸前有一个大大的数字"1"，还有它身上的方格子，不仅给予幼儿充分的想象空间，成为他们积极阅读的兴趣和动力。通过观察画面细节，教师选择重点画页的情节设计不同的问题，通过调动幼儿的生活经验，帮助幼儿理解故事内容。如：出示封面，引导幼儿进行观察，猜想发生在小老虎身上的故事；当小老虎出生后，爸爸妈妈应该做什么；虎爸爸和虎妈妈吵架时，迁移幼儿的生活经验：如果你的爸爸妈妈吵架了，你有什么感受？有哪些好办法可以化解父母的矛盾？

同时，引导幼儿观察画面中角色的表情和动作（虎爸爸和虎妈妈吵架以及合好时的表情和动作，小老虎的眼神等），帮助幼儿从画面中寻找细节理解内容。在讲述过程中，发散幼儿的思维，想象在方格子上能做哪些游戏；当小老虎变成一只普通的老虎时，引导幼儿猜想它爸妈的感受，最终升华情感——不管小老虎身上是否拥有方格子，爸爸妈妈都喜欢他，虎爸爸和虎妈妈不是爱小老虎身上的方格子，而是爱他本身。

我们要正确爱自己的孩子，正确引导自己的孩子，顺应孩子自身的发展，让孩子像孩子一样长大！

大班科学活动 ⋯⋯⋯⋯⋯⋯⋯⋯⋯⋯⋯⋯⋯⋯⋯⋯ **摇摇晃晃的桥**

活动目标

1. 通过惊险的故事情节感知物体的平衡，乐于想办法帮助他人。

2. 在动作操作中，自主发现重量、距离与平衡的关系，大胆表达自己的想法，体验探究的快乐。

活动重难点

在动作操作中，自主发现重量、距离与平衡的关系，大胆表达自己想法，体验探究的快乐。

活动准备

1. 经验准备：在游戏中了解平衡的特点。

2. 物质准备：课件、平衡的操作材料、记录表、笔。

活动过程

1. 通过仔细观察图片发现山谷周围环境的危险，激发幼儿参与活动的兴趣。

2. 在惊险的故事中，通过层层递进的情节发展，了解重量与平衡的关系,大胆表达自己的想法。

（1）结合自己的经验初步感知物体的平衡,为接下来的活动做好铺垫。

（2）在观察画面中,通过大胆猜测,帮助他人发现重量与平衡的关系。

活动延伸

一群乌鸦飞来了,他们要怎样落在独木桥上,才能保持平衡呢?

教育建议

《摇摇晃晃的桥》这个故事可以说是一出惊险、幽默的"独幕剧"。有关"平衡"的科学常识蕴含其中,对于大班幼儿而言,惊险有趣、环环相扣的故事情节为他们层层递进式的科学探索打开了大门。因此,我深入挖掘绘本中影响平衡的几个要素,借鉴幼儿们的已有经验,将其串联成此次的科学活动,并将目标定位在:

1.通过惊险的故事情节感知物体的平衡,乐于想办法帮助他人。

2.在动作操作中,自主发现重量、距离与平衡的关系,并大胆表达自己想法,体验探究的快乐。

同时,运用经验借鉴、图片观察、启发联想、实际操作等方法解决活动的重难点,帮助幼儿们在动作操作中,自主发现重量、距离与平衡的关系,并大胆表达自己想法,体验探究的快乐。

在活动过程中,我选取了前半部分与平衡有关的信息,并适当删减了观察画面细节,猜测角色心理等大部分与"平衡"无关的内容,将重点落在结合幼儿的已有经验自主发现平衡——在分析中寻找影响平衡的关键因素——在不断尝试中帮助狐狸和兔子恢复平衡——自主发现并进行大胆的自我否定,实践操作,反复验证,得出结论,迎来新的挑战,激起幼儿们科学探究的热情。

1.通过仔细观察图片发现山谷周围环境的危险,激发幼儿参与活动的兴趣。

2.在惊险的故事中,通过层层递进的情节发展,了解重量与平衡的关系,并大胆表达自己的想法。

（1）结合自己的经验初步感知物体的平衡，为接下来的活动做好铺垫。

（2）在观察画面中，通过大胆猜测，帮助他人发现重量与平衡的关系，并尝试解决。

3. 在操作活动中，自主发现距离与平衡的关系，并大胆表达自己想法。

为了满足不同能力水平的幼儿体验成功，首先固定兔子的位置，只调整狐狸的距离，帮助幼儿降低难度。然后，请孩子们再次调整狐狸和兔子的位置，这种位置关系答案不唯一，幼儿们通过反复尝试发现了不同的答案，小睿讨巧地将狐狸和兔子都放在中间的支撑点"0"的位置，独木桥也是平衡的，我没有说什么，不一会儿，小萌发现如果狐狸和兔子都在"0"的位置，兔子会被狐狸吃掉，并且把自己的发现告诉了其他小朋友，大家再次调整方案，想办法让独木桥恢复平衡并记录他们所在的数字。通过幼儿们反复的操作，他们自主发现独木桥要想平衡除了和两边的重量有关，还和他们与中间这个支撑点的距离有关，并发现狐狸的体重重，它离中间的支撑点要近，兔子的体重轻，它离中间的支撑点要远。

4. 故事情节的翻转，重新激起幼儿们科学探索的兴致，令他们意犹未尽。

通过问题"一群乌鸦飞来了，他们要怎样落在独木桥上，才能保持平衡呢？"帮助幼儿们重新思考重量、距离和平衡之间的关系。

大班生活中的数学 ·········· 整理图书

🍃 活动目标

1. 在"搬书"的真实情境中，感知按群计数的含义。

2. 乐于运用按群计数的方法计数，高效解决生活中的问题。

🍃 活动重难点

在"搬书"的真实情境中，乐于运用按群计数的方法计数。

活动准备

1. 经验准备：具有整理图书区的经验，幼儿具有倍数、点数的经验。

2. 物质准备：请每位幼儿运用不同的方法点数 10 本图书搬进教室，感受为他人服务的快乐。

活动过程

1. 出示"搬书"的视频，引导幼儿在真实情境中回忆点数图书的方法，并进行分享。

师：今天，小朋友帮忙搬来了好多新书，你们是怎样点数这 10 本新书的？（除了 1 本 1 本地数，我们还可以怎么数呢？）

2. 请幼儿运用按群计数的方法点数图书，并在表格中记录、分享不同的结果和方法。

（1）幼儿操作，教师进行适时的指导。

师：除了这几种方法，你还有其他的方法又快又准地数出 10 本图书吗？请你试一试并记录在表格里。

（2）通过讨论、比较、感知按群计数可以提升数数的效率。

师：几本几本数的？总数是多少？数了多少次？

师：哪种方法数得最快最简便？（数的次数少）

总结：每次数的本数越多，数的次数越少，速度就越快（一本一本数、两本两本数、五本五本数……）

（3）利用分组竞赛的形式再次按群计数，点数组内更多的图书。

师：请幼儿数一数每个组一共搬来多少本图书？你们怎么数的这么快？（10 本 10 本数）

3. 利用图书借阅卡，请幼儿继续探索更多的按群计数的方法。

活动延伸

请幼儿将图书投放到图书区，并进行分类整理与按群计数。

活动目标

1. 在真实情境中，尝试运用不同的方法统计果园里的树，并进行记录。

2. 通过反复实践提高计数能力，体验统计的有用和有趣。

活动重难点

在真实情境中，尝试运用不同的方法统计果园里的树，并进行记录。

活动准备

1. 经验准备：了解不同种类果树的特征，20以内多种形式数数的经验。

2. 物质准备：栅栏围成的果园，每棵果树挂一个班级树标志牌，记录纸、笔、各种标志物（丝带、毛根……）若干。

活动过程

1. 创设问题情境，激发幼儿统计兴趣。

师：园林叔叔要来我们幼儿园进行树木修剪，他们不知道我们的果园有多少棵树，想请大家帮忙数一数。

2. 幼儿自由点数，发现问题进行讨论，寻找统计方法。

（1）幼儿走进果园进行自由点数，分享点数的方式和计数结果。

（2）通过计数结果不同引发讨论，幼儿借鉴已有经验大胆表达自己的想法。

师：怎样数才不会漏掉或重复？

通过做标记的形式进行计数（数一棵树挂一个标志物）

总结：按照果树的某一特征进行统计。

3. 幼儿分组协商统计的方式，分工合作进行记录，并验证统计结果。

（1）分组讨论，制定方案；

（2）分工合作进行统计，教师进行适时指导；

（3）利用条形、柱状的统计图进行记录。

①按照果树的种类进行统计；

②按照果树的高矮进行统计；

③按照果树叶片的形状进行统计；

④按照果树的果实进行统计；

（4）利用每棵树站一个人，然后大家站成一横排进行点数，确定总数。

活动延伸

制作果园地图并进行标记，统计果树总数，送给园林叔叔。

聆听教育故事，砥砺勇毅前行

让每一朵花绽放

一直以来，孩子被喻为"祖国的花朵"，是绚丽的明天，含苞的希望，等待着我们的精心培育。可在我心里，"花朵"更有一个不同寻常的注解：每一个孩子就像每一朵花一样，都是世界的唯一，花心里都拥有一个属于自己的春天。然而春天有早晚，花期有不同，作为呵护花朵的园丁，幼儿教师的爱与责任就是用心聆听每一朵花的声音，给他们最恰当的灌溉和最温暖的守候，以一颗宽容细致的心，积极培育每个花蕾绽放自己缤纷的色彩。

1. 爱是不遗漏，爱是肯付出。

人们的目光总是被百花丛中最先绽放的、经常摇曳的花儿所吸引，同样班级中最活跃的、最调皮的孩子总能成为我们关注的对象，而那些安静内向的、听话的"乖宝贝"却常常被我们忽视——这是学前教育中普遍存在的现实问题。因此，我们要将爱均匀地洒向每一朵花儿，让他们竞相绽放！

那年，我披着一身阳光走进小一班，当我热情地伸开双臂接受孩子们的亲吻时，却透过一条小小的缝隙发现一个小男孩低着头一声不响地坐在原位，像一只把头埋进沙漠的鸵鸟，封闭了自己所有的视听通道，一副与世隔绝的模样……我悄悄地蹲在他身边，捧起他的小脸儿亲吻着他的额头，说："宝贝儿，你长得真像孟老师家的小弟弟，我想你的名字一定很好听，能告诉我吗？""他叫坤坤！"其他小伙伴争相抢答着，他却依然紧闭嘴唇，我该如何开启这朵迟开的花苞呢？

慢慢地，我发现在坤坤沉默的背后隐藏的是胆怯、自卑，他经常坐在座位上用羡慕的眼神小心翼翼地望着大家，这说明他还是很想参与活动，与小朋友一起做游戏的，只不过他需要一种鼓励、信任和赞美，因为赞美是一米温暖的阳光，它能走进花儿的内心，抚摸稚嫩的花蕊。于是，我开始从他的每一天发掘闪光点："坤坤，今天早上你朝着孟老师笑了，我真开心！""坤坤真棒，今天你吃饭好干净！""坤坤，你今天认真地帮大家整理图书，谢谢你！""坤坤，你今天生病了还坚持来幼儿园，真坚强！"……渐渐地，坤坤从不理睬变成了抿嘴笑，我的表扬和赞许正在悄悄融化他冰封的内心，轻轻打开了他紧锁的心门，坤坤开始主动给大家讲有趣的童话故事，谦让、帮助身边的小朋友，和大家一起分享集体生活游戏的快乐！

爱能擦亮我们的眼睛，让我们看到每一个孩子的善良；爱能灵敏我们的耳朵，让我们听见每一个孩子的心声；爱能清澈我们的心灵，让我们读懂每一个孩子的人生……总之，爱是不遗漏任何孩子。

2. 爱在细微处，情在读懂时。

一次采摘活动结束后，我们开展了"快乐的采摘"主题画活动，幼儿们在画中尽情地表达了自己的快乐体验：有的画了许许多多的果树——他在与大家分享他看到的各种各样的果树；有的画面上把手臂画得长长的——他在表现自己是怎样努力摘到树上的果实；有的画面上画满了小朋友——他在表现自己与小朋友在果园里捉迷藏的快乐情景……只有大兵画了一辆汽车，一个大大的、黑黑的车牌子上面写着"2"，醒目地画在车的后面。我充满疑惑地请他讲一讲自己的画，他说："我们去采摘时坐的是 2 号车，我坐的是 1 号车……"孩子的话让我回想起了当天的那一幕，因为 2 号车坐不下全班的小朋友，我带着大兵上了临班的 1 号车，大兵的眼睛里隐隐传递着无助和无奈，因为他是个胆小、敏感的孩子，可以看出她在整个采摘过程中没有丝毫的快乐，只有担心和焦虑。如果我能征求孩子的意见，如果我能考虑不同孩子的性格特点，如果我能换一种解决问题的方式——让性格开朗爱交往的孩子去坐 1 号车，或者多选几名孩子上 1 号车，如果大兵留在了 2 号车，那么他的画面会是怎样的丰富，如果……

爱的核心是尊重，尊重的条件在于了解，而责任的体现则是细节，了解孩子，关注细节才能将爱与责任得到彰显。

3. 投入是爱，思考是责任。

在一次制作汽车的手工活动中，幼儿们大胆地运用各种材料进行创作，突然，乐乐高举着自己的小汽车兴奋地对我说："孟老师，你看我做得怎么样？"还没等我开口，好多孩子都将自己的汽车举了起来，"你给汽车装上了四个轱辘，真漂亮！"话音刚落，视线中几个孩子悄悄把手臂放下来，"没有轱辘的汽车不漂亮！"我听到乐乐对旁边的咪咪说道。我们是不是经常遇到这样的事情，在表扬一个孩子的同时，往往伤害了大多数孩子创造表达的热情，在激励肯定榜样的同时，无意中否定了其他孩子的努力。我们要跳出教育看教育，跳出教育评价教育。从小处说，这是我们的评价时机、方法策略恰当与否的问题；从大处讲，则是没有尊重、理解每个幼儿不同的发展能力和水平。爱孩子需要理性，需要精心，更需要专业的支持，这是我们义不容辞的责任和使命。唯此，我们对孩子的爱才能升华。

说爱与责任是母亲的天性，但对幼儿教师来讲，爱与责任也是我们的天性。幼儿教师的爱与责任是紧紧依附、如影随形。没有责任的爱就像池塘里的浮萍，没有根，随时可能漂移；没有爱的责任就像沙漠里生长的小草，苍白而无力。爱与责任相融共生，因为爱，我们选择了责任，理解了生活，读懂了亲情；因为责任，我们河东二幼团结在一起，用心聆听每一朵花的声音，用爱浇灌每一个含苞待放的花蕾，用心静静地等候着他们绽放笑颜，用全心构筑起一个新的世界，并在他们身上续写我们的爱与责任，在那里，我们沉浸着、幸福着、向往着、收获着……

楼梯上的故事

一天上午，我带着小班孩子下楼做户外游戏，走着走着只听见"哇"的一声，朗朗大喊："皓皓摔倒了！"我三步并作两步跑上楼，赶紧把他扶了起来，只见他摸着头，撅着嘴："呜呜呜，我摔倒了！"冉冉不解地问："你下楼梯怎么还摔倒了？"笑笑摸摸他的头，帮他拍拍身上的土，大家七嘴八舌地议论起来。

保育老师拿来冰袋，帮助皓皓冷敷头上的包，我们围绕"下楼梯时，皓皓为什么会摔倒？"组织幼儿进行讨论，有的说："皓皓手插在口袋里，不把着扶手。"有的说："皓皓没有排队！"还有的说："皓皓不看着楼梯。"……孩子们借鉴自己的已有经验大胆表达出自己的想法，老师利用画图的方式将大家的意见记录在白板上。通过观看视频"巧虎上幼儿园"，孩子们发现上下楼梯时，除了手要把着扶手，眼睛要看着台阶，双脚还要一步一个台阶地慢慢走。皓皓顿时醒悟："我要看着路，把扶手。"他一边说着一边表演起来。这时，我发现他只会用右脚一个台阶一个台阶地走下楼梯，班里还有一部分像皓皓这样的孩子，怎样才能帮助他们左右脚交替上下楼梯呢？

为了帮助幼儿们尝试左右脚交替上下楼梯，我们开展了"穿 AB 鞋"和"红黄对对碰"的游戏，以此激发他们自主学习的兴趣。利用说与做同步、一一对应、儿歌等方式，引导孩子关注左右脚鞋子、左右腿丝带的不同颜色。面对能力弱的孩子，可以在每一级台阶上分别摆放红、黄交错的雪花片，利用颜色一一对应帮助他们注意左右脚交替上下楼梯的问题，并通过"1、2、1、2"的口令进行练习，增强上下楼梯的安全性。

围绕"我很安全"的主题背景，结合上下楼梯中的随机事件组织安全教育系列活动——楼梯中的故事，帮助幼儿观察并进行讨论，寻找原因，自主提出问题、发现问题、解决问题，增强小班幼儿的自我保护意识，提高身体的协调性。

一二三四五六七，

小朋友们下楼梯。

不推不挤不着急，

一个一个跟得齐。

手扶栏杆靠右行，

眼睛向前要注意。

一级一级需牢记，

保证安全数第一。

🫛 生活教育化，教育生活化

生活即教育，对幼儿的教育应渗透在幼儿一日生活的各环节之中。早入园环节不仅是教师与家长交流沟通的有效契机，更是教师针对个别幼儿进行有效教育的适宜时机。

小彭和思佳来园较早，小彭选择喂娃娃，他一边喂一边说："孟老师，我给你做早点吧。"我回应着："好呀，你想做什么呢？"他说："我给你做奶酪怎么样？"我说："好。"坐在一旁的思佳说："我想做鱼给你吃！"看着他们真诚的眼神，我悄悄地对他们说："你们都想做饭，一会儿玩区域时，你们可以到娃娃家里做饭，我去你家做客，怎么样？"正在玩串珠的咪咪跑过来兴奋地说："一会儿我想到美工区做礼物送给小娃娃。"短短几分钟心与心的交流，碰撞出一个又一个的小火花，这样既满足了幼儿自由表达的愿望，又帮助教师了解幼儿的真实想法，师幼共同制订区域计划，使得早入园的环节从冷清、单调变得热闹、丰富。

早饭后，他们主动进入自己喜欢的区域进行游戏。当我扮演姥姥到娃娃家做客时，扮演爸爸的小彭热情地出门迎接，我立刻竖起大拇哥说道："你能主动给客人开门，真有礼貌！"他美滋滋地帮我拿拖鞋，给我倒水，思佳端来香喷喷的鱼香肉丝，我由衷地赞美了精湛的厨艺。在游戏中，孩子们已经具备一定的任务意识，只有走进他们的内心，才能懂得他们的真诚！

咪咪在美工区犹豫不决，我抱着小娃娃走过去："咪咪，娃娃的花裙子破了，怎么办呀？"话音刚落，她兴奋地点点头："我帮她做一条新裙子吧！"只见咪咪选择一个印章套餐，在裙形纸上印出漂亮的图案。不一会儿，咪咪将装饰好的小裙子送给小娃娃，漂亮的裙子吸引了大家赞赏的目光。由此可见，只要结合孩子喜欢、熟悉的材料，教师提出宝贵建议，他们就能全情投入，体验游戏的快乐。

和谐的师幼互动源自教育的生活化，幼儿技能的提升源自生活化的教育！

微笑的大拇哥

"向孩子伸出微笑的大拇哥'太好了'，他们感受到的生命状态是最佳的。"这是我们教育孩子的一种积极心态，它神奇而普通，新鲜而古老，它是我们都本能的用过却无意中又把它遗忘的法宝。这个法宝里深藏着我们传递给孩子的是一个真诚的眼神，一句甜蜜的话语，一个亲切的表情，我们为他们骄傲自豪。

一天离园时间，孩子们自己做着明天的区域计划，坤坤画了一座立交桥，我悄悄地向他竖起大拇哥说："坤坤，你画得真棒，明天我们就按照你的图纸搭立交桥吧！"见坤坤暗暗地窃喜，我拉着他的手一起把设计图贴在了建筑区的墙上，并邀请他说："立交桥的坡道总也搭不好，你回家帮我们想想办法，怎么样？"看着我真诚的眼神他轻轻地点点头。

转天一早，坤坤爸爸兴奋地告诉我："昨天晚上，坤坤给我们当小老师，教我们搭立交桥，把家里所有的积木都用光了！"吃过早饭，"小建筑师"们按照坤坤的设计图开始认真搭建起来，过了一会儿，辰辰跑过来着急地指着自己搭的坡道说："这个下坡总是往下滑，怎么办呀？"坤坤听了往前凑了凑小声地说："这个下坡太陡了！"我用竖起的大拇哥亲了亲他的脸："坤坤建筑师快帮我们想想办法吧！"坤坤不好意思地低着头笑了笑，拿起薯片桶一边比划着一边挑选桥墩材料，只见他一会儿把薯片桶和易拉罐放在地上比一比，一会儿拿个小方块比一比……卉卉和辰辰也跑过来帮忙，辰辰扶着长板，坤坤小心地把挑选的小方块放在易拉罐下面，两种摞在一起正好比薯片桶矮一些，辰辰高兴地拍着手："长板真的不往下滑了！"卉卉抱着坤坤的头亲了亲，他不好意思地红着脸说："只要桥墩矮一点点，桥面就不会滑下去了！"大家听了坤坤的建议，又依次找来了矮一点的易拉罐、立起的小方块、放倒的小方块……坤坤和小伙伴们齐心协力终于搭成了长长的、缓缓的坡道，坤坤咧着嘴长出一口气说："这回司机叔叔开车就安全多了！"我又一次向他竖起了大拇哥说："坤坤，你真是一个有爱心的桥梁工程师！"此时此刻，周围的赞扬声此起彼伏，他的脸上扬溢着自信与成功的喜悦！在游戏中，我走进了幼儿纯洁的心灵，激发了无限的潜能，挖掘了自信的本真！

在几天后的"六一"儿童节上，坤坤报名参选了"小先锋"，他通过自己的努力和勇气光荣地被选中，还代表全园小朋友给爷爷、奶奶介绍我们的幼儿园呢！看着他手捧花环甜甜的笑容，我在人群中又一次向他竖起了微笑的大拇哥，从心底送上真诚的祝福："坤坤，相信自己，你永远都是最棒的！"

向孩子伸出微笑的大拇哥，这是一种花苞心态。大拇哥说你行，对幼儿就意味着光明，我们凡事都要先把光明肯定，就等于是照亮前进的路，点亮黑夜的灯！只有在我们无限欣赏的目光中，孩子们才能充满着希望与光明，因为心灵舒展了，他们才能破茧成蝶，飞翔于天！

一封信引发的思考

自从我们班级创办了梦想邮局，幼儿们经常流连往返于楼道的信箱旁，每天总会因是否收到信而变成一个"晴雨表"：有时喜出望外，有时失望而归……而我却默默地站在角落看着，总觉得应该做点什么，但找不到具体方向。直到有一天，一切皆因一封信改变了！

午饭后，幼儿们纷纷怀着期待的心情，去查收自己的信件，我还像往常一样站在一旁观察着，"孟老师，我给您写了一封信！"我惊讶地发现小耿正举着一封信站在我面前，水灵灵的大眼睛仿佛在说着悄悄话，我欣喜地接过信，这是一个红色的信封，包装得十分用心，我费了九牛二虎之力才打开，信纸上用铅笔歪歪扭扭地写着几行字："孟老师，我爱您！"猛烈的心跳声无法抑制激动的心情，我捧着小耿的大脸蛋使劲儿地亲了一下。他眨了眨那双大眼睛，悄悄地对我说："孟老师，别忘了给我回信呀！"我开心地点点头："一定！"说完他一蹦一跳地跑开了！

第二天，我工工整整地写了回信，贴上精美的邮票，偷偷地放进他的邮箱。又到饭后取信的环节了，我远远地听见走廊里传来兴奋的叫喊声："孟老师给我回信了！"只见小耿将信高高地举过头顶，使劲儿地摇，并向身边的小伙伴炫耀着……大家纷纷表示："明天我也给孟老师写信！"刹那间，我突然意识到了什么？对，我应该也做一个邮箱，尽快参与其中，体会收信的惊喜，聆听孩子的心声，回味孩子的祝福。在孩子们的帮助下，我拥有了属于自己的邮箱。每天路过"邮局"，我总是不由自主地张望，享受打开信箱的那一刻。

基于主题活动——信的旅行，师幼共同打造"梦想邮局"，让"写信"成为沟通交流的媒介，抒发情感的舞台。信让我们蹲下来，学会倾听与理解；信让我们走进去，懂得包容与共情；信让我们心贴心，获得快乐与满足。

呜呜笑了

自从升入小班，呜呜的妈妈就在北京工作，常年不回家。缺少母爱的呜呜胆子特别小，常常流着鼻涕，"噔噔噔"地跑过来贴在我的身上，仰着头对我说："孟老师，我有鼻涕！""孟老师，我要解小便！"如今到了大班，呜呜的这个习惯一直没有变。年后，呜呜妈妈又去了大西北，支援那里的医疗建设，每每说起有关"妈妈"的话题，呜呜总是低着头，压抑在心中的思念之情油然而生，我的心里也不是滋味！

本学期，我们开展主题活动——信的旅行，通过亲子参观邮局，为班级邮局起名字，创意邮局标志，亲子制作个性信箱，设计信封、邮票，尝试写信、寄信等一系列活动，激发孩子对"信"的浓厚兴趣。孩子们每天利用区域游戏和转换环节为朋友写信、回信，品味写信、读信带来的自信心和成功感，分享书信交流带来的快乐。每天中午，鸣鸣都会查看自己的邮箱，由于他出勤不好，个人卫生习惯差，所以朋友很少，有时收不到信自己很失落。于是，我主动给他写了一封信，鸣鸣拿着信有些兴奋，伙伴们纷纷喊起来："你快读读孟老师写了什么！"他小心翼翼地打开信，刚读了几个字，就停了下来："好多字我都不认识。"小曾说："我帮你读吧！"听到孟老师的表扬与肯定鸣鸣乐得合不拢嘴，我悄悄地对他说："别忘了给我回信呦！"

第二天，我不仅收到鸣鸣的回信，还将孩子们创作的邮局标志发到班级群，鸣鸣妈妈看到后激动地留言说："各位小朋友都很厉害，看到他们画画的照片觉得特别美好。虽然妈妈支援西北不在身边，但也能看到鸣鸣的进步，感谢三位老师！"过了几天，我们突然收到两张妈妈寄给鸣鸣的明信片："小小男子汉，妈妈不在身边陪伴，也要开心每一天，加油！爱你的妈妈！""快乐成长，长大后你也可以游遍全世界，爱你的妈妈！"听到妈妈对自己的嘱托，鸣鸣再也抑制不住自己的激动与思念，眼泪像断了线的珠子……

"信的旅行"不仅极大地拓展幼幼、师幼的交流空间，还锻炼了他们的表达与讲述能力，更增进了亲子感情，改变了一个性格内向的孩子。

落叶中的舞蹈

深秋时节，一夜的冷风袭来，满院的落叶都在风中舞蹈！

户外活动，我带着选班的孩子来到操场，欣欣缩着脖子小声说："真冷呀！"硕涵不屑地看了一眼："你们女孩子就是娇气！"琪琪提议道："我们来和树叶赛跑，这样就不冷了！"其他小朋友听后纷纷七嘴八舌地回应着："我也要赛跑……"由于琪琪具有很强的号召能力，她提议女孩子和男孩子分组比赛，大家瞬间精神抖擞起来，乐乐指着滚筒说："我们一起去捡树叶，比比哪组最先把滚筒盛满！"欣欣伸长了脖子信心满满："我们女孩子一定赢！"男孩子个个不服气："我们男孩子才会赢呢！""我来当裁判，怎么样？"孩子们看着我不约而同地点点头。

在裁判的一声号令下，大家投入到紧张的比赛中，欣欣捡到两片树叶边跑边兴奋地叫着："你看我捡的树叶多漂亮！"这时，琪琪抱着一堆落叶跑了过来："我们比赛谁捡的多，不是比谁的好看！"欣欣一听愣了一下，赶快跑开了。不一会儿，她抱着一堆树叶放到滚筒里，当她发现男孩子的滚筒快满了，就使劲儿地把树叶往下压，硕涵生气地指责她："不许压！"说完又蹦起来把女孩子滚筒里的树叶往下压，小雪直接跳进男孩子的滚筒里用力地踩，此时的气氛变得格外紧张，我建议大家改变规则："直到把滚筒里的树叶压实、装满才算赢！"于是，比赛继续热火朝天地进行着，有的捡树叶，有的压树叶……孩子们抱着树叶分散跑，不仅能躲避他人的碰撞，还要保护怀里的树叶，更要随时关注两个滚筒中树叶量的变化……

落叶在风中轻轻地舞蹈，孩子们在落叶中尽情地奔跑。一会儿，小雪一边压着树叶一边大喊："我们的树叶满了！"硕涵也大喊说："我们男孩子的树叶也满了！"我宣布："男孩子和女孩子并列第一！"大家一同欢呼雀跃地跳了起来！这时，硕涵灵机一动："我们把滚筒里的树叶运到长廊那边的种植园去吧！"琪琪说："树叶掉出来就算输！"孩子们异口同声地表示赞同。

一场紧张激烈的比赛开始了！男孩子配合得十分默契，有的推，有的拉，还有的清理战场，当他们把滚筒运到长廊边，齐心协力地把滚筒放倒，倒出里面的树叶，硕涵还仔细地爬到滚筒里检查是否有遗漏的树叶。此时，女孩们子被远远地落在后面，男孩子们陆续跑过去帮忙，欣欣说："还是男孩子力气大，我都出汗了！"大家激动地抱在一起，感受团结的力量！

在自主自由的氛围中，孩子们充分利用自然环境生成自发游戏，在同伴的交往中发现问题、分析问题、解决问题，使落叶的教育价值最大化，内化孩子的行为！在比赛过程中，他们根据突发状况及时调整规则，调整游戏难度，投入未知的游戏，碰撞智慧的火花，体验交往的乐趣、合作的重要与竞赛的热情，具有优秀的学习品质。这看似是一场比赛，实则一次有价值的社会体验、互助合作、不断成长的自发式旅行，一路上有惊喜、有收获、有满足、有快乐！它随时提醒我们要时刻保持一颗公平心、尊重心、追随心，让孩子在快乐中向童年出发，向幸福出发！

多出来的牙齿

开学了，孩子们像小燕子一样叽叽喳喳地飞回教室，涵涵张着嘴巴，指着她下面的两颗小牙说："孟老师，我长牙了！"我仔细一看，原来那两颗还没有掉的牙齿后面又长出了两颗牙，我轻轻地摸摸她的头说："涵涵长出了新牙齿，证明你已经长大了！"加餐吃苹果时，涵涵费劲地啃着大苹果，我走过去悄悄地告诉她："大苹果妈妈带来很多宝宝想和你做游戏，可以吗？"她疑惑地看着我，我把苹果切成小块儿，放在小盘子里，她拿起一块放在嘴里说："苹果宝宝真好吃！"

凭借多年的经验，我觉得涵涵多出来的牙齿可能有问题。于是，我查找了相关资料，并咨询保健老师，她建议赶紧把原来的牙齿拔掉，不然会影响新牙的生长。晚上离园时，我把牙齿的问题告知了她的爸爸妈妈，他们说："其实，他们也知道应该拔掉，可是一提到拔牙，涵涵就害怕得哭闹不止，我们就束手无策了！"了解了事情的原因，我决定帮助涵涵将多出来的牙齿"搬家"！

第二天，我选择了故事《牙齿宝宝的家》和孩子们分享："每一颗牙齿宝宝都有一个温暖的家，到了六七岁他们就会搬走，把家留给新宝宝居住，如果不搬走，新宝宝住在家的外边会生病的！"涵涵被故事情节深深地吸引了，看着故事中牙齿宝宝伤心的表情，涵涵悄悄地告诉我："我的牙齿宝宝住在外边了，一定很伤心，我赶紧让它们搬家吧！"我鼓励全班小朋友向涵涵竖起微笑的大拇哥，教育智慧不仅鼓励幼儿变得友善，学会坚强，还能帮助家长解决实际问题！

师爱不同于一般的爱，她高于母爱、大于友爱、更胜于情爱。这种爱是教育的推动力，是幼儿的催化剂，是家庭的智多星。我时时以真诚的爱去打开每个幼儿的心扉，因为每扇门后都是一个不可估量的宇宙，都是一个无法预知的未来！

"对不起"不是万能的

区域游戏时，大宝未经别人允许抢了小伊的玩具，小伊执意不肯。大宝打了一下小伊，手还没缩回来，嘴里已经溜出那句"对不起"，说完继续和小伊争抢玩具。

孩子们纷纷跑过来告状。我走过去询问原因，小伊好像见到救星一样哭诉着："他抢我的玩具，还打我。"大宝理直气壮地说："我已经说'对不起'了。"小伊满脸通红，鼓着嘴出乎意料地冒出一句让人吃惊的话："那我也打你一下，和你说'对不起'。"接着小手马上举过头顶，幸好我及时阻止，避免了一场"战争"。小伊的这个举动让我们不得不思考：当孩子之间发生矛盾时，一句"对不起"真能解决问题吗？"对不起"是万能的吗？

从两个孩子的对话中可以看出，他们已经把"对不起"当成解决问题的"灵丹妙药"，他们认为如果欺负了别的小朋友只要说句"对不起"，另一个小朋友就一定会说"没关系"，接下来就没事了。在他们眼里"对不起"几乎是万能的，所以他们理所当然地一边伤害别人一边脱口而出"对不起"。

其实，这和我们处理幼儿矛盾的方法有直接关系。为了帮助幼儿解决问题，我们经常就事论事，先批评引起事端的孩子，然后告诉孩子道歉，我们只教孩子用一句"对不起"来解决问题，却没有教他们怎样才能不用说"对不起"。我们这样做只是教会孩子使用礼貌用语，却忽略了帮助他们在交往中解决问题的能力。抢玩具事件中，大宝肯定知道抢玩具是不对的，但他还是抢了，这说明他缺乏自律性，缺乏自律的孩子才会常说"对不起"，因为他们做事不计任何后果。

对于学龄前幼儿来讲，他们根本不明白"对不起"只是一种精神安慰，只能代表自己已经认识到错误并愿意改正，但给对方造成的伤害仍然存在。教师应该让幼儿明白，"对不起"不是事情的结束，而应为自己的过失付出代价。教师要将这种精神上的安慰转化为具体行动上的付出，让幼儿看得见，摸得到，便于执行，如：帮助对方揉揉被打的部位，擦眼泪等。

总之，幼儿通过对自己的行为负责，不仅有机会释放心中的愧疚，还可以逐渐学会在行动之前多思考后果，帮助他们慢慢学会自律，从源头上防止矛盾的发生，让他们知道"对不起"不是万能的。

带娃娃回家

晗晗抱着娃娃爱不释手，别的小朋友要他们也不给，玥玥提议："晚上我们轮流带金金和玥玥两个娃娃回家，怎么样？"小伙伴们惊讶地抬起头，兴奋地合不拢嘴。在投票选举中，大家决定让晗晗带金金，玥玥带香香回家。晚上离园时，通过与家长的沟通，他们了解其中的教育意图，并表示一定配合我们观察并记录孩子照顾娃娃的各种表现。

回到家，晗晗帮金金脱鞋子、脱衣服、做披萨，喂他喝水。临睡前，晗晗帮金金刷牙、洗脸，还为她换上了自己小时候的睡裙，并把金金的衣服叠整齐放在沙发上，给她盖好被子，拍她睡觉！可见，孩子们不仅在幼儿园养成好习惯，还能将这些好习惯体现在照顾娃娃的细节中。

第二天一大早，向来爱睡懒觉喜欢迟到的晗晗早早来到幼儿园，个子小小的她抱着比她矮一些的金金，兴奋地告诉我："金金在我家玩得特别开心！"当我从她的手中接过金金亲了一口时，好多小朋友都围了过来，争先恐后地想抱金金，并撅起小嘴亲呀亲，孩子们一下子感情爆表，温度沸腾到极点。

作为男子汉，玥玥每天回到家不是开车就是打枪，但抱香香回家后，他给香香换上自己的拖鞋，还扶着娃娃的手教他走路。知道香香在幼儿园感冒了，他还给他喂药，搂着他一起玩电脑，"小哥俩"相处得真和谐呀！玥玥妈妈说："本以为男孩子只喜欢车和枪，没想到玥玥这么喜欢娃娃，刚才为了抱娃娃差点摔倒！"玥玥理直气壮地说："他是我的孩子，不是娃娃！"多么天真可爱的回答呀，孩子的情感在不知不觉中得到升华。

作为独生子女，孩子们在家缺少朋友共同游戏的快乐。因此，当他们情不自禁地和娃娃亲近，一起游戏时，意味着在他们的世界里已经把娃娃当成亲人和朋友，并充满了责任与担当。

舞动的彩棒　跳动的心灵

好奇心是上帝赐给每个孩子的礼物，而探索则是教育者传递给孩子的智慧！

一天，操场边的一堆彩棒激起孩子们强烈的好奇心，他们不约而同地捡起彩棒思考起来：有的当成进攻的武器，有的围在腰间当纱裙，有的跨在身下跳骑马舞，有的坐在彩棒上荡秋千，有的把它当成下腰神器，有的围成圈儿赶小猪，还有的用长彩棒跳绳、短彩棒拍球……

当孩子们积极探索彩棒的新玩法时，我也情不自禁地参与到他们中间："两个或更多个人用彩棒合作能玩什么游戏呢？"话音刚落，他们立刻分组探索起来：两个人骑马，五个人骑马，男女两队还展开激烈的竞赛。有的搭建了大门和弯道，孩子们飞快地从门下钻过，玩起了左右跳；有的把彩棒套在前面小朋友身上开起了火车……

玩着玩着，孩子们运用彩棒创作出五花八门的东西：有的在两条相对的弧形彩棒中间放一个皮球，变成人的眼睛；有的一人或多人将彩棒变形成拼音字母和数字；有的多人合作围成一朵盛开的花、一座房子、一个汉字和一片雪花；还有的用球和彩棒结合组成不同姿态的火柴人……通过观察孩子们的探索成果，我适时抛出一个"高空球"："用长短不同的彩棒测量跑道，会有什么发现呢？"听了我的提议，大家立刻行动起来。男孩子用短棒，女孩子用长棒，首尾相接测量跑道，最后统计的结果是——12根长棒、20根短棒，我们还用彩棒测量塑胶地的四条边，57根长棒，119根短棒，孩子们发现原来彩棒越长用的数量越少，彩棒越短用的数量越多！

可见，探究能留给孩子自主、开放的时间与空间，探究是陪伴孩子一同参与观察、发现的第一现场。教师的智慧与耐心、观察与发现决定了孩子学习的可塑性、探究的有效性、创造的可能性。经过单人—双人—多人的合作探究，我们从游戏—拼摆—测量中主动思考、分析、合作、归纳、总结，适当的留白让孩子在自主的探究中自律、自信地快乐起航，让教师在多元的探究中自省、自悟地幸福成长！

小陀螺转出大视野

随着平行班原创主题活动的陆续开展，通过捕捉兴趣生成主题、探索内容深化过程，孩子们表现出来的自主性与创造性带来无限的惊喜。

1. 自发探索生成自我感知，自信作品呈现自主墙饰。

一次区域活动，朗朗拿着拼插玩具一边转一边兴奋地对我说："孟老师，你看！这是我做的陀螺！"其他孩子看见了纷纷拿着玩具转了起来，铠宁说："我家里还有陀螺呢！"才骁也争抢着说："我家也有，是红色的，特别漂亮！"一时间，孩子们对"陀螺"这一主题的讨论不断升温，我借机邀请孩子们把自己的陀螺带来和同伴分享，举办一场热闹的"陀螺秀"，大家争先恐后地介绍自己的陀螺，并为陀螺拍下照片，我们一同将照片和亲子搜集的陀螺照片展示在墙饰中，方便大家欣赏。

同时，我们利用户外活动开展"陀螺大比拼"，通过自主竞赛游戏激发孩子们的探究兴趣，引导他们自主观察陀螺的外形特点，寻找陀螺旋转的原因。卉卉说："陀螺下面尖尖的，上面大大的。"铠宁说："我们拉的速度快，陀螺就转得快。"孩子们在有意义的情境和自我解决问题的过程中，通过感知操作、体验感悟获得对陀螺的初步认知。

2. 互动墙饰借鉴同伴经验，有效观察提高多元感知。

在具备一定的认知基础后，孩子们开始蠢蠢欲动，想要制作自己的陀螺。为了拼插、制作出与众不同的陀螺，孩子们在欣赏中进行创意设计，他们运用各种线条、图案的组合围绕中心点开展螺旋设计和放射设计。在制作的过程中，加航的陀螺怎么也转不起来，很着急。这时，熙熙指着墙上的陀螺图片告诉他："陀螺中间插了一根牙签，下面尖尖的，上面还有一个把儿。"说着她把自己的陀螺转了起来："可是，我没有牙签呀！"加航有些茫然，旁边的卉卉连忙说："你不是有蜡笔吗？"加航眼睛一亮，立刻拿起蜡笔穿过陀螺中间，不一会儿，他的陀螺也飞快地旋转了起来！

在拼插陀螺的初期，孩子们只选择平面的材料，中间插一个转轴。为了拓展他们的拼插思路，我将搜集到的其他小朋友拼插的陀螺图片展示出来，孩子们的创意之花慢慢开放了：才骁用五边形当面，将三角形依次插在五条边上，连起来会出现一个尖尖的角，它一样会转起来；兴轩在上面又拼上一组，这样就可以手动旋转了，非常方便；朗朗拼了一个六边形的"大碗"陀螺；梓翔创意出了四边形的"帽子"陀螺……通过自主的图形分类与组合，孩子们将平面玩具拼插了成了立体陀螺，在感知陀螺结构特征的基础上，拼插出造型独特的陀螺。

3. 区域点评分享成功经验，陀螺比拼解决困惑难题。

区域结束后，孩子们仍然沉浸在"陀螺比拼"的竞赛中意犹未尽。于是，我利用区域点评环节将"陀螺比拼"进行到底，台下的每一位小评委也跃跃欲试，加油声此起彼伏，在一片欢呼声中，冠军——才骁双手握拳，高高举过头顶！与此同时，每一位选手都善于发现自己拼插陀螺的亮点：才骁说："我的陀螺转的时间最长！"梓翔说："我的陀螺形状最有创意！"加航说："我的陀螺转起来最炫、最漂亮！"浩然说："我的陀螺做得最结实，但用时最短！"看着浩然沮丧的样子，才骁把自己旋转陀螺的技巧毫无保留地教给他："这三个手指捏住陀螺的三个楞使劲儿转！"浩然努力尝试着才骁的小窍门果然成功了……孩子们在互帮互助中，感受分享与合作；在观察比较中，体验成功与自信；在操作实验中，解决困惑与难题。

在竞赛游戏—实践操作—墙饰创设—陀螺比拼的过程中，不仅让孩子们在轻松愉悦的环境中学会自律、满足需求、提高审美，增强竞争意识，还让他们成为学习的小主人，收获人生的大惊喜！可见，只有在真实的情景中感知真实事物的美，才能积累丰富的感知经验，提高艺术的表现力与创造力。

原来，小陀螺也能转出大视野！

幼儿园的楼房

几天前老师带领小朋友们一起观察了幼儿园的楼房，大家已经基本了解了幼儿园每个楼房的外形特征，并且将幼儿园的楼房绘画成图纸张贴在墙饰上。

今天幼儿们在建筑区一起搭建"幼儿园的楼房"，这时，骁骁选择弧形的积木搭建圆形的舞蹈教室，小罗帮忙拿来了圆柱，两个人不一会儿就搭完了，他们配合得多默契呀！正当他们觉得很得意的时候，骁骁突然说："我们搭的舞蹈教室太小了，很多小朋友还要在舞蹈教室里跳舞呢！"这时，小罗也觉得舞蹈教室太小了，转身又走到积木筐旁边，站在那里选来选去，拿来了两个更大的弧形积木，皱着眉头站在那里，骁骁接过一个弧形积木，兴奋地说："我们一起来搭吧！"小朋友们也帮忙拿来了圆柱，骁骁两只手轻轻地将两个弧形积木放在了圆柱上面，拼成了一个圆形，可是小罗说："怎么还是这么小呢？"只见骁骁转动着眼珠，似乎想到了什么，于是，他跑到建筑区的墙饰边仔细地观察了起来，一会儿，只听见骁骁眉飞色舞地大喊起来："你们快过来看，墙上有一个圆形的楼房！"小伙伴们听见了纷纷闻声跑过来，原来，骁骁发现了哥哥姐姐们搭建的楼房图片，他蹲下来，手指着图片给大家介绍起来："原来用一个小弧形积木和一个小长方形积木就能变成一个更大的圆形楼房了！"骁骁还专门用手指数了数："需要用四个小弧形和四个圆形积木。"细心的骁骁是多么善于观察呀！

在骁骁的带动下，小伙伴们重新选择积木进行搭建，雨航搬来了一筐圆柱形积木，小罗和熙熙分别拿来了两个小长方形积木，骁骁也抱来了一摞小弧形积木，一切准备就绪后他们就开始行动了起来！雨航摆圆柱，小罗搭弧形积木，熙熙摆长方形积木。最后，骁骁小心翼翼地把小弧形积木和小长方形积木接在一起，一个一层的圆形楼房就建好了，小伙伴们看着搭建好的圆形楼房都拍手笑了！这时，骁骁拿着设计图纸，指着圆形的舞蹈教室说："你们看，舞蹈教室是两层的，还有走廊呢！"于是大家又纷纷忙碌了起来。

骁骁在这次搭建活动中，不仅给老师和小朋友们带来了惊喜，而且他还是一个愿意动脑筋、思维灵活的孩子，骁骁遇到困难时能积极地思考，主动寻求答案，他还愿意接受同伴的建议，乐于将自己的好方法和同伴进行分享，善于和同伴进行分工合作、勇于尝试，在活动中掌握了新的搭建方法，体验到了同伴合作的快乐，今天的骁骁真的太棒了！

葵花开了

秋天的向日葵使劲儿地仰起重重的头向着太阳，孩子们七嘴八舌地交流着向日葵的秘密，我悄悄地透过向日葵的笑脸，发现了一个低头不语的男孩，他叫凯凯。

通过多次的交流后我得知他的爸爸妈妈常年在国外，只有他和患眼疾的奶奶相依为命，每天邻居会帮忙接送，因此，他的性格孤僻，时常望着窗外愣神。为了唤醒这朵花苞，我经常牵着他的手，漫步在向日葵的绿荫里，陪他聊天、讲故事、叠纸飞机……直到有一天，"向日葵"走进了他的梦！

有天傍晚离园前，孩子们都在认真地制订第二天的区域计划，而凯凯却徘徊在梵高的《向日葵》前久久不愿离开，我小心翼翼地在他的耳边说："明天我们也画向日葵，怎么样？"凯凯的眼睛瞬间亮了起来，说："真的吗？太棒了！"随后，他兴冲冲地将自己的小标记插进美工区。

　　第二天一大早，入园的音乐刚刚响起，他披着一身晨光就站在我的面前，像一朵睁开惺忪睡眼的向日葵，邻居奶奶兴奋地说："凯凯说今天画向日葵，早早就起床了！"我轻轻地摸摸他的头，凯凯偷偷地告诉我："我的爸爸妈妈最喜欢向日葵，我也喜欢！"看着他水汪汪的大眼睛，我的鼻子酸酸的，顿时明白了一切！

　　早饭后，我们沐浴着凉爽的秋风，走进种植园，摆好小画架，站在远处，用"小相机"观察向日葵的轮廓特点，构图画面；走到近处，触摸向日葵毛茸茸的茎和叶，在硕大的花盘上欣赏隐藏的色彩……他全神贯注的表情令我叹服：多么热爱生活的孩子呀！绘画时，他皱着眉，焦急地问："孟老师，我的花瓣为什么总是发蔫呢？"我打趣地回应着："让我们拿起小喷壶给向日葵浇点水吧！"他疑惑地看着我，调皮地笑了。我一边念着儿歌一边与他平行作画："小喷壶，手中拿，吸一吸，靠一靠，左喷喷、右喷喷，小葵花，真漂亮！"凯凯惊讶地竖起大拇哥："孟老师，太神奇了！"

　　美轮美奂的大自然可以抚平幼儿内心的创伤，直击心灵的"信号灯"就是唤醒花苞的金钥匙！

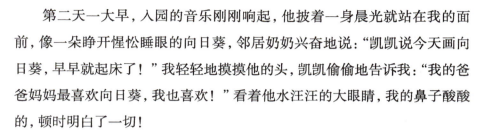

我的蜗牛朋友

　　雨后的一天早晨，幼儿们发现围廊的墙壁上和棚顶上爬满了蜗牛，依依好奇地问："为什么蜗牛不会从墙上掉下来？"敏豆说："因为他的下面有一个大大的吸盘。"可心说："不对，他的下面有粘液。"为了一探究竟，幼儿们兴奋地当起了小侦探，寻找蜗牛不掉下来的秘密，他们不放过幼儿园的每一个角落。不一会儿，敏豆举着蜗牛跑过来，用一片叶子小心翼翼地托着蜗牛，尧尧发现了新大陆："这里有好多蜗牛，你看！这只蜗牛骑在他妈妈身上了！"刹那间，操场的上空回荡着孩子们此起彼伏的叫喊声。

　　1. 去哪里找蜗牛。

　　瑞瑞两手空空地跟着我，渴望的眼神看起来很可怜："哪里能找到蜗牛呢？谁能帮瑞瑞？"我看向所有人。瑞杨扯着嗓子说："湿乎乎的草地里蜗牛最多了！"瑞瑞赶快蹲在草地上仔细地寻找，暖暖用一片玉兰树叶装了许多蜗牛，得意地说："这个绿篱下面有好多呢！"不一会儿，瑞瑞在阴暗潮湿的绿篱下面有了新收获。同伴的经验分享不仅引导幼儿获得成功、体验自信，还能帮助他们体验科学的重要性，萌发了科学探究的愿望。

2. 蜗牛什么时候会出壳。

瑞瑞如获至宝地把蜗牛放在手心里，可是蜗牛立刻就把身体缩进了壳里，瑞瑞急坏了，有的幼儿说："你说话声音太大吓到它了。"有的幼儿说："你手心太热，他不喜欢……"妞妞举着一根树枝跑过来说："我的蜗牛出头了，它爬到了树枝上。"瑞瑞身手碰到了它长长的触角，蜗牛的触角马上缩了回去，他又去碰下面短短的触角，它依然缩了回去，我激动地说："他们的身体真敏感，这是在保护自己呢！"适时的对话有助于激发幼儿探索发现的兴趣。

3. 短短的触角是什么。

妞妞疑惑地问："这两个短短的触角是什么呢？"大家面面相觑，只有瑞杨自信满满地回应说："这是蜗牛的眼睛。"因为他家里养了很多蜗牛，经验丰富，所以我们都很信任他。在蜗牛写生的过程中，幼儿们纷纷把短触角当成了蜗牛的眼睛，依依把蜗牛放在纸上，让蜗牛朝不同的方向爬，从不同的角度一边观察一边绘画，一只只栩栩如生的蜗牛跃然纸上。

几天后，依依捧着自己的蜗牛，和小伙伴分享自己查到的资料：短短的触角是蜗牛的鼻子，长触角的最顶端上两个黑黑的小圆球是眼睛，孩子们恍然大悟，再次进行蜗牛写生时，孩子们画出了长着两只大眼睛的蜗牛。可见，亲身体验、实际观察和科学认知能进一步帮助孩子们进行大胆地表达。

4. 会画画的蜗牛为什么不会从墙上掉下来。

暖暖的蜗牛爬到了手上，她高声叫着："我的手好黏呀！"五月把捡来的好多蜗牛放在一个圆形飞盘上，过了一会儿，他惊奇地发现：蓝色的飞盘上出现了银白色的线条，依依说："他们在画地图吗？"敏豆说："蜗牛爬出了好多蜘蛛网呀！"小白惊喜地回应着："我的树叶上也有白白的线。"于是，孩子们仔细地观察蜗牛爬过的地方，从不同的物品上不约而同地发现了这种亮晶晶的线，我疑惑地问他们："这些白色的、亮晶晶的线是什么呢？"暖暖抢着回答："是黏液，它黏在我的手上。"敏豆说："你们看！我把手翻了过来，蜗牛都不会掉到地上。"依依说："我知道为什么蜗牛爬墙不会掉下来了！"孩子们纷纷开始做实验，瑞杨摆着小手说："不对，你们看，我的蜗牛就掉到地上了。"依依捡起蜗牛看了看："你的蜗牛身体没有露出来。"他们又开始试验不露头的蜗牛是否会掉到地上，场面变得热闹极了！孩子们在自由探索中发现问题、解决问题。

5. 蜗牛会吐泡泡。

妞妞尖叫着说："你们看，我的蜗牛吐出了许多小泡泡。"敏豆说："他们都是从这个大管道里吐出来的。""这个就是黏液吧？"大家带着自己的猜测进一步观察蜗牛。

6. 为什么雨后会看到好多蜗牛。

连续几个晴天，孩子们都没有找到蜗牛，大家都很失望！又是一个雨后的清晨，孩子们又发现了小蜗牛，小白摸着头自言自语："为什么一下完雨就能看到好多蜗牛呢？"通过查找资料，依依自信地和大家进行分享："蜗牛喜欢阴暗潮湿的地方，雨后的天气特别适合他们的旅行。"在对比观察中，幼儿们发现了蜗牛的生活习性，可见自然地习得比书本上抽象的语言文字更能激发幼儿的兴趣。

7. 我和蜗牛去旅行。

孩子们找到的蜗牛太多了，拿在手里总会掉，于是他们捡来了大树叶、小木棍、小飞盘、小推车……他们带着自己的小蜗牛自由地穿梭在幼儿园的每一个角落带着蜗牛去旅行，给他们介绍我们的幼儿园，津晶和哥哥一边拿着狗尾巴草给小蜗牛挠痒痒，一边兴奋地说："小蜗牛最喜欢我了。""你看，它多舒服呀！"

在"小蜗去散步"的线描活动中，我引导幼儿记录蜗牛散步时遇到的物品纹样，为绘画活动积累素材，做好准备。比如：蜗牛爬过树叶、花朵、小草、手指、地砖、房檐……幼儿们在自己的小本上运用简笔纹样进行记录，然后把纹样整齐、规律地画在画布上，根据蜗牛身体的形状拓印、裁剪画布，贴在蜗牛的身上，蜗牛穿着自己的新衣服去散步了。

8. 数数蜗牛有几只。

暖暖找到的蜗牛最多，它们密密麻麻地趴在叶子上，妞妞伸出手指数了起来："15 个。"小白也凑过来："18 个。"敏豆说："不对，是 20 个。"我抛出问题："你们数出来蜗牛数不一样，怎么办？"瑞杨说："他们都摞在一起了，不好数呀！"圆圆说："把他们拿下来，放在地上一个一个数，就行了。"小白拿来自己捡的叶子递给暖暖说："我的这根树枝上的叶子多，一片叶子上放一只蜗牛，我们就能看清了。"于是，暖暖按照小白的方法一一放好，果然数得又快又准。渐渐地蜗牛更多了，大家又把蜗牛放在地上排成两队，几个小朋友又数了起来，结果又不同，暖暖为了验证谁数得对，她把蜗牛捡回叶子上，捡一个数一个，最后，验证成功。

9. 蜗牛被踩死了。

突然"哇"的一声，团团大哭起来，他指着尧尧抽泣着说："尧尧把我的蜗牛踩死了！"尧尧皱着眉、噘着嘴，十分愧疚地向团团道歉，团团伤心地捡起小蜗牛的尸体，找来一根小木棍，在路边的草丛中挖了个坑，然后把蜗牛放里面，再盖上土，插了一片小叶子，自言自语说："你是我的好朋友，我永远都会想你的！"听了团团的话，我的鼻子酸酸的，被孩子们真挚的情感感动了！

10. 我给蜗牛造房子。

在和幼儿们的交流中，我请大家思考："我们带着蜗牛旅行，他们会有危险，怎样才能让他们像我们一样安全地生活呢？"瑞杨说："我们有爸爸妈妈保护我们。"敏豆说："我们住在家里最安全！"幼儿们七嘴八舌地发表自己的意见。最后，我们决定给蜗牛建造一个大房子，让他们生活在一起。根据蜗牛的生活习性，孩子们自行设计了小蜗的家，大家一致选择了敏豆设计的房子。

在户外，我们一同寻找适宜蜗牛居住的阴凉场地，经过协商，孩子们决定在路边一处绿篱旁的草地上建家，因为这里既安全又潮湿。他们按照敏豆的图纸从库房找到各种建家的材料，敏豆拿着图纸进行指挥：有的把过河石铺在草地上，铺上一块银色的保温垫；几个孩子一齐把垫子抬到草地上当顶子和墙壁，并用彩色积塑加固房屋；还有的使用泡沫箱当小床，上面放了一个面包圈玩具避免蜗牛爬出来，里面盖上许多叶子、小草、小花，最后，瑞瑞和敏豆放一个拱形门当大门，铺上彩色的石板路，他们给这个房子起名叫"小蜗牛的家"……在大家齐心协力下，小蜗牛的家终于建好了，大家找到很多蜗牛朋友，把他们放在软软的床上，又给蜗牛送来了快递食物，忙得不亦乐乎。

11. 蜗牛淹死了吗。

正当孩子们在水池边寻找蜗牛时，圆圆伤心地大叫起来："有一只蜗牛掉水里了，它淹死了！"说着就哭了起来，旁边的瑞杨安慰着："别哭！我好像看见它在水里游泳呢！"敏豆兴奋地说："快看，它掉头了。"所有的孩子都拥到水池边，紧张地关注着这只小蜗牛，妞妞趴在水池边，身手把这只蜗牛捞了起来，放在池边的大理石上，"哇，它没死，它还在爬。""它真的不怕水吗？"我发出疑问，依依回应着："上网查查就知道了。"我拿出手机搜索信息，原来蜗牛短时间在水里不会淹死，但时间长就不行了！孩子们回家和家长又查找资料，了解了不同种类蜗牛的习性，拓展了知识面。

守护孩子童真　写实教育同行

一直以来，孩子被喻为"祖国的花朵"，是绚丽的明天，含苞的希望，充满了无限的可能。行走在童真世界的我们，就如同百花园里的育花人，不仅需要用爱心浇灌，用责任守护，更要运用适宜的方式给予每一朵花恰如其分的滋养。因为在我心里，每一朵花都是独一无二的，花心里都拥有一个属于自己的春天。然而春天有早晚，花期有不同，走进每一朵花的内心，读懂每一朵花的语言、倾听每一朵花的声音，以最恰当的灌溉、最温暖的的守护支持他们绽放精彩，这是我多年来沉醉其中、倾心耕耘的独门秘籍。

走进大花园，人们的目光总是容易被百花丛中最先绽放、经常摇曳的花儿所吸引，同样班级中最活跃的、最调皮的孩子也经常成为老师关注的对象，而那些安静内向的"乖宝贝"却常常被我们所忽略。去年，带着领导的信任我走进了中一班，当我热情地伸开双臂接受孩子们的拥抱时，却透过一条小小的缝隙发现一个小女孩低着头一声不响地坐在原位，像一只把头埋进沙漠的鸵鸟，一副与世隔绝的模样……我悄悄地蹲在他身边，捧起她的小脸儿轻声的猜测："你叫什么名字呢？我想你的名字一定很好听。""她叫津晶！"其他幼儿争相抢答着，她却依然紧闭嘴唇一声不吭，我该如何开启这朵迟开的花苞呢？

慢慢地，我发现在津晶沉默的背后隐藏的是胆怯、自卑，她经常坐在座位上用羡慕的眼神小心翼翼地望着大家，这说明她还是很想和小朋友一起游戏的，只不过她需要一个温暖的媒介，拉进彼此的距离，增强交往的自信。

在与蜗牛的深度交往中，蜗牛渐渐地走到我们中间，成为这个适宜的媒介，深受津晶和小伙伴的喜爱。在"无围墙"教育理念的引领下，津晶在自由自在、无拘无束的环境下找蜗牛、抓蜗牛、数蜗牛、喂蜗牛、画蜗牛、演蜗牛、做蜗牛……持续而深入探究游戏让我慢慢地走进这朵迟开的花苞，抚摸这朵稚嫩的花蕊。在她默默无闻的每一天，我感受到她身上微妙的变化，偶尔听到她稚嫩的声音，发现她无数的闪光点："绿篱下有好多蜗牛！""蜗牛的触角缩回去了！""蜗牛好像在画地图呢！""蜗牛的粘液粘的真结实呀！""蜗牛从大管道里吐出好多泡泡。""我把好吃的送给蜗牛。"升入大班后，她的反应开始从不理睬变成抿嘴笑，小蜗牛正在悄悄融化她冰封的内心，轻轻打开她紧锁的心门。突然有一天，她兴奋地拉着我的手，滔滔不绝地和我讲述了自己对蜗牛的新发现，简直让我吃惊。

在与蜗牛朝夕相处的日子里，她开始主动给大家讲故事《蜗牛的长腿》，游戏情景再现"画眉鸟吃蜗牛"，选择美工区做蜗牛帽子，利用户外器械和好朋友一起创意蜗牛，尝试运用玩具制作立体蜗牛，创建了大型的蜗牛乐园，并且拉起爸爸妈妈的手使用家里的各种生活物品设计制作蜗牛，由内而外的喜悦之情溢于言表！不禁让我深刻地体会到自然的教育才是最好的教育，让生活中的小事成就教育的大文章：春天，我们蹲在草丛里观察忙碌的蒲公英；夏天，我们徜徉在绿篱下寻找可爱的小蜗牛；秋天，我们飞奔在大操场帮助叔叔扫院子；冬天，我们堆雪人打雪仗感受大自然的神奇……我们不仅要做"经师"，更要做"人师"。不仅在生活中成全孩子的快乐学习，细心灌溉每一朵花苞，还要始终将自身的言行作为花朵成长的养分，品味到百花的芬芳，体悟到教育的真谛，更要将教育的触角延伸至家庭，在疫情半封闭的状态下，利用多元化游戏打开家长的多渠道沟通。

在与童真为伴的意义时刻，游戏从一般意义上的"玩"转化为内在学习的"唤醒"，我们在写实教育中与孩子同行，用爱擦亮眼睛，看到每一个孩子的善良；用爱灵敏耳朵，听见每一个孩子的心声；用爱清澈心灵，读懂每一个孩子的语言……让孩子们像蜗牛一样在自己的轨道上慢慢地表现自我、创造自我、放飞自我，成为更好的自己！

谁来扮演"阿郎"？

新年将至，为了排练童话剧《老鼠娶新娘》，我们共同制作了背景、道具、头饰，孩子们自主选择角色，骁骁自告奋勇扮演主角"阿郎"，由于故事情节有趣多变，他每次彩排都兴奋地合不拢嘴……

可是，有一天，骁骁变得沉默了。他耷拉着眼皮，喃喃地说："孟老师，12月28日我要和爸爸妈妈去海南，不能参加演出了！"说完眼泪汪汪地看着我，我听后既惊讶又着急："马上就要到新年了，临时换主角能行吗？"还没等我开口，站在我旁边扮演"美叮当"的卉卉拉着他的手说："你能不能和你的爸爸妈妈说元旦之后再去呀？"骁骁摇摇头说："我特别想参加演出，可是他们把机票都买好了！"扮演"村长"的铠宁镇定地说："没事，我们赶紧再找一个'阿郎'吧！"听了铠宁的建议，大家都举手赞成。

这时，睿辰急忙跑过来说："我想扮演阿郎！"铠宁瑶瑶头说："你一直没来幼儿园，台词都不会，怎么演？"于是，他拉着宏泽的手说："我觉得宏泽最适合，他会背所有的台词。"铠宁说："对，骁骁演的时候，他还能跟着说呢！"宏泽听了不好意思地挠挠头说："我试试吧！"孩子们纷纷举手同意，睿辰也跳着举起手，骁骁说："我来教宏泽！"于是，一次特殊而紧张的排练正式开始了！

在接下来的排练中，孩子们在自己主导的环境中充分体验着轻松与自由，他们全神投入表演中，尽全力释放自己的能量，我在一旁鼓励孩子们在自我讨论、自我评价、自我管理中发现问题、分析问题、解决问题，从而有多方面能力的提高，使幼儿的经验获得积累，真正体现了"以幼儿为本"的发展理念。

一次孩子间的谈话，引发我对教育的新思考：孩子是活动的小主人，教师是孩子的知己！先做益友，再做良师。教师要善于观察、捕捉教育契机，了解、理解、倾听，适宜引导，才能真正走进孩子的心灵世界。

骁骁是一个有强烈责任感和集体荣誉感的男子汉，对自己不能参加演出表现得很遗憾，并能在同伴的建议下及时调整情绪，转换角色。在讨论后自发担任导演，利用自己的已有经验对小伙伴的表演给予帮助，提出建议；铠宁性格外向、聪明灵活、善于学习，遇事积极想办法，通过自己的观察推荐最适合的人选，并能说明理由赢得大家的支持与认可；宏泽性格沉稳、自信有主见，但不敢大胆表现，在同伴的建议下能乐于接受大家的肯定与支持。

第 四 章

教育悟道

遇见"学前", 邂逅一个静候花开的梦

作为新时代的育人者, 我沿着前辈的足迹走到今天, 站在巨人的肩膀眺望明天, 用良心诠释这份"看不见"的教育。孩子是一朵朵含苞待放的花蕾, 拥有着自己独特的花期, 我们不能拔苗助长, 频繁地浇水、施肥, 要用"等待"的智慧去看待花蕾成长的需要, 迎接每一天不一样的朝阳。当风吹过时, 让我们静下心来聆听每一朵花开的声音, 还给他们属于自己的世界, 拥有不被我们左右的梦想。

"有一种态度叫享受, 有一种感觉叫幸福, 学会面带微笑, 才能享受生活; 懂得播种快乐, 才能收获幸福。"人生短暂, 除了睡眠, 我们大部分时间都在工作中度过。因此, 我们一定要学会享受生活, 快乐工作, 对得起父母的养育之恩, 对得起十年的寒窗苦读, 对得起领导的倾心培养, 让我们一起邂逅一个静候花开的梦, 让我们的未来之路且行且快乐、且思且精彩!

第一节

分析教育案例，助力反思成长

 大班主题活动：我和蒲公英朋友

一、主题背景

在我国教育改革持续深化的新时代，幼小双向衔接成为基础教育持续探究的焦点，根据幼儿过渡期的身心特点，从德、智、体、美、劳等方面为幼儿入学创造条件，强化"五育融合"的主题创新，培养幼儿健康的心理品质，促进幼儿社会适应力，为其终身学习和可持续发展奠定基础。由于大班幼儿的思维具有直觉性、符号性和情感性，是智力与非智力因素培养的黄金时期，《3—6岁儿童学习与发展指南》强调应理解幼儿的学习方式和特点，培养良好的学习品质是科学幼小衔接的基础。通过对学习品质的深入分析以及主题价值的系统学习，依据"活教育"思想，尊重儿童本位，倡导儿童经验，利用个性化、多元化的游戏形式打破传统主题模式，建构直达生命自然理念浸润的纵深整体性、动态融合性、立体多元化的主题活动——我和蒲公英朋友。

拟人化的"蒲公英"是创造性强、拓展性广、结构化低的主题，偏向于由幼儿自主生成的主题活动，它生发于大自然的主动探索，重视幼儿的主体性和前后的连续性、整体性、综合性。结合幼儿的生活经验捕捉幼儿对蒲公英感兴趣或有意义的问题和情境，以"蒲公英"的连续性观察为主题线索，以儿童的过程性经验为网络导向，运用情感介入与知觉形象融为一体的整体思维模式，推动"五育融合"视域下的"我和蒲公英朋友"主题创新，最大限度地发挥其独特的教育价值，充分挖掘幼儿的好奇心与兴趣、主动性、坚持与专注、想象和创造以及反思与解释等学习品质的各个维度,搭建多维主题平台,剖析该主题对学习品质的独特影响,寓教育于"五育融合",有助于建立适宜的衔接坡度,促进幼小衔接的连续性、创新性、针对性和特色化,不仅能帮助大班幼儿端正进入小学的学习态度,养成轻松愉快的学习行为,还形成积极发散的学习思维,体现意义学习的内在价值,获得成就感和归属感,为大班幼儿入学做好身心准备、生活准备、社会准备和学习准备。

在主题的有效探索中,从蒲公英的成长变化、外形特点、实用创新的角度设计三个一维主题——"长吧!蒲公英""飞吧!蒲公英""变吧!蒲公英",每个维度的内容运用并列或递进的方式进行延展,通过综合性的小主题形成纵横交错、交叉融合的网络覆盖,促进运动、生活、游戏、学习等教育内容的综合探索,并运用语言传递、图像传递、情感传递、实际操作、培养习惯为主的教育方法,拓展幼儿对蒲公英的纵深感知空间。

在"长吧!蒲公英"中,以幼儿生活经验为中心,满足幼儿好奇心和兴趣点,从幼儿的连续性经验出发,直观形象地探索"蒲公英长大了""蒲公英开花了""蒲公英有宝宝了",以"认识朋友""牵手朋友""帮助朋友"层层递进式地走进蒲公英的成长世界,利用"写真""搬家""做客"的生活经验进行情景体验,发现"蒲公英"的生长变化。注重幼儿的直接感知、亲身体验、实际操作,启发主动性思考,尊重独特性表达,建构新经验,提高思维能力、创造能力、合作交往能力,促进幼儿的综合发展。

在"飞吧!蒲公英"中,通过与蒲公英"知、情、意、行"的深度共情,融合五大领域内容,还原幼儿本真的生命状态,在感知、理解、认识"蒲公英"生命个体的基础上,鼓励幼儿参与"蒲公英的旅行""蒲公英的游戏""蒲公英的故事"的生命旅程,感受幼儿在园、毕业的生命状态——"聚是一盆火,散是满天星"。通过发现问题、提出问题、解决问题,获得积极的学习态度和行为倾向,培养好奇、好问、好学的良好习惯,提升幼儿的学习素养和创造能力,促进其全人发展。

在"变吧!蒲公英"中,衍生出"超能蒲公英"和"百变蒲公英","超能蒲公英"探索出"蒲公英的超能叶""蒲公英的超能花""蒲公英的超能根",开展综合性实践主题。其中,蒲公英的叶子不仅是一种野菜、中药材,还是一种清火茶,蒲公英的根也是一种药材,蒲公英的花会自我保护;"百变蒲公英"探索"蒲公英创意馆""蒲公英照相馆""蒲公英新发明",亲子搜集、创意作品、布置展览,美化环境,发挥"蒲公英"本体元素的应用价值,给予幼儿解决问题的时间和空间,促进多维互动,拓展创意经验,构建知识链接,激发幼儿的创造潜能和表现张力,获得源于自然,高于自然的审美认知、多元体验和个性发展。

◎ 二、主题目标

1. 身心

在理解、认识"蒲公英"生命个体的基础上,积极参与劳动、肢体创意、表演等活动,提高动作的灵活性;感知蒲公英的生命旅程,获得积极的情绪体验。

2. 生活

学会自我保护、自我管理,具有服务他人的意识与能力,懂得尊重和珍惜他人的劳动成果,建立初步的自信心和责任感。

3. 社会

在自由探索、自主交往中,学会分工合作,尝试用协商、交换、轮流、合作等方法解决问题,体验成就感、荣誉感,提高一定的规则和任务意识。

4. 学习

在亲自然和亲社会中有计划地观察、探究蒲公英,建构新经验,解决日常生活的问题,养成良好的专注性、坚持性、计划性等学习习惯。

三、主题网络

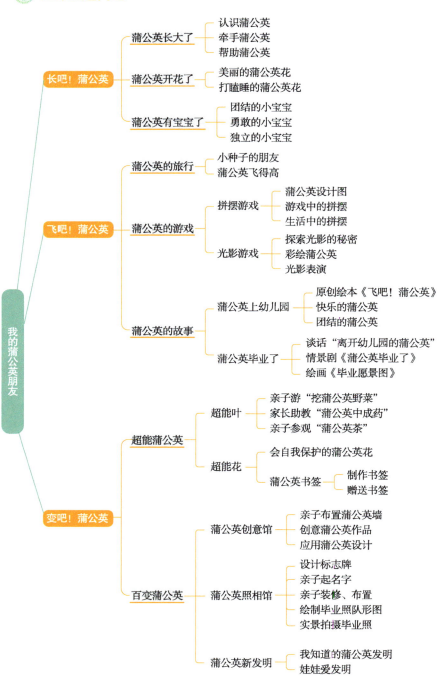

		认识蒲公英
	蒲公英长大了	牵手蒲公英
		帮助蒲公英
长吧！蒲公英	蒲公英开花了	美丽的蒲公英花
		打瞌睡的蒲公英花
		团结的小宝宝
	蒲公英有宝宝了	勇敢的小宝宝
		独立的小宝宝

	蒲公英的旅行	小种子的朋友
		蒲公英飞得高
		拼摆游戏 — 蒲公英设计图 / 游戏中的拼摆 / 生活中的拼摆
飞吧！蒲公英	蒲公英的游戏	光影游戏 — 探索光影的秘密 / 彩绘蒲公英 / 光影表演
	蒲公英的故事	蒲公英上幼儿园 — 原创绘本《飞吧！蒲公英》/ 快乐的蒲公英 / 团结的蒲公英
		蒲公英毕业了 — 谈话"离开幼儿园的蒲公英" / 情景剧《蒲公英毕业了》/ 绘画《毕业愿景图》

我的蒲公英朋友

		超能叶 — 亲子游"挖蒲公英野菜" / 家长助教"蒲公英中成药" / 亲子参观"蒲公英茶"
	超能蒲公英	超能花 — 会自我保护的蒲公英花 / 蒲公英书签 — 制作书签 / 赠送书签
变吧！蒲公英		蒲公英创意馆 — 亲子布置蒲公英墙 / 创意蒲公英作品 / 应用蒲公英设计
	百变蒲公英	蒲公英照相馆 — 设计标志牌 / 亲子起名字 / 亲子装修、布置 / 绘制毕业照队形图 / 实景拍摄毕业照
		蒲公英新发现 — 我知道的蒲公英发明 / 娃娃爱发明

四、环境创设

（一）心理环境

1.通过自由选择角色，自主开展游戏，自发交流规则等教育方法，渗透生活、区域、游戏、学习等主题的每一脉络，引导其感受美、表现美、创造美，体验爱、表达爱、传播爱，让美与爱如蒲公英一样"播种、萌芽、绽放、飞扬"，具有生长的活力和拓展的张力。

2.结合自身经验，参与"蒲公英的旅行""蒲公英的游戏""蒲公英的故事"的生命旅程，创编出层层递进的游戏情节，调动幼儿的内在生命力，感受团结快乐、独立自主的"蒲公英"。

3.利用真实的自然情境欣赏多彩的蒲公英，感知勇敢的蒲公英，观察美丽的蒲公英花……在肯定认知的基础上，通过由远及近、从上到下、从里到外的师幼细心观察，感知蒲公英的形态美。

4.以幼儿生活经验为中心，满足幼儿好奇心和兴趣点，直观形象地探索主题，并层层递进走进蒲公英的成长世界，利用"建家""搬家""做客"的生活经验进行情景体验，发现"蒲公英"的生长变化，促进幼儿完整、全面、和谐的发展。

5.长于泥土的"蒲公英"的每一颗小种子就像一个个在园快乐生活的幼儿，他们互帮互助、团结友爱。随着年龄的增长，独立自主的蒲公英小种子飞向远方，历尽千辛万苦寻找降落的地方，如同即将毕业的大班幼儿，他们需要尝试适应新环境，结交新朋友，以此挖掘幼儿的成长域。

（二）物质环境

1.基于蒲公英"长""飞""变"的特性，建构良好学习品质的主题环境，利用家园共育扩展创设空间，从点—线—面出发，利用自然物（玉兰花托、叶脉、干花、麦穗、西红柿把儿、碎蛋皮、纸屑等）创设班级环境。多元化的表现形式不仅满足幼儿好奇心，激发学习兴趣，增强环境的探索性与学习性，提升环境的美感。

2.针对不同天气的环境特点,引领幼儿进行持续性观察,利用幼儿自制的"蒲公英照相机"创造性地表现蒲公英的不同姿态,以多种美术形式洗出"照片"并在美工区展示。

3.利用情景预想、隐性支持丰富幼儿的感受力,提取吸引幼儿兴趣和注意力的蒲公英元素,并运用"蒲公英"的放射状、点动式造型特点,设计"毕业合影"的队形平面图装饰班级环境。

4.将蒲公英的造型特点融入幼儿的设计图,帮助幼儿园彩绘、制作放射状的凉亭、网纹转椅、蒲公英毕业墙和"蒲公英"照相馆。

🌀 五、家园共育

1.宣传展示幼小双向衔接的科学理念。在幼小衔接的主题背景下,利用"一班一品""一月一展"等多方面联合,宣传正确的幼小衔接理念。

2.建立有效的家园协同沟通机制。利用亲子游玩、实地参观等形式"走出去",通过问卷调查、家长讲座、家长助教、家长开放、建立档案等形式"请进来",最大限度地拓展亲子互动的有效资源;通过情景剧"小小蒲公英毕业了",调动家长资源。亲子搜集材料、角色分配、场景布置、服饰设计、海报制作、亲子表演,毕业愿景图的绘制等增强家园的有效沟通与协作。

3.营造良好的家庭教育氛围。寻找家庭中的各样物品,亲子创意自然而富有个性的蒲公英,将创意触角延伸至家庭,激发亲子的创意潜力,增进亲子互动;亲子共享,筛选内容,总结主题,升华生命认知与感悟,创编关于"长大"的绘本《飞吧!蒲公英》,利用家长资源创意、绘制插图、摄影与后期制作、绘本讲述、生成二维码、海报宣传与读书分享。

幼儿园的新楼房

美术活动是一个激发幼儿情感表达的积极过程,也是幼儿直觉与本能的创造过程，更是幼儿大胆表现自我的主动过程。幼儿把美术活动作为一种表现手段，通过自己对周围事物美的体验、细致的观察、大胆的想象，以绘画、手工等形式创造性地表现出来。因此，这不仅需要我们适当地引导幼儿接触周围环境和生活中美好的人、事、物，更要为幼儿提供自由表现的机会，鼓励幼儿用不同的艺术形式大胆地表达自己的情感、理解和想象，尊重每个幼儿的想法和创造，肯定和接纳他们独特的审美感受和表现方式，分享他们创造的快乐。

一、在主题活动背景下，挖掘身边资源，自然生成美术活动素材

幼儿的学习是在与环境中的人、事、物相互作用中得到发展的，而美术的表达涵盖了诸多方面。这也是园所园本课程——在环境教育指导下的美术教育重要的理论来源，我们认为身边的环境是重要的教育资源，通过环境的创设与利用能有效促进幼儿的发展。

去年，我园正赶上要接一所新的幼儿园，怀着对幼儿园的美好憧憬，本着幼儿是幼儿园小主人的理念，我们向全园的小朋友和家长发出倡议、征集设计方案，在组织相关谈话和搭建幼儿园楼房的过程中，孩子们表现得很兴奋，不时地讨论着"房子"的话题。在讨论中，我发现他们对楼房的建筑美有了一些关注，但中班孩子的造型能力还不是很强，于是，在开展"漂亮的房子"的主题活动中，我们生成了"幼儿园的新楼房"系列美术活动，目的是利用生活中常见事物为幼儿提供绘画的素材，并告知他们美来自生活又高于生活，力求通过这种以美术活动为载体的创意想象活动使幼儿直观、形象、深入地观察、体验幼儿园的美，萌发对新幼儿园的期待，有想表达表现的需求，而这种需求正是我们整个美术活动区别于其他活动应把握的核心要素，美术活动会为孩子插上想象的翅膀。

二、以幼儿兴趣及发展水平为基础，赋予活动价值，确定教育目标

中班幼儿有意注意发展，观察的稳定性明显提高，他们喜欢运用图形组

合的方法表现客观的对象，关注画面图像之间的关系和细节，创作的目的性明显增强。因此，在中班美术活动中，可以有效提高幼儿的美术表现能力。那么在"幼儿园的新楼房"系列活动中，我们选择相关的主题让幼儿进行观察、比较，针对每一次的参观、写生，我们有计划地制订阶段目标，并利用教师业务学习的机会，进行教师模拟实践活动，让教师作为幼儿进行体验，在不断研讨和调整中，我们根据绘画活动的关键经验，结合中班幼儿的能力水平和兴趣特点，将活动目标定位在：一是通过为幼儿园设计新楼房活动，表现自己对楼房美的经验。二是用绘画的方式创造性地表现楼房在造型、色彩、结构、装饰等方面的美。

三、拓展多种教育渠道，丰富前期经验，积累造型表现技能

中班幼儿的思维主要以具体形象思维为主。为了引导幼儿注意观察，积累一定的生活经验，扩展学习的各种通道，获得对房子的视觉表象，幼儿们与爸爸妈妈一起到户外观察各种建筑物，了解楼房的基本结构特点，感受不同楼房的建筑的美；我们在参观三所分园的过程中，感受到三所幼儿园在楼顶、墙体的色彩、装饰和造型结构上的不同的美感，并用拍照、录像、写生等方式观察、记录了自己关注到的细节特征，积累了各种楼房的美的经验，为他们用独特的绘画语言设计幼儿园的新楼房做好铺垫。

为了更好地进行此美术活动，我们在日常开展了相关的辅助活动，创设隐性教育环境，如：我们用纸夹板制作了不同造型的房子作为吊饰悬挂在班级各个角落，以便展示孩子的作品；图书区大门的"楼房"造型体现了楼房的基本结构特点，建筑区的主题是搭建"幼儿园的楼房"。幼儿们在观察搭建的过程中，对幼儿园楼房的整体结构、布局特征有了新的认识，对门、窗、房顶也有了新的尝试；数学活动"数高楼"，不仅引导孩子观察、理解楼房的结构特征，更帮助他们积累了丰富的图形经验。

◉ 四、运用多种指导策略，帮助幼儿解决难点，梳理绘画经验

1. 讨论交流，调动经验。

在"幼儿园的新楼房"的活动中，通过课件比较三所园在楼顶、墙体色彩、装饰和造型结构上的不同美感特点；通过问题"你喜欢哪所幼儿园？喜欢什么地方？"调动幼儿已有经验，帮助幼儿梳理、提升对楼房的美的经验认识；通过具体问题"你希望咱们的新幼儿园是什么样子的？"启发幼儿进行想像，鼓励幼儿构思画面，大胆说出自己的想法，最终转化为独特的绘画语言，为幼儿有目的的绘画做好铺垫。

2. 图片欣赏，拓展思路。

引导幼儿欣赏不同造型、装饰特点的楼房，帮助他们感知图形组合、线与形组合的奇妙变化，体验色彩搭配的美感，掌握不同的细节特征，进而拓展绘画思路。

3. 提出任务，协助构思。

教师为小设计师们提出设计要求："我们的第四所幼儿园要和这三所幼儿园不一样，屋顶、窗户、门的造型要有特点，颜色要亮眼。"幼儿们按照这三条要求构思绘画内容，大胆表达了自己的想法，教师适时进行肯定与总结。

4. 个别指导，适时引领。

根据幼儿的不同能力水平及特点进行适时引导。如：造型能力比较弱的洋洋，为了帮助他获得自信，我建议他使用楼型纸，这样他可以将设计的重点放在楼房的屋顶、窗户和门上，极大地拓展局部设计的空间；而对于迟迟没有动笔的幼儿，我采用先观察后谈话的方式，并提供适宜的材料支持他们的表现；对于构图能力较弱的小城，楼房造型影响了其在中间的装饰，于是，我向他提出建议："我们的新幼儿园里会住进很多的朋友，这座房子太小了怎么办呀？"他想了想，在房子的上面又画了几层，而且添加了几栋新楼房……此外，针对幼儿出现的不同问题，我还采用了多种指导策略，如：语言提示、同伴经验借鉴、平行示范、班级环境等，这样不仅可以提高他们

的美术表现力，还能帮助他们体验成功与快乐！

同时，根据孩子不同的绘画特点进行适时指导。如：对于线条流畅但不够细致的瑶瑶，我从生活实际入手进行语言指导："幼儿园的墙壁漏风了，到了冬天多冷呀，小朋友会冻感冒的！"瑶瑶开始放慢速度，将每一个图形仔细画准确；而手眼协调能力较弱的幼儿，我会鼓励他们用直直的"钢筋"建造结实的楼房，帮助他们在最近发展区上获得更大的进步。

5. 材料支持，体验成功。

教师提供适宜的材料，支持幼儿的绘画表现。我们为幼儿提供色彩鲜艳的棒棒彩、荧光笔、线描笔和大小不同的白纸。大面积涂色可选用棒棒彩，小面积的勾勒与装饰可选用荧光笔和线描笔，搭配白色的背景既突出楼房的主体性，又增强画面的视觉效果，既节省绘画时间，又帮助他们体验到成功与自信。

6. 利用讲评环节，提升幼儿经验。

（1）分类展示作品，可以使幼儿更加清楚地观察同伴在绘画方面的优势。

（2）在自由讲述的环节中，我们能有效地了解先完成的幼儿的设计意图，捕捉评价的教育点。

（3）在讲评环节把握三个关注点：一是关注幼儿对于房子的整体构图技能的提升；二是关注幼儿在细节刻画、色彩方面的想法，运用自评和他评的方法让他们自己主动发现美，提出教育的价值点；三是关注在设计上比较有创意的作品，给其他幼儿更好的经验借鉴。

此活动受到几点启示：

1. 在美术活动中，观察、理解是表现的前提。教师应为幼儿提供充分观察的机会，引导他们从多个角度进行比较观察，感知整体与部分的关系，了解物体的基本结构，进而关注细节特征，丰富幼儿的视觉表象。

2. 教师对幼儿绘画特点和能力水平的把握是突破幼儿习惯性表达的关键。幼儿在绘画时经常会本能地用自己喜欢的方式进行表达，教师根据自己对幼儿绘画特点和能力水平的把握，及时鼓励、肯定有新意的想法，拓宽幼儿的绘画思路，引导幼儿突破原有的绘画模式，培养他们的创造力与表现力。

3. 绘画中教师的有效指导是提升幼儿绘画技能的重要途径。在幼儿自主绘画的过程中，教师先耐心观察再适时指导，为幼儿大胆表达表现、丰富学习途径提供了前提，并针对幼儿的不同能力水平和需要提供了适宜的指导，提升幼儿的绘画技能，帮助他们体验到了成功。

4. 总结、放大幼儿有代表性的作品，使点睛之处得以升华。点评环节是幼儿欣赏自己绘画作品的过程，是获得满足感的心理过程，我运用了幼儿自我评价、教师评价、同伴评价等多种评价策略，从不同角度选择评价的关注点，让他们运用自己的语言来评价自己的绘画作品，帮助他们从整体到局部进行欣赏，并从同伴的作品中积极借鉴经验，为今后自己绘画技能的提升做好铺垫。

在美术活动中，我们会更加关注活动前的准备工作，帮助幼儿通过感官获得视觉表象，掌握事物的基本形态特征，并合理运用图形组合、线与型的组合、色彩的搭配，布局画面，刻画细节，突出主题，从而帮助幼儿积累绘画的经验，为幼儿创造更多表达与表现的机会，在开放、自由的环境氛围中，让幼儿运用自己的方式大胆地进行想象与创造。

 品德回归自然，关爱共助生命

人无德不立，育人的根本在于立德。幼儿园品德教育是提高全民素质的基础，是实现"立德树人"的重要保障。《幼儿园指导纲要》中指出，幼儿品德教育需要教师充分利用自然环境，营造劳动光荣、创造伟大的社会氛围，使幼儿在劳动实践中养成良好的品德。在本案例中教师带领幼儿走进大自然，以"帮助白杨树穿新衣"为线索，关爱动植物，与其建立情感连接，在自主发现、探索、创造中整体感知，让关爱生命的品德教育潜移默化地回归自然，共助生命间的和合相生。

1. 童真视角，共助成长。

冬天到了，白杨树的叶子随风飘落，暖暖捡起一片自言自语地说："天这么冷，大树不穿衣服，冻感冒怎么办呀？"豆豆摸着光秃秃的树皮若有所思地嘟囔着："我看见马路边的树都涂上了白白的东西，那是什么？""是颜料吧？"尧尧看着我不确定地抢答道。"我也不知道，我们可以查资料啊！"我调皮地回答。

孩子们的自主探索开始了。通过亲子查找资料、与园林叔叔对话，他们了解到大树身上涂的是石灰水，它能防虫害、杀菌、防冻伤、日光灼伤，还有保暖作用，并且还能延迟果树萌芽和开花期，预防早春霜害。

初步了解后，孩子们将石灰粉兑上水，搅拌均匀后认真地刷起树皮来。由于树皮凹凸不平，凹进去的地方涂不上石灰，他们反复尝试，发现把刷子立起来多蘸一些石灰水就涂上了，暖暖开心地说："真好，大树穿上白衣裙啦！"

2. 童趣创意，关爱生命。

此后，孩子们每天都乐此不疲地和白杨树做游戏：捡叶子卷树叶花，撕叶脉做小树，拼树枝盖房子……因为受到绘本《我的连衣裙》的启发，他们一边把手里的作品挨在白衣裙上一边开心地说："连衣裙变成小树花样了！"忽然，他们抬头看见啄木鸟在捉虫子，小格大叫起来说："连衣裙变成小鸟花样了！"啄木鸟闻声飞走了，大家纷纷埋怨哥哥，看着小格委屈的模样，我指着大家的"成果"提议道："咱们把这些木房子、树叶花、叶脉树……装饰在大树的白衣裙上，鸟儿就可以经常来做客了，怎么样？"豆豆立刻拿起房子比划说："这房子漏风也不暖和呀！"暖暖皱着眉："这也放不上去呀！"我接过房子轻松地回应："要不我们回教室想想办法？"在熟悉的环境中寻找适宜的材料，能唤醒孩子的经验和智慧。

回到教室，豆豆把树枝房子重新加固，还留了窗户和门，依依用塑料瓶做遮雨的房顶，暖暖画上自己喜欢的花纹，桐桐剪了绒布做地毯，还铺上软软的干草和树叶。小宝拔下墙上的工字钉，沐沐生气地说："你把钉子钉在大树身上，它多疼呀！"沐沐的话开阔了大家的眼界，他们深入班级的每个角落，寻找网兜、麻绳、胶棒、双面胶……经过反复实践与对比，孩子们用麻绳将房子错落有致地绑在白衣裙上，既安全环保又结实耐用。

午饭时，孩子们不约而同地想到小鸟。为了帮助白杨树招待鸟儿进食，他们打算在白衣裙上建一个餐厅。在多次筛选、设计和拼摆中，他们选用画好的塑料瓶摆造型，请老师拍照、打印成图纸，然后在老师的帮助下切割瓶子，最后围着大树按照图纸拼摆出长颈鹿自助餐厅，孩子们在每个瓶子里放上一种小鸟喜欢的食物，期待着小鸟的光临。

冬去春来，孩子们在树荫下嬉戏，鸟儿在白衣裙上休息，一片欢乐与祥和！

1. 回归自然，以"生命"联结实现彼此共情。

本案例是以"帮助大树穿暖衣"为线索的本体性游戏，基于呵护生命的情感需求而萌生的自主行为。利用园所生态环境，引导幼儿在生活与活动中积累对生命的认知和体验。幼儿在与白杨树互动、共情的交友体验中，不仅拉近生命间的距离，表现对生命的关怀，更为幼儿提供充分感知、体验和交流的环境。

2. 敬畏自然，用"真实"行为感受生命和谐。

在"与树交友"的主题背景下，利用绘本引发幼儿对白衣裙的主动性思考，获得"亲自然"的真实情境体验。结合自身的生活和认知经验，帮大树照顾其好朋友，感悟生命间的相互依存与共生关系，引发幼儿在白衣裙上创意鸟儿的家和餐厅这一自主行为，通过连续性的观察、思考与实践，帮助幼儿感悟生命的真谛与美好，在生命的互助中学会感激，敬畏自然。

3. 探究生命，经具身认知调动多感官通道。

在愉悦的自然环境和游戏体验中，利用幼儿关注生命、呵护生命的兴趣点，唤醒其内在的亲自然灵性，借助幼儿的整个身体达到对自然的整体认知，在自由摆弄、自主玩耍时调动幼儿视、听、触、动等多种感官通道，内化已有经验。在帮助大树、服务小鸟的过程中，善待万物生灵，润物无声地自主观察、探究与表达，在思维碰撞中解决问题、收获成长。

4.共助生命，由多元互动激发创造与表达。

在多元互动中，平等、互助、关爱与信任的品德直抵人与自然的精神对话。从儿童视角出发，幼儿与白杨、小鸟共情，思考它们的内在需求，将生命认知、情感表达与自我创造相结合，充分发挥幼儿的主观能动性，尊重幼儿的艺术个性，让幼儿在移情体验中想象，在想象中创造，在创造中感受共助生命的情怀。

让我们在自然中呼唤无声的爱，在生命中弘扬无痕的德！

（作者：孟祥倩　王滢）

 飞吧！蒲公英

一、游戏价值

可爱、有趣的"蒲公英"作为自然环境中常见的植物，借助其直观形象的传播特点吸引了幼儿的注意，幼儿在自主的摆弄、玩耍中萌生兴趣。

我们在尊重蒲公英生命特点及生长规律的基础上，开展了系列游戏活动"飞吧！蒲公英"。以"蒲公英生命繁衍的特点"为线索随机生成多领域游戏活动，发展幼儿多重能力，如：观察、理解、认知；交往、合作、分享；创造、表达、动作……通过"知、情、意、行"的深度融合体会生命的力量与存在的价值，感受生命的多样性。在感知、理解、认识生命的基础上，幼儿初步懂得尊重、爱惜生命。

幼儿是游戏的发起者、组织者、创造者，只有遵从生命的内在需求和发展特点，充分发挥幼儿的主动性，合理运用隐性支持与辅助配合，幼儿才能在真实、鲜活的体验中获得对生命的认知与理解，让游戏的价值得到有效的落实。

此游戏不仅践行了园所生态教育课程，还实现了生态教育理念，让生态教育为幼儿的生命成长保驾护航，实现生态教育的本真追求，为幼儿园实施具体活动提供理论依据与实践指导，使幼儿在愉悦的亲身经历和游戏体验中积累丰富的感性经验，促进幼儿完整、全面、和谐的发展。

⊚ 二、游戏记录

　　春天来了，幼儿园的草坪上出现了许多毛绒绒的白色小球，孩子们看见了开心得不得了，迫不及待地跑过去，摘了一朵蒲公英，鼓起小嘴吹起来。逗逗笑得两眼弯弯："下雪啦！下雪啦！""不是，是像吹泡泡一样！"小雨哈哈直笑，周围的孩子跳起来，伸长了小手想去抓飘走的蒲公英。小雨的快乐感染给了其他的孩子，他们争先恐后地吹起蒲公英来。不一会，草坪里的蒲公英就被孩子们吹完了。

　　暖暖看着手中光秃秃的花径喃喃地说："毛都飞走了。"敏豆一边摘下暖暖头上的"毛"一边说："那不是毛，是蒲公英的宝宝！"杨杨摸着光秃秃的杆儿："宝宝走了，妈妈多伤心啊！"桐桐淡定地提议："没事，我们把它带回班级，它就不孤独了！""好啊！"孩子们开始小心翼翼地挖蒲公英，杨杨不小心挖断了蒲公英的根须，依依马上出声提醒他："你小心一点，蒲公英会疼的。"杨杨说："怎么那么难挖？我们拔吧。"说着他伸手去拔，一片叶子掉了，依依大叫起来："不行，她会疼的！"几番尝试后，孩子们终于把挖出来的蒲公英小心翼翼地抱回了教室。他们会不时地去看看蒲公英，把它当成一个朋友。在喝水的时候，多多提醒大家蒲公英也该喝水了，杨杨和瑶瑶赶紧给蒲公英接水喝，孩子们都过来看他们的朋友，妞妞说："啊！有黄叶子了！要多给蒲公英喝水！"依依说："你们看，蒲公英的叶子是锯齿的！""蒲公英的头上有好多小点点，她的小宝宝是不是从这里长出来的呢？"孩子们越来越喜欢蒲公英了，他们每天都会去照顾它。

　　区域活动中，桐桐突然喊道："快来看，我看到蒲公英的小种子了！"孩子们都围了过去，"小种子飞走了！"桐桐假装自己是小种子，上下晃动着胳膊做起飞状，孩子们哄笑起来，"小种子被埋在沙子里了！""啊，小种子被小鸟吃啦！"杨杨笑着喊。晨晨突然蹲在地上抱着脑袋："小种子落在教室里了！"妞妞哈哈大笑，也跟着蹲在地上。其他孩子们见状，叽叽喳喳地把自己变成了一颗小种子，有的蹲着，有的趴着，有的蜷缩着，还有的钻到桌子底下……

在音乐活动中，孩子们尽情地舒展自己的身体，仿佛是一颗沐浴在阳光下的小种子。在音乐发生变化的时候，他们或小心躲藏，或惊慌逃跑，好像有一只小鸟正要把他们当做食物吃掉。晨晨边跑边笑着说："我被风刮走了。"逗逗躺在了地上，把头抬起来："我掉到地上了！"孩子们有样学样，自由在教室里活动着。当轻柔的音乐再次响起，孩子们又变回了小种子，回到泥土里。在音乐声中，他们就像一颗颗小种子，自由自在地尽情生长。

户外活动中，孩子们在操场上又开始了蒲公英生长的游戏。童童从远处搬来一堆小塑料块，说："这是我的沙漠。"依依搬来一块垫子："我的是山洞。"孩子们在操场上跑来跑去，搬来各种器械，搭出游戏场景。风吹起来，他们在操场上大笑着四散奔跑；风停了，他们用各种姿势模仿蒲公英落到地上的样子。第二次游戏时，依依、妞妞等几个孩子跑到一起，依依站到了中间，妞妞、逗逗和晨晨、雷雷蹲在她的周围手拉手转圈，风吹来，他们就跑开了，风一停，他们又回来蹲在依依周围。几个孩子看见了跑过来问："你们在干什么？"妞妞朝她喊："快过来，我们是依依的宝宝！"依依也说："我是妈妈！"大家都很感兴趣，加入他们的游戏中来。风吹来，依依的"宝宝们"大笑着跑开了，风停了，"宝宝们"又回到妈妈的身边。第三次游戏开始了，暖暖、妞妞、逗逗和依依一起当妈妈，其他孩子手拉手围着他们，每个孩子都有了自己的"妈妈"，风又吹来了，"小种子们"跑了起来。突然，白白大喊："我是大鸟！"喊完他朝小朋友们跑过去，"小种子们"尖叫着找地方藏起来，有的跑到垫子下，有的跑到柱子后面，有的跑到轮胎里，还有的直接趴到地上。孩子们玩得多开心啊，笑声一直回响在操场上空。

孩子们每天都要去看蒲公英这个新朋友，有一天，琪琪突然惊喜地说:"快看,蒲公英长出新的花苞了!"五月指着另一个小花苞说:"这里也有!"其他孩子都在找着,想要找到更多的新花苞。逗逗说:"蒲公英真好看,我要把它画下来!"童童说:"我也要画!"区域活动时,孩子们选择了不同的材料,他们给蒲公英这个新朋友画了一幅幅美丽的画像,并将蒲公英的画像贴到了美工区的墙上,逗逗做了个鬼脸说:"蒲公英开在教室里了!"

蒲公英在孩子们的呵护下,长出了新的花苞,小家伙们感叹着生命的神奇,他们会更加仔细地照顾蒲公英,期待着蒲公英宝宝的长大!

◉ 三、游戏反思

(一)聚焦幼儿兴趣点,以"生命"联结实现共情

本游戏是以"蒲公英生命繁衍的特点"为线索的本体性游戏,基于呵护生命的情感需求而萌生的自主行为。我们从儿童视角审视孩子与蒲公英的真实对话,用心解读、发现孩子的兴趣与认知。在与蒲公英互动、共情的交友体验中,不仅拉近生命间的距离,表现对生命的关怀,更为幼儿提供充分感知、体验和交流的环境,通过连续性的观察与对比,帮助幼儿进一步感受生命的意义与美好。

(二)生成有效真自主,激发幼儿内在生命力

在真实的情境体验中,我们尽可能为幼儿提供自主选择、自主决定、自主行动、自主思考的机会,让他们在自主决策中感知自己的重要性,获得自我生长的力量。但"自主"的过程并不是放任自流,教师会通过情景预想、隐性支持为幼儿助力。例如,通过适宜的图书投放巧妙地将幼儿的兴趣点迁移至绘本角色与情节中;以点带面,引导幼儿在自主游戏中创造性地表现蒲公英宝宝的不同姿态,用不同的音乐旋律激发幼儿创造的热情。

移步换景,"小种子"伴随着音乐"飞"到室外,幼儿结合自身经验创编出层层递进式的游戏情节,不仅还原自己本真的生命状态,还渗透了自我保护的安全教育。首先,幼儿自选户外材料创设游戏情境,运用不同肢体语言

表现蒲公英宝宝顽强的生命力；其次，从单独游戏到合作游戏，幼儿转换角色，感受蒲公英宝宝离开妈妈，独自面对危险，自由长大的生命旅程；最后，围绕绘本幼儿展开情景再现——大鸟吃种子，蒲公英宝宝通过四散躲闪跑、变速跑……躲避危险，重回蒲公英妈妈身边，将游戏推向高潮。可见，在自主游戏中，教师应对幼儿的想法、行为给予充分的认可和鼓励，并在游戏中设置最近发展区，给予幼儿适度的挑战，引导他们感知在游戏过程中的满足感，在直面问题、解决问题中激发乐观坚定的精神力量，发展其内在的胜任感。将生命发展的主动权还给幼儿，充分激发和调动幼儿的内在生命力，培养幸福完整的孩子。

（三）浸润多领域融合，尊重生命成长节律

为了感知生命存在的价值和繁衍的力量，我们融合多领域内容，凸显对生命的感知、理解、认识、尊重与爱惜。开放、自由的游戏空间为幼儿搭建自主感知、发现、创造的多元平台，通过想象，他们将观察与情感转化为意象。在充分地感知体验、表达表现中，幼儿结合自身的生活经验对蒲公英的生命特点出现阶梯式认知，感受生命的拔节生长，不断用"生命的力量"滋养幼儿心灵，升华他们对生命与自然的情感，建立一种积极乐观、充满活力的生命状态，实现由内而发的主动性成长。

（四）强化个体生命认知，感悟生命流淌旅程

在整个游戏的过程中，我们重视幼儿的动机、情感、态度和感受。在玩耍、观察、照顾、表现蒲公英的过程中，幼儿将自己扮成蒲公英宝宝、妈妈和朋友的角色，从而还幼儿形成正确的生命认知，感悟生命的可贵。当幼儿离开妈妈，独自来到幼儿园时，他们就变成了蒲公英宝宝，成为独自面对世界与未来的生命个体，充满自信地去接受各种困难与挑战。

总之，基于儿童视角，幼儿园的生命教育应当重视幼儿内在生命力的激发以及精神生命的滋养。每一个孩子都是自我创造的主体，自己对生命的认识、感受与体验才是最重要的。作为教师，我们更重要的是放手陪幼儿走近自然，体会自然带给我们的快乐，收获自然送给我们的智慧，想儿童所想，

感受儿童所感受。让孩子像蒲公英一样在爱与自由中表现自我、创造自我、放飞自我，成为更好的自己！

（作者：孟祥倩　王滢）

蜗牛朋友漫游记

幼小衔接是帮助幼儿顺利从幼儿园过渡到小学阶段的重要教育过程。《入学准备指导要点》强调幼小衔接要尊重幼儿身心发展规律，用科学的、符合幼儿学习特点的方式，帮助幼儿做好入学准备和终身学习的准备。其中，学习品质被视为幼儿入学准备与长远发展的关键领域，是全面做好幼儿入学准备和入学适应的重要内容，直接影响其今后的学习与发展。本案例从儿童视角出发，充分考虑幼儿特点，以蜗牛游戏为载体，挖掘环境中的教育资源，创设适宜的游戏情境，围绕具有挑战性的问题，利用自主、互动、体验并存的全新探索方式与蜗牛深入互动。从好奇心与兴趣、主动与想象和创造、坚持与专注、反思与解释等五个维度提高幼儿的学习品质，帮助幼儿做好入学准备，帮助他们顺利度过幼小衔接的适应期。

一、案例过程

（一）童真视角，和蜗牛朋友第一次亲密接触

夏季的雨后，孩子们在户外活动时，妞妞突然叫起来说："好多蜗牛呀！"大家抬头一看，走廊顶上爬满了蜗牛。敏豆皱着眉问："蜗牛为什么不会掉下来？"小宝说："它们下面有吸盘！"团团捏起一只看了看说："哪有吸盘呀？"孩子们都拿起蜗牛仔细观察。依依捧着蜗牛说："蜗牛黏黏的，还会吐口水呢！"沐沐吓得把手翻过来，可她惊奇地发现蜗牛没掉下来，暖暖猜测："可能是它吐的口水把它粘住了！"妞妞惊奇地发现盛蜗牛的飞盘上有许多亮亮的线，当大家猜想这些线条时，我提议："咱们查资料分享答

案怎么样？"大家连忙点头。

这时，暖暖和依依因为谁捡的蜗牛多吵了起来，豆豆说："数数就知道了！"依依一个一个数，暖暖两个两个数，白蛋把蜗牛放叶子上对应着数，敏豆让蜗牛站成两队数……数着数着，豆豆说："我要带蜗牛去玩了！"团团说："我也去！"刚说完，他的蜗牛不小心掉在地上被尧尧不小心踩死了。团团看着"粉身碎骨"的蜗牛"哇"地哭了出来，尧尧赶紧道歉说："对不起，我不是故意的！咱们把蜗牛埋了吧！"团团点头，两人把蜗牛埋到草地里。

（二）童心关爱，为蜗牛朋友搭建温暖的小屋

午睡后，团团还是很伤心，我借机引发讨论说："怎样才能保护蜗牛呢？"孩子们纷纷出主意，有的说把蜗牛放衣兜里，有的说带蜗牛玩时走慢一点，还有的说把蜗牛放在盒子里……豆豆说："我们帮蜗牛建个房子吧！"孩子们一致赞同。

"建什么样子的呢？"大家你一言我一语，依依大声说："你们别吵了，干脆画个设计图，谁画得好就听谁的。"每个孩子都画了一张设计图。第一轮评选，尧尧的城堡获胜，但由于在搭建中找不到圆锥的屋顶，弧形的城墙一碰就倒。试了几次后大家就放弃了。第二轮评选，大家降低对外观的要求，开始思考搭建的难度。这次选择的是高层，可房子建到一定高度后问题又来了，怎样才能把楼层分开呢？大家尝试把纸板插进去，可没办法固定。第三轮评选，幼儿们从材料的可操作性入手，选择了方墙尖顶的房子，这次他们成功搭建了一座座小房子，开心地邀请蜗牛朋友搬进新家。

（三）童心畅想，与蜗牛朋友架起友谊的桥

第二天依依进门就说："我查了资料，那些线条是蜗牛分泌的黏液！"她边说边往种植角走，突然停住脚步大叫："蜗牛不见啦！"房子里一只蜗牛都没有了！大家焦急地寻找着。豆豆在绿萝叶子下找到两只，尧尧在窗棂上发现一只，敏豆奇怪地问："它们怎么不住在房子里啊？"依依说："书上说蜗牛喜欢潮湿的地方。"这时，胆小内向的津菁把蜗牛放在手中，发现它的身体立刻缩进壳里，她对依依说："你说话声太大吓到它了！"依依摇

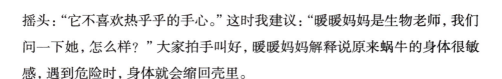

摇头："它不喜欢热乎乎的手心。"这时我建议："暖暖妈妈是生物老师，我们问一下她，怎么样？"大家拍手叫好，暖暖妈妈解释说原来蜗牛的身体很敏感，遇到危险时，身体就会缩回壳里。

孩子们把房子放到阴凉潮湿的草地上。尧尧拿来菜叶说："小蜗牛，快吃饭吧！"可蜗牛纹丝不动，她举起蜗牛问："怎么才能让蜗牛从它的壳中钻出来呢？"大家开始分组，他们拿来蔬菜、水果、米饭、糖水……经过多次实验后，他们发现蜗牛闻到糖水的味道就会从壳中钻出来，原来它喜欢甜味。

（四）童萌创意，陪蜗牛朋友享受亲子好时光

孩子们和蜗牛成了形影不离的朋友！他们将自己想象成蜗牛，并带动家长参与蜗牛游戏：用亲子写生表现动态蜗牛；拍照、绘画记录自己和蜗牛的游戏；制作图书《我和蜗牛做朋友》，录音生成二维码，开展线上亲子故事会；用家里的果蔬、玩具、生活物品等创意出千姿百态的蜗牛；在疫情期间，他们利用微信群实时共享，实现直播互动；运用肢体语言表现蜗牛的外形特点和自我保护方式；利用绘本《蜗牛》开展情境游戏，拉近亲子距离。

从那以后，孩子们经常蹲进草丛赏蒲公英，趴在绿篱下捉蜗牛，围着大树找蚂蚁，掀开泥土寻蚯蚓……

二、案例反思

（一）尊重个性化情感特征，保护好奇心聚焦兴趣点

好奇与兴趣是促进幼儿认识世界的主要动力，他们对周围环境容易表现出天然的亲密与契合。因此，基于幼儿"亲自然"的天性，教师运用情感介入与知觉形象融为一体的整体思维模式创设了"我和蜗牛做朋友"的游戏情境。利用共情体验，关联幼儿的生活经验，解读他们之间的真实对话。在自发的探究活动中，激发与保护幼儿的好奇心，及时关注幼儿的行为特点和情绪变化，全方位多角度地观察幼儿对蜗牛的反应，了解他们兴趣的持久性，进行针对性、个性化的引导与支持。

（二）注重生活化认知体验，激发主动学习的原动力

在"亲自然"的游戏情境中，幼儿与自然保持最亲密的联系。本案例是幼儿基于呵护生命的情感需求而萌生的自主行为。在与蜗牛互动、共情的交友体验中，幼儿是游戏的发起者、组织者、创造者，调动其视、听、触等多种感官通道，内化已有经验，升华他们对生命与自然的情感。只有遵从生命的内在需求和发展特点，充分发挥幼儿的主动性，合理运用隐性支持与辅助配合，幼儿才能在真实、鲜活的体验中自主感知、探究发现和创造表达，建立一种积极乐观、充满活力的生命状态，实现由内而发的主动性成长。

（三）优化自由与创造本源，发展多元想象和创造

在主题背景下，创设开放、自由的游戏空间，搭建自主感知、自由创造的多元平台，利用色彩流淌再现轨迹；亲子百变蜗牛创意绘本；搭建"蜗牛家"践行设想；运用生活线描表现纹样等，通过多种方式开启蜗牛探索之旅，将直观感知、亲身体验、实际操作融为一体。将自主学习与情境游戏、创意表达、亲子共享相结合，拓宽幼儿认知视角，肯定其认知行为。在观察中想象，在想象中创造，在创造中体验，在体验中将幼儿的想象力和创造力发挥到最大化。

（四）建立支持与激励系统，提升坚持与专注水平

在幼儿的自发游戏中，教师应尊重幼儿的权利与自由，适当放手、尽量放权，时刻观察其行为反应，肯定其独特想法，鼓励他们坚持自我、挑战自我，勇于将自己的所思所想进行创意表达，满足不同能力水平幼儿的探索需求，教师有针对性地运用情感、方法和材料等支持策略，引发、促进幼儿的学习行为，使其获得新鲜感、喜悦感、满足感和成功感，提升他们的专注力。

（五）采用激励性活动评价，促进幼儿反思内省

整个蜗牛游戏，教师摆脱了成人的评价标准，用发展的眼光评价幼儿，以欣赏的态度评价幼儿的发现和表达，寻找其进步之处加以具体鼓励。当幼儿观察与思考时，教师适时肯定其个性化的认知视角；当幼儿萌发独特想法时，教师支持、鼓励与赞赏其创意，提高其主动性，培养反思与解释能力。

总之，教师应秉持尊重、开放的教育观和儿童观，敏锐观察幼儿的行为

表现，机智捕捉幼儿学习品质发展的契合点，不断进行反思调整，使幼儿在自主游戏中形成可持续发展的学习态度和学习能力，促进其多维度学习品质相辅相成的整体发展。

（作者：孟祥倩　王滢）

图画书阅读中心理要素的巧妙利用

图画书阅读作为早期阅读的其中一种，具有独特的审美性和艺术性，幼儿阅读图画书的过程是一个复杂的心理过程，需要幼儿的多种心理要素参与其中，如：观察、想象、情绪情感、思维、理解等，在这些心理要素中，观察被称为幼儿进入图画书世界的大门，因为它是理解、记忆和思维的先导，是想象、创造的源泉，教师应深入分析图画书的内容，挖掘其风格，并以此做为切入点，适时的运用各种心理要素，引导幼儿进行细致观察，大胆想象，熟悉情境，有效推理，理解内容。因此，我带着这样的思考尝试开展了《母鸡萝丝去散步》图画书阅读活动。

在第一次活动中，我引导幼儿仔细观察农场的分布图，熟悉农场的整体环境，并出示故事的第一幅画面"母鸡去散步"，用"母鸡发现狐狸在后面了吗？狐狸遇到了哪些倒霉事？他最后吃到母鸡了吗？"一系列的问题激发幼儿的阅读兴趣，引导幼儿猜想故事内容，但是幼儿在拿到书后并没有像我所预期的那样仔细阅读。有的幼儿刚翻到第一幅画面，便迫不及待地从第二幅画面中寻找答案；有的幼儿直接跳过第一页，津津有味地翻阅第二页；还有的幼儿干脆翻到最后一页，发现狐狸没有吃到母鸡便松了一口气，然后再慢慢地往前翻看，可见，我采用的指导方法只是驱使他们只想着尽快揭开谜底，失去了整个阅读过程带给自己的快乐，缺少了观察的有效性，缩小了想象的空间，幼儿没有融入故事情境、体验狐狸的心理变化，我也没有把握该书的特点，分析幼儿的心理，忽视了各种心理要素的合理运用，因此，我结合自己的这些新发现组织了第二次活动。

活动前，我根据图画书《母鸡萝丝去散步》的特有风格，将其环衬——农场的平面图做成农场棋投放在棋类区，幼儿在玩的过程中既把握了该书的重要线索又熟悉了狐狸遇险的几个场地。由于前期开展了大量有效的铺垫活动，所以在第二次阅读活动中，我将观察前两幅画面作为指导重点，通过我的问题引导，他们发现了第一幅画面的诸多细节和前后两幅画面之间的联系，在认真观察画面的过程中，他们就连狐狸周边几条弯弯的线、倒在地上的耙子等细微之处都没有放过，通过这些细节他们猜测出狐狸正准备偷袭母鸡，还可能会被耙子拌倒，有的幼儿竟然情不自禁地用动作来表现狐狸的狡猾和贪婪。随后，他们在第二幅画面中验证了自己的猜想，表现得异常兴奋！

接下来，我将后三个场景的第一幅画面分发给三组幼儿，他们运用先前的方法认真地观察周围的环境、母鸡的表情、狐狸的动作以及其他小动物的神态、动作，同伴之间大胆地进行猜测，有的幼儿认为母鸡并不知道狐狸在后面跟着它，只是它很幸运不会被狐狸吃掉；有的幼儿认为母鸡假装不知道狐狸在后面是它使的计策，因为它逃跑的话会更容易被狐狸吃掉；有的幼儿认为母鸡很善良，身边的小动物会帮助它脱险。同时，我适时地出示第二幅画面，帮助他们验证自己的预想。在后来的师幼共读中，大家分组描述了狐狸遭遇各种倒霉事的过程，并讨论了自己的心理感受，有的幼儿羡慕母鸡的幸运，同情狐狸的遭遇；有的幼儿猜想狐狸被蜜蜂蛰了一身包，以后肯定不敢再吃母鸡了，等等。幼儿通过自己的观察、想象和表达不断加深了对故事的理解，感受到故事的诙谐幽默。

这次活动结束时，他们意犹未尽，我顺势提出一个建议——续编《母鸡螺丝去散步》的故事，结果他们的想象力很丰富、编得趣味横生，如："狐狸跑回母鸡的家来偷袭它，正好赶上农场主喂鸡，被狠很的打了一顿！""蜜蜂把狐狸的眼睛蛰瞎了，它一头栽进河里淹死了！"……我们从中不难发现幼儿对故事情节和角色性格特点的准确把握，他们运用自己的理解将故事推向了高潮。

两次不同方法组织的阅读活动，表现了不同的教学效果。在第一次活动中，我进行了简单的引导后，就让幼儿自主阅读，幼儿只是盲目的寻找答案。在第二次活动中，我将幼儿的各种心理要素巧妙地融入图画书阅读活动中，采用的方法目的性强，幼儿易接受。通过开展这两次活动，我亲身体验了有效利用幼儿心理要素带来的成功，也感受到和谐师幼互动带来的快乐！

 在同伴合作中提高大班幼儿的构图能力

随着大班幼儿思维水平的提高，他们对周围事物关注的范围逐步扩大，在一条水平线上画出各种物体的表现方法，已不能满足幼儿表达个体认知的需要，他们更加关注画面所表现的二维空间。为了激发他们探究、表现事物之间各种关系的兴趣，我们围绕"国庆节"主题开展"祖国妈妈，生日快乐！"系列美术活动。

1. 结合主题与目标探索构图要领。

对于大班上学期的幼儿来讲，表现图像间明显的前后位置关系并不是一件容易的事，这是一个缓慢的发展过程。通过对大量儿童绘画作品的分析，我发现幼儿已经具备积累一定安排画面的经验，有了进一步探究把画面变得紧凑的意愿。为了帮助他们提升遮挡的绘画技能，为祖国妈妈献上生日礼物，我们开展主题长卷画活动——"祖国妈妈，生日快乐！"将目标定位在：1. 能围绕主题表现自己庆祝祖国妈妈生日的快乐体验。2. 尝试用画和黏贴的形式分辨各种图像间的前后位置关系。通过欣赏艺术作品，改变从黏贴到绘画的操作方法，逐步将幼儿的直觉体验转换为绘画的方法，把握前在下后在上的构图要领。

2. 围绕主题尽显绘画表达的重要性。

围绕"为祖国妈妈过生日"这一主线展开讨论，利用照片、视频帮助幼儿积极回忆，通过提出适宜问题，调动内心情绪，激发幼儿情感的充分表达。硕硕说："我和爸爸妈妈一起去北京看升旗，我坐在爸爸的肩膀上。解放军叔叔迈着整齐的步伐，可精神了！""升旗时你们的表情是怎样的？""很严肃！"王苏说："我们用废旧材料黏贴地图为祖国妈妈过生日！"文怡说："我们练武术庆祝祖国妈妈的生日。"这时教师请幼儿模仿武术动作，感受"扎马步，双手握拳，手臂伸直直的……"得动作特点。笑笑说："我们认识五十六个民族的小朋友，他们都穿着漂亮的衣服跳舞。"充分地"说"为尽情地"画"铺路，只有通过不断的尝试，加以归纳运用，才能形成新的表达能力。

3. 适宜指导有助于提升绘画技能。

在幼儿自主绘画的过程中，教师先耐心观察再适时指导为幼儿拓展绘画思路、大胆表达表现、丰富学习途径提供了前提，针对幼儿的不同能力水平和需要提供了适宜的指导，帮助他们体验到成功。如：当教师观察到文怡迟迟没有动笔后，通过前期的谈话教师了解到她的想法，并让她表演武术动作，提供照片供她参考；当教师发现幼儿绘画的人物缺少特点时，教师引导幼儿观察同伴作品感受家长和孩子的不同；当幼儿遇到技能困难时，教师通过平行示范的方式进行帮助等。

4. 自主黏贴帮助幼儿体验前后遮挡。

为了进一步丰富画面，幼儿根据自己的需要，撕剪自己的作品贴在画面适当的位置，在黏贴的过程中，幼儿自主发现物体之间的遮挡关系。比如：二宝将自己的自画像贴在天安门前，发现自己挡住了天安门的一角；美美把自画像贴在天安门上面，发现自己站在天安门城楼上。同样的物体，不同的黏贴位置可以呈现出不同的视觉效果与空间构图关系。

5. 点评环节成为绘画的点睛之笔。

在整个评价环节中，运用幼儿自我评价、教师评价、同伴评价等多种评价策略，挖掘绘画的快乐元素，如：表现快乐心情的动作、表情；烘托快乐氛围的暖色调；运用附属物的巧妙装饰等。幼儿不仅能从作品中积累经验，提升绘画技能，还与活动目标交相辉映。

总而言之，大班幼儿在同伴合作中有目的地安排画面，关注事物之间的关系，将抽象、立体的情节转化为具体、平面的图画，感受画面近大远小、均衡分布，分辨图像间明显的前后位置关系。

走进蒲公英的世界，感受心与心的交流

《3—6岁儿童学习与发展指南（以下简称《指南》）中强调幼儿的艺术教育应该顺应幼儿发展的特点，寓教育于美的享受之中，幼儿在精神获得满足和愉悦的同时，培养其对美的感受力，提高他们的审美情趣，形成完整和谐发展的人格为终极目标。因此，我借助一次偶然的发现，和孩子一同走进了蒲公英的世界，倾听他们充满童真的对话，感受彼此间心与心的交流。

一天户外活动，我和孩子们拿着自己亲手制作的大风车，迎着春天的风，自由地奔跑在幼儿园的每一个角落。突然，小耿摘下一颗蒲公英的种子，兴奋地跑过来说："孟老师，我一吹蒲公英都飞走了，真有趣！"其他孩子一听也都兴奋地跑到草地上寻找蒲公英的种子。

不一会儿，他们满载而归，纷纷举着蒲公英鼓着腮帮子使劲儿吹，看着蒲公英飞向了远方，孩子们手舞足蹈地互相追逐着、嬉笑着……果果举着剩下的光秃秃的杆儿，若有所思地说："这个小脑袋上有好多的小点点，刚才那些小毛毛就是长在它们上面的吗？"梁好又采来了一颗蒲公英的种子，轻轻地拔下一个，惊讶地叫着："它真的长在上面呀！"王杉也凑过来："小种子软软的、毛茸茸的，像一把降落伞！"远卓采了一朵蒲公英送给我，我有些不好意思地笑了！当我再次抬起头时，发现他们每人采了好多朵蒲公英，笑笑对思羽说："蒲公英花和小菊花长得真像呀！"思羽马上补充道："它们的花瓣都是黄黄的、细细的、长长的，我们还画过呢！"文怡悄悄地告诉我："我姥爷还吃蒲公英的叶子呢！"元初字正腔圆地说："书上说蒲公英的叶子能去火，对身体好！"孩子们半信半疑地观察着这些不起眼的小叶子，只听宣博说："这些叶子还挺有趣的，一个大锯齿两个小锯齿，一个大锯齿两个小

锯齿，有规律的排列着……"

"啊！"我们紧张地闻声望去，只见嘉硕拿着一片蒲公英叶子，一边往地上吐，一边嘟囔着："真苦呀！""你吃蒲公英叶子了！""多不讲卫生呀！"他们你一言我一语的笑开了！我们回到教室将蒲公英放在花瓶里，装饰在班级的种植角。

此后，我们经常围绕"蒲公英"这一主题活动组织交流讨论，并开展了音乐活动——蒲公英、美术活动线描画——蒲公英、主题画——我和蒲公英的故事……充分的"感受与欣赏"为"表现与创造"提供了前提，只有在真实的情境中感知真实的事物，才能积累丰富的感性经验，才能有助于幼儿进行艺术创作，提高艺术表现力。

总而言之，幼儿只有投入大自然与周围环境中，感受、发现、欣赏自然环境中美的事物，才能自主感知、大胆想象与表达创造，并发现一个属于自己心中的多彩世界。教师应尊重幼儿的每一个想法，鼓励他们用语言、身体、动作、表情的方式尽情表达，体验与他人分享的幸福。

给娃娃一个温暖的家

一、活动背景

（一）玩教具材料

1. 投放好看、柔软、舒适、四肢能活动的娃娃。

2. 在库房中，为幼儿准备建家的暗示性材料。

3. 为幼儿提供多元化支持（社会、家长、教师）。

（二）环境创设

1. 创设一个能够引发兴趣关注的游戏情境。

2. 预设库房的隐性环境。

3. 提供多领域融合的教育环境。

（三）儿童的兴趣和前期经验

1. 儿童的兴趣。

（1）根据小班幼儿初入园的年龄特点、情感需要及教育目标，充分挖掘娃娃家的情感价值及游戏功能。

（2）给予幼儿适宜的刺激，唤起他们的情感共鸣，让娃娃家与幼儿产生情感链接。

2. 前期经验。

（1）传统"娃娃家"游戏的创建与开展已经成为教师主导下的一种既定程式——老师为幼儿创建一个温馨的家，为他们准备丰富的操作材料，给娃娃起一个好听的名字。然后，幼儿按照教师的规定进行固定流程的游戏活动……这种操作大多脱离了幼儿生活经验和情感体验，因此不能有效激发他们参与的兴趣，不利于角色游戏作用的充分发挥。

（2）入园前，由于幼儿都身处在幸福的家庭里，他们对"家"有了初步的感知。入园后，通过亲子试入园、说说我的"小可爱"、我家的故事等活动环节深化幼儿对"家"的认知与理解。因此，在《指南》精神的引领下，我们应充分相信幼儿，学会放手，在关注幼儿游戏进程的同时，引导他们自己解决问题，真正把"娃娃家"还给幼儿，让"娃娃家"的游戏成为他们拓展经验、升华情感的契机。

（四）教师预期

1. 为了创建一个小班幼儿喜欢的"娃娃家"，根据"兴趣引发、情趣激发、经验调动、能力提升"这一推进线索，促进他们在游戏中参与、互动、表达、提升，从而帮助他们在入园适应阶段更多地获得安全感，建立归属感，收获自信与快乐。

2. 为了让"娃娃家"游戏真正回归自主，教师将自己的角色由主导全局转变为辅助配合，通过多种策略，促进幼儿主动参与"娃娃家"的游戏活动，师幼合作，把"娃娃家"还原为一个幼儿自由选择、自主展开、自发交流的积极游戏过程。

（五）游戏玩法

1. 在轮流抱娃娃的过程中，幼儿结合自己的经验，自主给娃娃起名字。

2. 在建家的过程中，幼儿自主为新家选址，选择所需物品布置新家，重新装修、扩建"娃娃家"。

3. 幼儿协商制定规则，形成每周轮流带娃娃回家的游戏制度，调动家长积极主动的参与娃娃家游戏。

二、活动内容与过程实录

（一）尊重幼儿自主的游戏意愿

创设帮助园长奶奶照看娃娃的情境，拉近幼儿与娃娃的距离，为游戏开展做好情感铺垫。当幼儿看到两个形象逼真的娃娃时都很喜欢，情不自禁地想要抱抱他们，我请大家轮流抱娃娃，在与娃娃零距离的接触中，他们观察得特别细致，有的说："她金色的头发真漂亮！"有的说："他身上有香味。"……我顺势说："请你们给娃娃起个你喜欢的名字吧！"有的将自己的乳名送给娃娃，有的根据自己对娃娃的观察起名字。"她的头发是金色的就叫金金吧！""他香香的就叫香香吧！"没想到他们都同意了。从这一刻起，男娃娃叫"香香"，女娃娃叫"金金"。

在轮流抱娃娃、起名字的过程中，幼儿们开始注意到彼此的名字，娃娃成了师幼、幼幼之间彼此关注、相互认识的纽带。

（二）等待幼儿自主地解决问题

"香香和金金有了自己的名字，他们住在哪儿呀？"我关心地问，孩子们马上在班里找地方，有的孩子指着里屋的榻榻米大叫起来："住这里吧，这里地方大。"其他孩子听了纷纷围了过来，有的孩子说："这里什么都没有，怎么住呢？"我接着说："咱们家里都需要什么呀？"孩子们结合自己对"家"的了解，大胆地提出了建家所需的各种材料，如床、电视、柜子、沙发、窗帘……面对五花八门的材料，小罗回头问我："孟老师，您给我们买吧！"我笑着说："咱们去幼儿园的库房，看一看你们有什么需要的。"

我带领孩子们来到库房，他们一进去就纷纷按照自己的想法挑选需要的东西。在搬运家具的过程中，他们有的搬、有的拉、有的推、有的抱……遇到困难时他们还会主动求助同伴，紫涵搬不动床，就叫小伙伴来帮忙：只见小罗拉、紫涵推，熙熙和晗晗在边上用力拽，大家一起努力把床搬了回来；衣柜实在搬不动了，他们就拉着园长、老师帮忙，人多力量大，不一会儿，库房里能用的东西都被搬回了班里。可是，热水器、窗帘、马桶……有的东西没有怎么办？我拿着笔帮孩子们记录下来，请后勤老师帮助购买，金金和香香没有换洗的衣服，抱着金金的涵涵第一个表示给娃娃带来自己的衣服……孩子们充分利用手边的各种资源寻求帮助。

在布置新家的过程中，孩子们在老师的帮助下，利用玩具柜、栅栏划分出两个区域，并按照自己的想法摆放家具，有的拿椅子、有的铺床单、有的挂衣服……针对每种家具位置的适宜性，我有目的地提出疑问："这个床放在屋子中间方便吗？应该放在哪里？"请孩子进行思考，并重新调整。

新家建好后，由于地理位置和面积的优越性，孩子们更喜欢到金金家来玩。相比之下，香香家就冷清了很多。小薇说："香香家没有地方看电视！"霖霖说："香香家吃饭的地方太小了。"我着急地问："那怎么办呢？"皓则说："变大一点儿！"由于孩子们已有了建家的经验，参与度明显提高了，不仅懂得求助老师，还会求助家长。

在家长的支持下，孩子们为新家和娃娃带来了各种各样的东西，看着娃娃家里自己带来的物品，他们觉得很亲切，更愿意到这个家做客。通过熟悉的物品、温馨的环境来缓解心中的紧张与陌生，幼儿的全感逐渐增加。同时，我还引导孩子根据自己的需求取放娃娃家的依赖物，他们更喜欢不时地变换物品来"改造"娃娃家，也在其中轻松愉悦地感受着"家"带给自己的温暖。

（三）尊重幼儿个体化的发展差异

随着游戏情节的不断深入，孩子们对金金、香香充满了喜爱，每天都争先恐后地去娃娃家玩，周末对两个娃娃也恋恋不舍。一天，娃娃家游戏结束后，玥玥抱着香香来找我："孟老师，我想带香香回家，可以吗？"这时，其他孩子也抢着说："我也想带回家。"看着孩子们真诚的眼神，我与孩子一同进行商讨：谁带娃娃回家，在家里怎样照顾娃娃？我们约定每天请孩子轮流带娃娃回家，并利用家长会向家长说明我们的教育意图，邀请家长观察、记录孩子和娃娃游戏的过程，并针对不同的孩子提出了适宜的建议，以促进其个性化发展。

玥玥是个入园"老大难"，每天妈妈爸爸姥姥齐上阵，从园外一直抱上楼，在班级门口还得搂着妈妈的脖子不下来，哭得嗓子都沙哑了。所以在离园时，我对玥玥说："香香最喜欢你了，今天她想和你回家玩，你一定要照顾好她呀！她看见你哭她也会哭，看见你笑她也会笑的！"玥玥信心满满地说："我一定要让香香高高兴兴的，绝不哭鼻子！"这时，玥玥妈妈说："男子汉说话可要算数，明天早晨来幼儿园也不能哭，你能做到吗？"玥玥使劲儿地点点头。

第二天，向来让妈妈抱的玥玥自己走上楼，并兴冲冲地告诉我："香香在我家玩得可开心了！"我向玥玥竖起了大拇哥："因为你是香香的好榜样呀！"当我从他的手中接过香香亲了一口时，好多小朋友都围了过来，争先恐后地想抱香香，并撅起小嘴亲呀亲，欢迎香香回家的情感沸腾到极点！

玥玥妈妈悄悄地对我说："玥玥刚才到幼儿园门口，眼圈儿又要红了时，我说你看娃娃正看你呢！"玥玥一听眨眨眼睛，理直气壮地说："她是我的孩子，不是娃娃！"妈妈还说："作为一个男孩子，玥玥每天回到家不是玩汽车就是玩手枪，但抱香香回家后，他给香香换上了自己的拖鞋，还扶着她的手教她走路，搂着她一起玩玩具。晚上睡觉前，玥玥打了个喷嚏，说自己感冒了，为了不传染香香，他主动提出让妈妈挨着香香陪她睡觉。"多么天真的孩子呀！可见，孩子对娃娃的情感在不知不觉中升华，娃娃也在不知不觉中影响着孩子！

月末开放日时，玥玥妈妈主动提出与其他家长分享自己的感悟。家长们深深地感受到孩子的变化与成长，我们也深深地品味出家长对我们教育的认同与支持。

◎ 三、活动的特点及价值所在

（一）活动的特点及其对幼儿学习发展的价值

1. 整个游戏的动态发展让我看到，幼儿不仅和新伙伴——娃娃之间的情感不断升华，而且萌发了幼儿对幼儿园、班级的喜爱之情，获得归属感。

2. 只要教师学会放权，大胆地为幼儿提供自主选择的机会和条件，让幼儿在游戏过程中回归自我，他们就会通过娃娃家游戏再现与迁移生活的经验，不仅收获了快乐、自信与成功感，交往、合作、独立做事的能力也在潜移默化中得到提高。

3. 教师以角色身份引入，通过环境材料的暗示，不断帮助幼儿丰富游戏情节，再现角色认知，明确角色行为，培养他们的角色意识。让他们在角色游戏的扮演中学会积极与他人互动，关爱他人，体验与同伴一起游戏的快乐。

4. 在这个过程中，亲子情感及家园合作的质量有所提升。它让我认识到，游戏是幼儿社会学习发展的重要途径，只有在自主、快乐的游戏过程中，他们才是自己学习与发展的主宰，而教师需要做的，就是化身为细节的观察者、材料的支持者、过程的引导者。

（二）反思教师支持行为的适切

从兴趣引发与持续，到经验调动与丰富，再到自主游戏、表达与分享，对于参与娃娃家游戏的幼儿来说，这是一个连续的、获得有效发展的过程。然而，在娃娃家游戏不断推进中，我们也发现小班幼儿虽然对娃娃家游戏感兴趣，但活动中幼儿的角色意识容易被同伴扮演的角色所牵引，造成角色意识转移。

（三）可能生成的教育契机及进一步的支持策略

1. 为了进一步增强幼儿的角色意识，我们会引导幼儿回家自行观察、亲子沟通，并开展家长进课堂活动，这些过程不仅丰富了孩子对角色分工、互帮互助、相亲相爱的经验,还为他们尝试解决问题做好了铺垫。

2. 敏感地捕捉幼儿游戏情节中的新主题,如照顾生病的娃娃、带娃娃去串门等,在角色游戏的扮演中,引导幼儿不断加深对角色的认知,深入了解各种角色的行为,逐渐学会与人交往,关爱他人,沟通与合作,体验与同伴一起游戏的快乐。

3. 在后续的活动中,我们会进一步丰富娃娃家游戏,促进家园合作,增进亲子感情,提高多种能力。比如,针对孩子来园的哭闹现象,我们建议家长利用娃娃鼓励他们高高兴兴地独立来园;针对家庭成员沉迷电子产品的现象,我们建议家长参与娃娃家游戏,削弱电子产品的沟通屏障,拉近亲子距离;针对语言表达能力弱的孩子,我们建议家长讲述娃娃家的故事,以促进孩子大胆、自由的表达等。

我会和孩子们一同行走在娃娃家成长的路上,给娃娃一个温暖的家!

 ## 浸润式劳动游戏为幼儿品德赋能

蒙台梭利指出对儿童而言,劳动代表着一种本能。它渗透在幼儿一日的真实生活,融入劳动教育的基本元素,"游戏是幼儿的第二生命"它是幼儿的内在本能和基本活动,也是幼儿劳动的形式和表征,我们要根据幼儿的游戏本能进行劳动教育。

基于劳动本身的兴趣、对爱与尊重的需求以及求知的欲望,幼儿渴望到蕴含丰富劳动价值的大自然中去劳动,因为大自然中的万物皆是教育。因此,我们以幼儿"亲近自然"的天性为基点,通过创设安全、自然的情境化游戏环境为幼儿自主劳动搭建平台,将劳动游戏与实际劳动相结合,引导幼儿积极参与劳动,亲身感受大自然的脉搏,养成劳动习惯,提升劳动能力,树立为集体服务的意识,培养幼儿的爱心、耐心、同伴协作、互帮互助、分享与责任、环保意识。利用"劳动"游戏对幼儿进行品德教育,自主劳动可以深化品德教育内容,丰富幼儿的已有认知经验,运用户外真实游戏拓展劳动空间，给予幼儿恰当的自由表达，满足幼儿在大自然中劳动的渴望，让品德教育真正回归劳动本质，促进幼儿心智、个性、品德及社会化的全面发展。

寒冷的北风从幼儿园的上空呼啸而过，满院的落叶堆积成山。户外活动时，孩子们看见叔叔正在紧张地打扫院子，便不约而同地跑过去帮忙，有的孩子只捡两片自己喜欢的叶子就扔到袋子里；有的孩子双手抱一大堆，在跑的路上已经洒了一大半；还有的孩子捡着捡着就和同伴追跑打斗起来……怎样才能激发孩子乐于助人、持之以恒、主动学习的原动力呢？

就在这时，圆圆兴奋地对敏豆说："我们女孩子和你们男孩子比赛，怎么样？"几个男孩子凑上来纷纷应战。我召集孩子们一起协商、制定比赛规则，他们找到大滚筒盛放叶子，并把它放在场地中间，在确定男孩和女孩的人数相等后，比赛正式开始了。在比赛的激励下，每组队员自由地奔跑在洒满落叶的操场，一会儿就满头大汗。孩子们不仅抱得多、跑得快，还动脑筋寻找适宜的工具。为了既省力又能捡到更多的叶子，逗逗找来了小推车，敏豆向叔叔借来了铁锹，把散落的叶子推成一堆，然后再帮助同队的伙伴铲到推车里，辰辰一把接一把地把叶子捧到滚筒里，逗逗着急地催促着："这样捧太慢了！"说着他试图把推车举起来。可是，由于推车太重，逗逗试了几次都没有成功，辰辰主动帮逗逗抬推车，当推车被举过头顶，叶子一股脑儿地落到桶里时，他俩会心地笑了！

女孩子见状也拿来了笤帚，她们积极借鉴男孩子的方法，把叶子扫到一起，铲到大筐里，两个人抬着……在大家的齐心协力下，他们一会儿就把滚筒装满了，为了装更多的叶子，妞妞爬到滚筒里，使劲儿往下踩在叶子，叶子被压下去后还能继续装叶子。孩子们像团结的小蚂蚁一样，全力投入比赛中，渐渐地，直到桶里叶子再也压不下去时，他们才准备将桶里的叶子运到存放处，为了避免滚筒里的树叶掉出来，他们展开了激烈的讨论，尝试用抬、推、滚等不同的方法后，他们又找叔叔借来黑色塑料袋，将滚筒口套住，在叔叔的帮助下将滚筒翻过来，他们抓住滚筒口的塑料袋，伴随着叔叔抬起滚筒的口令，他们也随之将黑塑料袋抬起，滚筒里的叶子一下子全都落到袋子里，叔叔激动地竖起大拇哥："你们真是勤劳勇敢、乐于助人的护园小卫士！"孩子们自信地拍手尖叫起来，争先恐后地拉着、抬着，齐心协力将满满一袋子树叶堆积在花坛周围，一张巨型的娃娃脸笑了，孩子们也笑了！

1. 大班幼儿喜欢亲近自然，与生态环境有一种天然的亲密和契合，对周围事物容易表现出好奇与兴趣的积极心理倾向，教师充分利用园所环境资源，运用情感介入与知觉形象融为一体的整体思维模式构建了"帮叔叔扫院子"的劳动游戏情境。及时关注幼儿的行为特点和情绪变化，全方位多角度地观察幼儿对材料的反应，了解他们的兴趣持久性，并根据大班幼儿的认知特点和事物敏感性进行归因分析，敏锐把握幼儿发展的阶段特征，抓住他们的好奇心与兴趣点。

2. 结合环境的季节特点以及大班幼儿的能力水平，开展真实的劳动体验，提高幼儿主动学习的原动力。如：利用生活中的原情境"帮助叔叔清理院子里的落叶"引发幼儿的劳动体验，使幼儿在分组比赛、清理落叶、装点环境的过程中，提高任务意识以及解决问题的能力，增强劳动的主动性，培养吃苦耐劳、乐于助人的品格。

3. 结合幼儿的已有认知经验，运用问题"怎样能快速地捡到更多的叶子？"引导他们运用不同的工具和方式捡落叶，并围绕"运落叶的争吵"展开讨论，通过亲身体验、反复试错，他们选择用黑色塑料袋套住筒口，邀请叔叔帮忙，在大家的齐心协力下清理树叶。在发现问题、提出问题、解决问题的过程中，幼儿不仅是发起者、组织者，也是困难的解决者、推进者，更是成果的体验者、分享者。幼儿在主动的劳动体验中获得积极的劳动体验，习得生活劳动技能的同时，完美诠释了幼儿的主动性创意表达，有效提升了无痕的教育效果。

真自主带来真自由

游戏是幼儿内心活动的自身表现，是幼儿最纯洁、最神圣的心灵产物。自主游戏即幼儿在一定的游戏环境中根据自己的兴趣和需要，以快乐和满足为目的，自由选择、自主开展、自发交流的积极主动的活动过程，也是满足幼儿兴趣、需要，表现自由天性，发挥积极性、主动性、创造性，健全人格的过程。作为教师，看见幼儿，看懂幼儿并采取恰当的措施鼓励、支持幼儿的自主游戏行为，才能真正尊重儿童，呵护天性，体现儿童立场。

为了实现幼儿、教师、幼儿园三者的共同发展，我们以"丰富幼儿游戏形式，彰显幼儿生命特质"作为特色主题的实现路径和实施策略，科学有效地为幼儿的自主游戏提供必要的空间保证和材料支持。在此过程中，教师不能只做观察者，要针对幼儿的实际水平恰当地投放材料，适度地把握规则，适时地介入引导，尤其在幼儿兴趣变化、能力提高时，调整材料、有效支持以适应幼儿的现有发展水平，这需要长期探索和经验积累才能有效解决。

一、还给娃娃家真自主，促进幼儿间真表达

在娃娃家的自主游戏中，幼儿的心情是放松的，表达是真实的，教师将幼儿的自主探索、自我体验、自主创造真正地放大，提高他们游戏的积极性、交往的主动性。在娃娃家，爸爸给医生邻居打电话，说："娃娃发烧了。"哥哥给娃娃倒杯水，递给妈妈，妈妈说："娃娃没有牛奶了，快给他冲杯牛奶。"哥哥冲好牛奶和妈妈一起喂娃娃，还关心地说："我抱抱，他就好了！"说完轻轻地贴在娃娃的身上，幸福的表情把我们的心都暖化了！一会儿，哥哥给娃娃洗了一块毛巾，叠成小方块，妈妈把毛巾小心翼翼地放在娃娃的额头上，轻轻地摇晃着，哄她睡觉。在娃娃家的自主游戏中，幼儿借鉴自己的生病经验，模仿爸爸、妈妈细心地照顾娃娃，真实再现生病情境。

可见，自主游戏的主题、材料的选择、游戏的开展由幼儿决定，教师应

做辅助的支持与配合，使幼儿成为自主游戏的真主人。

◎ 二、选择低结构材料，创意自由班品文化

在班品文化的创建中，以幼儿为主体，选择适宜的低结构材料，给予隐性的支持，不做过多干预，也不能放任自流，唯有这样才能促进幼儿的全面发展。

由于幼儿天生对外界事物充满了好奇与想象、探索与挑战，我们从小班幼儿的年龄特点和兴趣爱好入手，选择他们日常生活中常见的生活本品——纸杯作为主体材料，充分挖掘纸杯的低结构特点和易组合方式，通过自己的想象和创造，运用红、黄、蓝、绿、黑五种大小不同的纯色纸杯进行拼插、组合、排序、对应、点数、投射，并利用简单的辅助材料——吸管、瓶盖、超轻黏土球设计出适合小班幼儿一物多玩的低结构益智类材料——乐在杯中，以此丰富幼儿的自主游戏，满足幼儿的多种需要，让幼儿在创造性的游戏中体验变化与神奇。

在游戏过程中，幼儿自主选择感兴趣的纸杯游戏：菲菲和童童选择自己喜欢的纸杯和吸管，并根据自己的需要将不同粗细的吸管插进不同高度的、不同粗细的杯孔中，几个孩子分别从不同的方向进行拼插，菲菲一边拼一边自言自语说："像一个蜘蛛网！"童童反驳道："我觉得像彩虹伞！"大家你一言我一语地边做边想、边拼边聊。佑佑和瑞瑞还创造性地将连接好的纸杯垒高了，像一棵挂满彩色宝石的大树，他们通过围合、垒高拼摆出自己喜欢的造型，体验创意组合的快乐，悠悠运用"黄、红、蓝、绿、黄、红、蓝、绿"的顺序垒高。可见，幼儿能按照颜色、数量进行有序的垒高，将纸杯叠成彩色的杯塔，并感受纸杯叠高、叠稳的特点。在比赛钓鱼的过程中，幼儿将瓶盖藏在纸杯下面，不仅要比赛谁钓的鱼最多，还要在钓鱼的过程中比赛谁找到的瓶盖最多，大大提高了他们的短时记忆和手眼协调能力；在打靶游戏中，孩子们将弹球放在弹弹杯中，用力抻拉将弹球从杯中弹出，他们自发的比一比谁射得高，卓卓和童童分别将星星瓶盖放进杯中，用手捂住杯口使

劲儿地摇晃，将杯子倒扣在桌子上，请对方猜猜杯中会有几颗星星朝上的瓶盖，锻炼幼儿猜测与点数的能力；童童和佑佑按照自己设计的图案将不同颜色的纸杯有规律地插进杯座，在整个操作的过程中，他们真正感受到不同的立体创意拼图和排列组合的美。

可见，幼儿创造性地运用低结构的纸杯进行自主游戏，通过发现问题、分析问题，与同伴协商解决问题，积极探索操作，大胆想象创造，不仅感受纸杯一物多玩的低结构特点，还在自主游戏中体验分享、交流与合作的乐趣。

◎ 三、利用低结构材料，促进幼儿自主交流

自主游戏对幼儿来说是一种最没有压力的活动，在自主游戏的情景中发生的问题，更易拓展幼儿的积极思维，主动寻找解决问题的方法，在玩中获得不同的经验。由于自主游戏中幼儿相互交流的迫切需要，在发展幼儿语言能力的同时，还能发展幼儿的认知能力、注意力和坚持性，提高幼儿思维的变通性、创造性。

在建筑区的搭建中，幼儿运用积木再现已有的楼房经验，但圆柱很快用完了，佑佑机智地说："我们可以用纸杯当圆柱呀！"菲菲拿来纸杯摆在四角，上面放上长板，又一层楼房完成了，飞飞在楼顶摆上高低不同的纸杯，放上短板，惊讶地说："好漂亮的小阁楼！"幼儿们听到后纷纷拿起纸杯进行创意：凯凯在小区里建起路灯，欣儿搭起喷泉，几个孩子在小区周围用纸杯搭起了高高的围墙……幼儿们将纸杯有效的运用在建筑区。可见，低结构材料不仅填补了建筑区积木不足的尴尬，还促进幼儿间自主的经验交流！

◎ 四、收放低结构材料，生成自主游戏内容

区域活动结束后，幼儿们不约而同地一起收纸杯，收着收着，佑佑拿着手里的一摞纸杯对凯凯说："我收的纸杯比你多！"凯凯回应着："我收的比你多！"看到两个孩子争论不休，旁边的开心淡定地说："你们俩把纸杯放

地上，我们比比看谁的多？"两个男子汉立刻放下纸杯，佑佑说："我的纸杯高，我的多！"凯凯继续收纸杯："我要比你的多！"随着孩子们收的纸杯越来越多，把长蛇一样的纸杯放到大筐里就成了难题，佑佑一拿纸杯就倒了，正在他不知所措时，萌萌跑过来抬起纸杯的另一头，两个人齐心协力很轻松地把纸杯放进筐里，其他孩子看见了也纷纷开始模仿起来。

在自主收放材料中，幼儿生成教育活动"比高矮"，积极动脑筋想办法，乐于帮助同伴，在潜移默化中体验到合作的力量。在自主游戏进行中和结束时，我们对幼儿的表现给予及时、适度、积极、正面的肯定与表扬，激发幼儿参加游戏的兴趣和积极性。根据幼儿易模仿的心理特征，必将产生积极的效果，使良性循环反复进行，提高自主游戏的质量。

玩中学，学中玩，自主游戏帮助幼儿再现生活，满足愿望。在游戏中，幼儿根据自己的兴趣和能力选择适合自己的游戏，在平等、自由、轻松、愉快的环境里，寻找学习的最佳途径。教师应转变教育观念。改善教育方法，充分发挥教师的辅助作用，使幼儿在自主游戏中真正获得发展，成为游戏的主人。

创意教育环境，回归幼儿视角

幼儿园环境本身是一个生态系统，生态主体是幼儿，环境内容、色彩、材料等各个生态因子之间只有相互配合、协调一致，才能促进环境的良性循环，保持旺盛的生命力。作为一种"隐性课程"，环境不仅对幼儿身心发展产生潜移默化的影响，而且对其个性发展和思维形成具有极大的促进作用。幼儿心理学研究表明，幼儿是环境的主人，是环境创设的重要组成部分，他们的成长不是孤立的，而是通过不断与周围环境进行交互作用而获得的动态性发展。

为了促进幼儿与各个生态因子之间建立一种互生、互补、交叉融合、持续发展、平等对话的生态关系，在"无围墙"教育理念的指导下，幼儿园环境应该回归生活与自然，体现幼儿与环境的互动依存关系，这种互动不仅仅止步于"欣赏"，追求视觉刺激，而且要注重内容的系统性，材料的互动性，形式的开放性，从而促进幼儿园环境生态系统的平衡发展，发挥幼儿园环境的教育功能与价值。

美化园所环境

◀ 爱的奉献

▼ 彩虹城堡

▼ 白桦林

◀ 闻鸡起舞

▶ 鲤鱼跃龙门

▼ 娃娃游中国

▼ 藏在哪里了

▶ 和合相生

▶ 火凤凰

◀ 心心相印

▼ 泡泡森林

▼ 九色鹿

▼ 母鸡萝丝去散步

185

▼ 浪花朵朵

▲ 齿轮滚滚

▼ 母与子

▶ 童声之波

◀ 欣欣向阳

▼ 彩色丛林

▼ 鹿宝悄悄话

▼ 小心夹手

▲ 大象喷水架

▶ 大嘴巴投篮

◀ 蜂巢

▼ 多功能鹿

189

▼ 鹿宝和鹿妈

▲ 红蓝鱼

▲ 骑行竞赛

▼ 大鹏一日同风起

▲ 咬定青山不放松

▲ 小荷才露尖尖角

▲ 满园春色藏不住

▶ 美艺大象

▼ 萌象护墙板

▲ 生命鹿

▼ 神奇的窝窝

▲ 器械城堡

▼ 鸟儿护墙板

▶ 蒲公英魔方

◀ 青花瓷花坛

▼ 蜗牛书架

▲ 中国印象

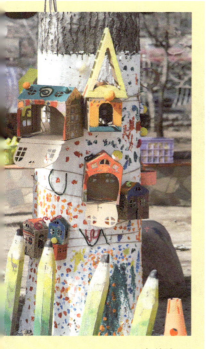

▲ 小鸟的家

▶ 长颈鹿自助餐厅

▶ 西瓜船

▼ 艺术长廊

▼ 鱼儿亲亲

▼ 力大无穷

◎ 创设班级环境

▲ 春天的窗帘

▲ 方宝纸工

▼ 剪纸风铃

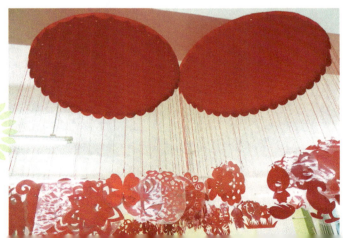

▲ 繁花画框

◀ 花边故事

▶ 简约之美

▼ 绘本小屋

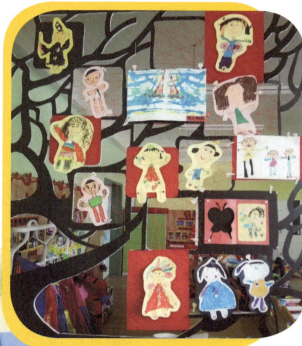

▲ 美工区隔断

▶ 自然创意

◀ 彩虹鱼

▲ 幼儿园卡通屋

▶ 好朋友

◀ 小象嬉戏

▼ 解放桥

▼ 麋鹿森林

▼ 手撕面包树

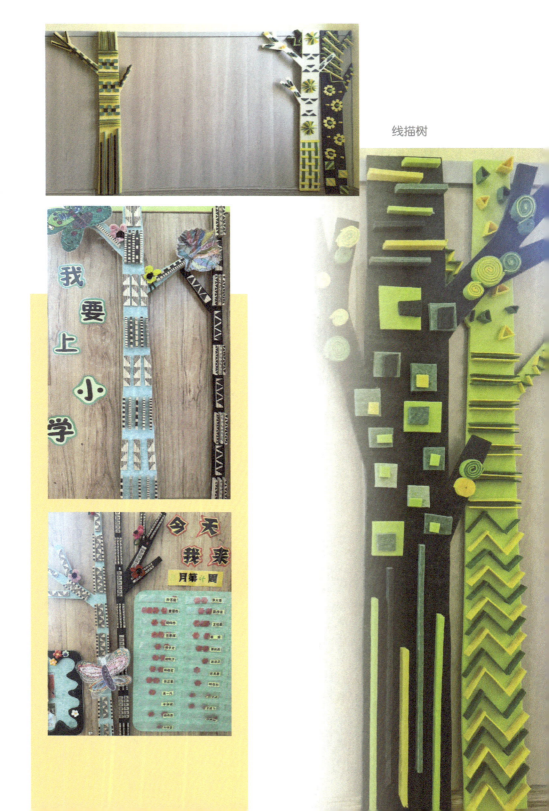

线描树

◀ 智慧树

▲ 金龙腾飞

▲ 天津剪影

▲ 桃花朵朵开

▶ 表演区

▼ 乌龟姑娘

▲ 飞上屋顶的魔豆

▼ 彩色楼房

▶ 金金、香香的家

◀ 孔雀开屏

▼ 林间小屋

▲ 积木娃娃

▲ 纸盘娃娃

◀ 叶脉姑娘

▼ 汽车总动员

▼ 黏土创意

▶ 蜗牛乐园

▼ 小苹果照相馆

▼ 美工一角

208

▼ 叶脉森林

▼ 爱心树

▶ 春天的泡泡树

天津站剪影

▶ 红与黑

▶ 相亲相爱的一家人

▼ 蔬菜进行曲

▼ 玫瑰森林

▲ 天津的立交桥

◀ 海中军舰

▼ 线描森林

▼ 雁群远行

▲ 相依相偎

▶ 童话城堡

彩虹鱼

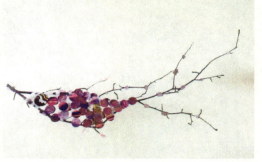

遇见秋天

第 五 章

教育研究

遇见"我们"，钟情一条专业成长的路

苏霍姆林斯基说："如果你想让教师的劳动能够给教师一些乐趣，使天天上课不至变成一种单调乏味的义务，那你就应当引导每一位教师走上从事研究的这条幸福的道路上来。"教育研究有规则、无定法、运用之妙，存乎一心。通过有声与无声的教育语言，回归本身，回归本心，回归本源，只有把它当做一件艺术品去雕琢、享受与分享，让孩子认可你、喜欢你、亲近你，家长信任你、尊重你，才能实现反哺教育，传播效果的成功。

苏格拉底说："教育不是灌输，而是点燃火焰。"诞生新思想，追求真悟道层面的教育境界是一片欢喜的境界，是运用教学之力执笔内在之魂的境界。只要善于倾听与发现，懂得珍惜与尊重，潜心研究终将会体会孩子赐予我们的远比我们给予他们的更加丰厚！

第一节

写好教育论文，探索育人理论

生态教育理念下幼儿园中班劳动教育的现状与改进研究

◎ 一、选题依据

（一）选题来源及国内外研究现状分析

1. 选题来源。

（1）政策导向——国家对劳动教育的高度重视。

2010 年教育部颁布《国家中长期教育改革和发展规划纲要（2010—2020 年）》，其中明确提出要加强劳动教育，劳动教育开始受到更多的关注。2012 年教育部颁布《3—6 岁儿童学习与发展指南》中提到幼儿的自我服务劳动，强调幼儿的基本生活技能的学习。在 2018 年全国教育大会上，习近平总书记强调要努力构建德智体美劳全面培养的教育体系，当前社会应当重视劳动的教育价值。2020 年 3 月，中共中央 国务院《关于全面加强新时代大中小学劳动教育的意见》（以下简称《意见》），《意见》中强调大中小学全教育学段开展劳动教育，幼儿园也必须与之贯穿。2021 年教育部等印发《"十四五"学前教育发展提升行动计划》指出劳动教育是促进终身学习理念真正落地的载体。随着国家政策的出台和落实，幼儿园劳动教育的价值得到重新思考，开展幼儿园劳动教育是幼儿和社会发展的需要，更是幼儿创造力发展的源泉。

（2）实施困境——幼儿园劳动教育的改进亟待加强。

幼儿园劳动教育在落地的过程中存在停留于政策表面和文件学习上。人们对于劳动教育的认识层面仅仅等同于体力劳动，家长的包办型照顾，在一定程度上极大弱化了幼儿的劳动观念，忽视了劳动精神和劳动文化的弘扬与传承，幼儿园劳动教育的价值属性很难走进家长和老师的视野。幼儿园劳动教育体系不健全，劳动教育课程处于零散状态，教师在实施劳动教育的过程中教育意识淡薄、教学形式单一，将劳动教育简化为培养生活中的劳动行为与自理能力，缺少劳动教育的深度与广度，难以增强自主意识，激发劳动情感，忽视过程性劳动品质的培养，幼儿园劳动教育无法发挥真正的价值，缺少与幼儿精神上的共鸣，无法达到其应有的教育目标。因此，本研究基于生态教育理念，围绕"动态、整合、共生"的特点，以浸润体验和情感养成为基础，立足园所实际，进一步从主体观念和教育行为上梳理幼儿园中班劳动教育的现状，明确其目标及内容，为幼儿园劳动教育的改进与实施提供现实依据。

2. 国内外研究现状分析。

（1）生态教育理念的相关研究。

国外学者布朗芬布伦纳指出，儿童的发展与各方面的政策环境密切相关。克雷明在《公共教育》，戴维斯在论文中分别从研究内容和幼儿社会化差异性两方面开展深入研究，促使人们的关注点从个别儿童及其经历和学校成绩的教育研究，转向儿童成长教育环境的因素构成。

目前我国生态教育理念在学前领域中的研究内容包括对幼儿课程的开发（原晋霞、虞永平）、五大领域教育活动的开展（滕守尧、韩奕）、教师的专业发展（阮阳、裴丽）及幼儿园环境（李亚娟、于海燕、冯晓霞）几个方面。

这种从关注幼儿个体发展到重视环境与个体之间的相互作用的过渡使得我们以更加综合的视角去审视影响儿童发展的各种因素，并在各种错综复杂的影响中，抽丝剥茧、还原真相，从而为更好地促进儿童个性化发展提供有效支点。生态理论之于教育研究与实践，并非只是学术词汇的转换，更是观念的创新与实践的革新。

（2）幼儿园劳动教育的实践研究。

2020 年 3 月 20 日颁布《全面加强新时代大中小学劳动教育的意见》，明确规定劳动教育应以必修课程的形式出现。在中央文件政策的引领下，2020 年 10 月天津市委、市政府印发《关于全面加强新时代大中小学劳动教育的若干措施》指出结合不同年龄段学生身心发展规律和特点开展劳动教育，让学校劳动教育有了"章法"。幼儿园劳动教育的研究主要集中在劳动教育的实施上，包含了幼儿劳动意识的培养、劳动观念的形成、劳动教育活动的组织形式等。吴玲 (1998) 和程从柱（2020）分别以陈鹤琴思想和马克思主义劳动学说为理论基础挖掘幼儿劳动教育的意义及价值。张超超 (2016) 和张海燕（2019）都认为幼儿园劳动教育应以真实的劳动情境为桥梁，以绘本为依托，增强劳动教育的游戏性和情境性。

不同国家在劳动教育方面的研究侧重点各有不同，国外已经形成多个核心劳动研究机构群，美国、英国、日本、德国分别从劳动方式的改变、劳动技能的习得、劳动课程的设置、劳动教育的实施策略上出发，具有完善的课程体系，评价方式多样化，注重在做中学，将劳动教育贯穿于幼儿的成长。

（3）对已有文献的评价。

图1 关于劳动教育研究的论文分布情况

通过检索文献"劳动教育"相关关键词，从研究视角看全国近年来关于劳动教育的研究主要集中于中小学及以上学段，幼儿园劳动教育的相关研究成果相对较少，对于生态教育理念下幼儿园劳动教育的现状分析和策略改进的实证研究几乎为零，劳动教育教学实践的论文以及相关课题研究主要来自于中小学、职业教育和高等院校。国内学前阶段的研究成果多数为幼儿园教师根据班级实际开展生活活动的经验论文，缺少对其进行深入探索的学术性研究，研究方法更多是教师在劳动教育活动中的实践和反思，很少从劳动教育的现状本身去思考，缺少现状分析的系统性和改进实施的完整性。本研究在生态教育理念下，遵循幼儿身心特点，以更加人文化、综合化的视角探索幼儿园劳动教育的现状和改进，为教师的劳动教育实践提供可行性指导。

（二）选题的研究意义

1. 对丰富现有劳动教育研究具有明显的理论意义。

基于生态教育理念，结合动态性、整合性、共生性的特征，在尊重幼儿发展的基础上，深入分析幼儿园劳动教育的现状。一方面，通过回顾劳动教育发展历程，简述不同时期幼儿园劳动教育的开展情况，强调劳动教育与各种自然生态环境以及社会生态环境要素之间的相互影响，扩宽研究视角，挖掘幼儿园劳动教育的独特价值及实施的现实意义，改进劳动教育实施，为幼儿园教师实施劳动教育提供理论支持；另一方面，极大弥补了幼儿园教师和家长对于劳动教育现状认识的不足，转化幼儿园教师的劳动观念，提高幼儿园劳动教育的研究价值，探析幼儿园劳动教育中的实施困境与实践策略。本研究的开展与实施弥补了当前国内幼儿园劳动教育实践缺乏系统性与整体性的不足，对丰富现有劳动教育研究具有明显的理论意义。

2. 对教师实施劳动教育活动具有重要的实践意义。

2022 年 5 月教育部正式印发《义务教育课程方案》，将劳动从原来的综合实践活动课程中完全独立出来，并发布《义务教育劳动课程标准（2022年版）》。《"十四五"学前教育发展提升行动计划》指出学前教育阶段学习应为幼儿后继学习和终身发展奠定基础，劳动教育是促进终身学习理念真正落地的载体。在生态教育理念的指引下，理性审视幼儿园劳动教育实践中存在的现实问题，深入挖掘其影响因素，通过两轮行动研究和螺旋递进式的研究模式，打破固有的劳动教育现状，有效将生态教育与劳动教育有机融合，提高幼儿劳动的主体性，搭建劳动教育实施的隐性桥梁，从中体验到与己合、与人合、与社会合、与文化合的内在关系，帮助幼儿形成正确的劳动价值观，获得良好的劳动素养。同时，本研究为一线教师开展劳动教育活动提供实践指导，提高劳动教育水平，丰富劳动教育实例，增强劳动教育实效，对幼儿园教师实施劳动教育活动具有重要的实践意义。

◎ 二、研究方案

（一）研究内容、研究目标和拟解决的关键问题

1.研究内容。

研究思路：本研究中以生态教育理念为理论基础，通过文献、访谈、问卷等研究方法深入调查，分析当前幼儿园中班劳动教育的现状及开展过程中存在的问题，尝试改进生态教育理念下幼儿园中班劳动教育的实施策略，以期为幼儿园教师开展劳动教育活动提供新思路。

（1）通过文献研究，思考生态教育系统中各因子作用于劳动教育的关系。

本研究通过文献法分析生态教育与劳动教育的内在关系，了解当前幼儿园劳动教育的现状，使生态教育理念为解决当前幼儿园劳动教育中的实际问题和改进策略拓展新思路。基于本幼儿园生态教育研究的基础上，提取生态教育系统中的各因子"与己合""与人合""与社会合""与文化合"，并通过园所的组织环境、资源环境、精神环境、制度环境融生态教育理念于劳动教育之中，充分考虑生态教育系统中各因子之间层层递进、相辅相成的内在关系，并利用游戏性劳动、生活性劳动、自然性劳动、创造性劳动等方式，在不同年龄班设计生态式劳动教育主题网，有层次性地开展劳动教育主题活动，设计、优化生态教育理念下幼儿园劳动教育的策略，构建完整的幼儿园劳动

教育活动体系，积极关注整个生态教育系统中的每一个生命成长愿望的实现，追求生命间互生互长、共融共生的多赢局面，以此提升幼儿的劳动意识、劳动情感、劳动能力和劳动品质。

（2）围绕生态教育理念的动态性、整合性、共生性分析劳动教育现状。

本研究结合《3—6岁儿童学习与发展指南》中蕴含的劳动教育的目标和教育建议，基于生态教育理念的动态性、整合性、共生性，以更加人文化、综合化的视角梳理生态教育中各因子作用于劳动教育的关系，围绕劳动能力、劳动合作、劳动服务、劳动情感设计调查问卷和访谈提纲，从主体观念和教育行为上分析幼儿园中班的劳动教育现状。

劳动情感——成人对劳动教育的内涵理解片面，主观地认为帮助幼儿树立劳动观念、培养自理能力、提高劳动技能最为重要，而忽视了幼儿劳动情感价值观的培养，以成人为主体的"任务型劳动"迫使幼儿被动接受，缺乏劳动情感认同。

劳动服务——随着时代的科技进步，成人和电子的包办代替行为导致幼儿"以自我为中心"，社会意识淡薄，缺少服务他人的机会。同时，"无劳动的教育"与"无教育的劳动"并存，劳动目标制定不明确，内容选择相对片面，实施途径比较单一，劳动形式浮于表面，过于强调游戏化、趣味性，缺乏对于劳动本质的思考。

劳动合作——在劳动过程中，部分幼儿积极主动、认真耐心，兴致较高，乐于帮助他人，喜欢与他人分享自己的劳动过程，展示自己的劳动成果，但幼儿劳动参与度与自身能力成正相关：能力强的幼儿乐于参与劳动，能力不足的幼儿表现消极倦怠，同伴间忽视交往、合作、互助、分享的主动性行为。

劳动能力——成人以自己陈旧的观念、片面的理解定义新时代背景下劳动教育的作用，将劳动教育等同于劳动，使劳动与教育脱节，忽视劳动教育对幼儿全面发展的促进作用，缺乏劳动价值的认同感，严重弱化幼儿的劳动能力，忽视内在需求，丧失劳动机会，导致其形成习惯性依赖，缺乏主动性劳动意愿。

因此，本研究有效地把握幼儿园劳动教育活动中教育性与实践性的平衡，进一步探索生态教育与劳动教育之间的变量关系，将组织环境、资源环境、精神环境、制度环境内嵌于"与己合""与人合""与社会合""与文化合"四个环环相扣的生态式劳动圈。

（3）设计总体规划，通过两轮行动研究改进生态教育理念下幼儿园劳动教育的实施路径。

本研究拟采用行动研究为主要的研究方法，在计划、行动、观察 反思中通过两轮迭代修正，使生态教育理念下幼儿园中班劳动教育的改进研究不断完善。研究者按照计划参与到劳动教育活动中，在实践探索中观察并记录中班幼儿的活动过程和行为表现，通过多维观察发现问题、分析问题，并通过总结反思，不断调整、改进行动计划，在"以学致思""由思行事""以事成人"螺旋前进的行动过程中解决实际问题，形成动态循环的生态劳动教育过程，并融"四合"于劳动能力、劳动合作、劳动服务和劳动情感之中，通过游戏、生活及其他活动探索幼儿园中班浸润性劳动教育的内容与途径，建立起"五育融合"的教育结构。

具体实施步骤如下：

一是整体性计划。充分考虑生态教育系统中各因子之间的相互作用，制定劳动教育的整体性计划，积极关注整个生态系统中的每一个生命成长愿望的实现，并追求生命间互生互长、共融共生的多赢局面。

二是层次性实施。基于幼儿园生态式教育研究的基础上，利用园所生态环境资源，通过游戏性劳动、生活性劳动、自然性劳动、创造性劳动等方式有层次性地实施生态式主题劳动教育课程。

三是动态性观察。观察是行动研究中的重要一环，在劳动教育活动开展的过程中，对研究对象的个体性和社会性行为进行不定时、不定地的多视角观察，有利于全面认识行动的过程与特性。

四是系统性反思。反思在行动研究中既是一个螺旋圈的终结，又是过渡到另一个螺旋圈的中介，对动态性观察的行为和现象进行系统性总结和判断，提出修正计划，实施下一步行动意见。

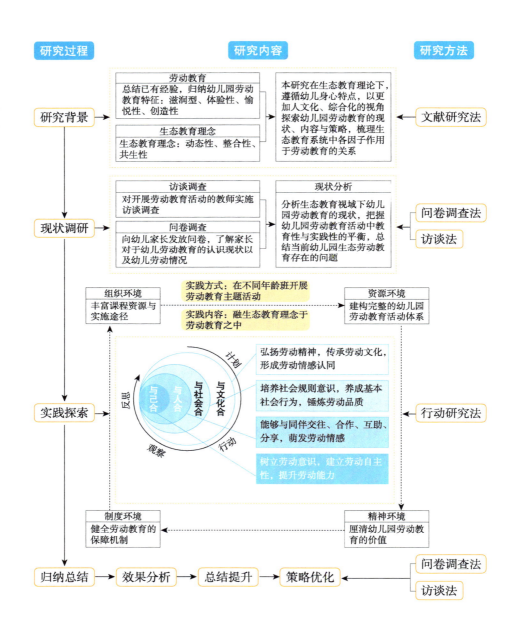

图2 关于生态教育理念下幼儿园劳动教育研究内容的实施框架图

2. 研究重难点。

（1）研究重点：分析生态教育理念下幼儿园中班劳动教育的现状，把握幼儿园劳动教育活动中教育性与实践性的平衡，并改进幼儿园劳动教育的实施路径。

（2）研究难点：设计两轮行动研究计划，改进生态教育理念下的幼儿园中班劳动教育的实施路径，提升教师开展幼儿园劳动教育活动的实践水平和组织能力。

3. 研究目标。

（1）通过探析幼儿园劳动教育活动中生态理念缺失以及劳动教育活动组织形式单一化的现状，并进行归因分析，结合多维空间、多边对话、多元融合的生态教育理念，改进幼儿园中班劳动教育的实施路径。

（2）在审视幼儿园劳动教育现状的基础上，归纳总结生态教育理念下幼儿园中班劳动教育活动的实施策略，为幼儿园教师开展劳动教育活动提供可行性建议。

4. 拟解决的关键问题。

（1）分析生态教育理念下幼儿园中班劳动教育的现状。

本研究拟通过文献法对以往生态教育理念下幼儿园劳动教育的经验进行分析，并使用问卷调查法、访谈法等对现阶段幼儿园教师在生态教育理念下幼儿园中班劳动教育活动中的目标、内容、形式、评价等进行总结分析。同时，我们深入实践，以主题活动的形式系统地、有计划地开展生态理念下幼儿园劳动教育的活动，为幼儿园教师开展此类活动提供改进策略。

（2）改进生态教育理念下幼儿园中班劳动教育的策略。

本研究通过两轮行动研究，在充分考虑中班幼儿身心发展特点和规律的基础上，探究生态教育理念下的劳动教育策略对幼儿劳动意识、劳动情感、劳动能力以及劳动品质的影响，进一步梳理生态教育系统中各因子作用于劳动教育的关系。拟将劳动教育贯穿于组织环境、资源环境、精神环境、制度环境始终，融"四合"于劳动能力、劳动合作、劳动服务和劳动情感之中，并通过游戏、生活及其他活动探索幼儿园中班劳动教育的内容与途径。

（二）拟采取的研究方法（技术路线、实验方案）及可行性分析

1. 研究方法。

（1）文献法。

文献法即按时间发生、发展时序的方式对以往生态教育理念下幼儿园劳动教育进行查找，将文献资料进行整理分析，撰写文献综述，为本研究提供坚实的佐证和说服力。

（2）行动研究法。

行动研究法的主要表现在"行动"上，由研究者进行。在本研究中教师参与到劳动教育实践中，在主题探索中进行反思与总结，不断调整、改进主题活动设计，形成生态教育理念下幼儿园劳动教育的新思考。

（3）访谈法。

本研究通过设计访谈提纲，对幼儿园一线教师进行访谈调查，了选取幼儿园教师作为访谈对象，从劳动教育的实施路径、内容选择、实施阻力等方面设计了《幼儿园劳动教育教师访谈提纲》，以此发现幼儿园劳动教育实施过程中的问题，对其进行收集与整理，并分析、归纳、总结幼儿园中班劳动教育的实施现状及困境，提出解决对策，改进幼儿园劳动教育的实施效果。

（4）问卷法。

问卷法是通过由一系列问题构成的调查表收集资料以测量人的行为和态度的心理学基本研究方法之一。本研究结合《3—6岁儿童学习与发展指南》中蕴含的劳动教育的目标和教育建议，基于劳动能力、劳动合作、劳动服务、劳动情感编制问卷《幼儿园中班劳动教育现状》，在研究前期和后期分别对家长和在园教师进行问卷调查。通过问卷的收集分析概括幼儿园中班劳动教育的整体情况，并通过不同阶段的对比分析，了解幼儿劳动综合能力的提升，以证明本研究的可信度和有效性。

2. 研究的可行性分析。

本课题负责人曾承担中国学前教育研究会研究课题"生态式幼儿园环

境教育主题活动研究"，与本课题都属于生态教育理念下的研究范畴，但本课题是通过探析幼儿园劳动教育中生态理念缺失的现状，进行归因分析，探讨幼儿园生态教育理念下劳动教育的综合育人功能，为教师开展相关活动提供可行的、易操作的建议。

（三）研究的特色与创新之处

本研究的创新之处在于利用生态教育的原理和方式来思考和解释劳动教育中的现象，在人与自己、与他人、与社会、与文化中建立一种互补共生、交叉融合、持续发展的生态关系，以达到"知行合一"的理想状态。相较于其他学龄阶段的劳动教育，幼儿园劳动教育具有浸润性、体验性、愉悦性、创造性的特征，这种特点让生态教育理念之于劳动教育具有特殊的价值，通过考察各因子间有着相互作用的动态关系，劳动教育可在"树德""增智""强体""育美"实现各因子间的动态平衡，从而促使幼儿主动与自然、家庭、社会互动，在劳动教育中形成良好的劳动价值观及素养，最终形成以劳动教育为核心，以幼儿为主体，具有生态化结构和功能的有机动态平衡体。

本研究拟通过两轮行动研究，在充分考虑幼儿身心发展特点和规律的基础上，在计划、行动、观察、反思的过程中改进探索行之有效的生态教育理念下的幼儿园中班劳动教育策略，从而提升幼儿的劳动情感、劳动服务、劳动合作和劳动能力。

（四）研究基础和已具备的工作条件

1. 研究基础。

（1）作为课题负责人，组织天津市教育科学研究院专项课题"基于儿童视角的幼儿园创造性美术活动的实践研究"，主要依据幼儿视知觉的自我发现和独特的审美能力构思幼儿园创造性美术活动的实施路径，实现自由与创造的本真追求，多篇论文获得市区一等奖，并在天津教育上发表，著作《原来我也是大师——基于儿童视角的幼儿园创造性美术活动实践研究》出版发行。

（2）参加天津市基础教育科研规划课题"生态式幼儿园环境教育主题活动研究"，主张生态教育理念下环境育美，环境立教，环境促情，多篇论文、案例获得市区一等奖。

（3）参加中国学前教育研究会的课题"环境教育指导下幼儿园美术主题活动研究"，多篇论文在天津市学前教育教学论文评选中获奖，并刊登于河东区第十七届论文成果集。

（4）参与于晓霞《行走在园本教研的路上》、市幼儿教研室《教师指导用书》的编写。

2.已具备的工作条件。

（1）研究能力。

本课题负责人具有较为丰富的研究经验，主持完成天津市多项课题并结题，与本课题的研究理念、研究方法相似，皆以游戏为主、体验为先，将"源于自然、源于生活"的原则贯穿始终，但本课题是通过探析幼儿园劳动教育中生态理念缺失的现状，进行归因分析，探讨幼儿园生态教育理念下劳动教育的综合育人功能。

（2）时间保障。

本课题成员人选充分考虑学历水平、科研能力、教学实践能力的合理搭配，从而构成一个综合实力较高的研究小组，课题组每两周1次研究循环，每个月一次专题研讨，为我们顺利完成研究任务提供了必要的人力保障和时间保证。

协同育人视域下的幼儿园生态劳动教育的实践研究

随着国家政策的出台和落实，幼儿园劳动教育的价值得到重新思考，开展生态劳动教育是幼儿园、家庭和社会发展的需要，更是幼儿多元能力提升的源泉。2021年教育部等九部门印发《"十四五"学前教育发展提升行动计划》指出学前教育阶段学习应为幼儿后继学习和终身发展奠定基础，劳动教育是促进终身学习理念真正落地的载体。新时代背景下，生态劳动教育作为幼儿园的课程之一，为幼儿提供人与人、人与自然之间和谐相处的环境，并与幼儿园、家庭、社区、大自然构成一个相互联系、相互影响、相互制约的生态系统，共同促进家园社的健康和谐发展。然而，在家园社三方协同育人的关系中，易出现割裂化、浅表化、各自为战等现实问题，导致主体责任混乱，执行过程不畅，育人评价缺失，难以形成劳动教育育人合力。

基于协同育人理念，关注家园社的动态性、协同性、整合性发展，创设整体关联的生态劳动环境，预设与创生相结合，审视幼儿园生态劳动教育的内涵（与己合、与人合、与社会合、与文化合）与外延（园所劳动、家庭劳动、社会劳动）。其中，生态劳动教育的生态链主要体现在园所劳动、家庭劳动、社会劳动的共生上，三者和合相生、缺一不可。因此，我们立足园所实际，发挥自身生态优势，以协同育人视角构建幼儿园生态劳动教育的实施策略为目标，通过组织环境、资源环境、精神环境、制度环境融生态教育理念于劳动教育之中，有效融合幼儿园、家庭和社区资源，深入挖掘幼儿园生态劳动教育内容，建立一种互生互补、交叉融合、持续发展、平等对话的生态关系，从而提升幼儿的劳动情感、劳动服务、劳动合作和劳动能力。

一、明晰生物本源，协同主体责任

（一）发挥幼儿园专业优势，增进家园社内驱协作

瑞士哲学家荣格认为内驱力是一种在环境和自我交流的过程中产生的驱动效应，给个体以积极暗示的生物信号。在自我成长的过程中，幼儿渴望成为"更好的自己"，通过回归生活本体，寻求生物本源，发挥幼儿园专业优势，使幼儿主动寻求劳动进步与成长痕迹，实现生命本能的内在需求，增进家园社内驱协作。

通过"以点带面"折射儿童视角下的问题情景，串联生活角的真实游戏，辐射幼儿的一日生活。利用隐性环境支持、生活实际操作、游戏情境再

现，唤醒并提升幼儿主动劳动的自我意识，初步培养自我服务的劳动技能，帮助其感受自我服务的舒适感和快乐感；利用区域自主游戏开展劳动教育，既满足幼儿的兴趣探索、工具使用，又提高动作协调能力和生活自理能力，在主动习得劳动技能的基础上，扩大生活环境，链接生活需要，提高服务他人的劳动主动性，尊重他人劳动成果。同时，基于家庭、幼儿园、班级的劳动需要，充分发挥家委会在劳动教育中的桥梁和纽带作用，在感知自主劳动中，将服务自我、服务他人与服务集体相结合，开展多元化家园劳动，帮助幼儿在劳动态度、行为和效果上显现主动的劳动倾向，学做妈妈的小帮手，竞选护园小卫士，争当班级小主人，体验持续性劳动带给他人的幸福感，获得自身的价值感，不断提高幼儿独立的生活自理能力，培养服务他人的劳动习惯，提升家园社劳动协作的影响力。

可见，我们充分发挥幼儿园的专业主阵地，以更加人文化、综合化的视角围绕劳动能力、劳动合作、劳动服务、劳动情感设计调查问卷和访谈提纲，从主体观念和教育行为上分析幼儿园的劳动教育现状，促进家园社的多方联动。

（二）履行家庭主体责任，增强家长的意识责任

父母是孩子的第一任老师，家庭是第一课堂，是幼儿接受劳动训练的关键场，也是提高劳动教育质量的关键域。在家庭教育中，积极营造劳动教育氛围，履行家庭主体责任，家长要为幼儿树立榜样，还原生活点滴，增强家长的劳动意识与主体责任。

通过"请进来"的主题式家园共育，创造良好的家庭劳动教育环境，帮助家长正视劳动在幼儿成长过程中的积极作用，鼓励家长承担劳动教育职责，引导幼儿主动做力所能及的事，有效促进家庭与幼儿园的劳动教育协同，使家园劳动教育有机结合，强化家长参与的深度与广度，提高家园合作能力。在劳动实践中，建立健全的家庭教育指导委员会，通过组织线下与线上家长学校、家长开放日、家长进课堂、升旗宣传周、亲子劳动节、节日游园会、家园双向交流日等活动，开展多元化家园合作。向家庭和社区传播科

学的劳动教育理念、劳动教育政策、劳动教育实践，引导家长主动增强劳动教育能力，形成家园社协作统一。

可见，根据幼儿的身心发展和年龄特点，家长应为其创造社会服务和生产劳动的教育机会，因地制宜开展形式多样的劳动教育内容，引导幼儿主动参与家庭劳动与社会劳动，帮助幼儿了解社会，形成社会责任感，增强劳动素养。

（三）健全社会服务体系，丰富劳动载体的角色支持

秉承"伙伴型"关系，依托社区的公共服务设施，弘扬"劳动光荣、创造伟大"的主旋律，营造关心与支持、尊重与热爱的劳动教育氛围。通过劳动实践扩展劳动教育范围，逐步完善劳动教育公共服务平台，推动社会资源对劳动教育的开放共享，为家庭和幼儿园的劳动教育提供载体支持，使幼儿与成人获得双赢。

为了促进幼儿与各生态因子之间建立一种互生、互补、交叉融合、持续发展、平等对话的生态关系，在"无围墙"教育理念的指导下，利用"外引内联"的方式链接幼儿园、家庭与社区，放大社会环境的辐射影响力，引导幼儿"亲近自然、融入社会"。借助丰富的社会劳动教育资源，如：**各种爱国主义教育基地、社会实践基地、科普教育基地**等，面向家长与幼儿开放，并开展公益性劳动实践与教育宣传，最大限度地开放共享平台，促进幼儿与外界环境的对话与交流，实现园内、园外的成长对接。同时，利用走进田野、消防队、超市、理发店、照相馆、父母的工作单位等社会实践活动，创造立体化、动态性、连续性的生态劳动环境，帮助幼儿融入社会群体，感受各行各业劳动者的工作环境，不仅帮助幼儿体验劳动价值，普及劳动知识，培养劳动能力，还增强社会责任感和劳动感染力。

可见，将自我服务与集体服务相结合，健全社会服务体系，帮助幼儿连续性体验劳动带给生活的舒服感，生活带给自身的价值感，从而提升幼儿的主动性、参与性与责任感，丰富劳动载体的角色支持。

◉ 二、拓展共生环境，协同执行过程

（一）拓宽个性化生态视角，畅通劳动教育的沟通渠道

基于"全劳动"的生态视角，以"小农场"为试验场精心打造个性化户外种植环境。伴随植物生长的整个生命历程，协同家园社"三位一体"的生态关系，渗透亲近自然、关爱生命、展现天性的劳作游戏，满足家园社持续性互动，畅通劳动教育的多渠道沟通。

利用小农场"全劳动"的教育资源，发挥家园社的协同作用。通过自主设计种植场地，认领班级种植区，公开投票选种，开展翻地、挖坑、播种、培土、浇水等游戏化劳动。利用小组探究、集体讨论、个体观察、自由活动比赛挖红薯、拔萝卜、数甘蔗、给黄瓜架秧、为白菜除草……选择农作物制作户外运动器械开展亲子运动节。同时，运用整体性、系统性思维拓展家庭和社区的优势资源，参观学农体验馆、生活美食馆、造型艺术馆，开展设计、规划与实践一体化的综合劳动实践，并渗透进幼儿的一日生活：根据任务自主选择工具做标记，点数地里的白菜、修剪萝卜叶子、清理枯枝和杂草、记录大棚的温度变化，烹制、分享各种美食，装点班级环境，采摘、售卖瓜果蔬菜，为幼儿的自主性劳动提供更多可能。

在持续性劳动中，拓宽个性化生态视角，紧密关联自然与生活，实现园所劳动与家庭、社区互动共生、共劳共育，使劳动资源最大化。利用成人的放手与放权帮助幼儿成为劳动主体，促进劳动经验的不断生长，实现其主动性收获，促进环境与资源，家园社的协同发展。

（二）选择适宜性劳动刺激，共建协同育人的劳动目标

依托园所环境和真实场域，挖掘有价值的自然资源和人文资源，选择儿童视角下的适宜刺激，唤起家园社的劳动情感共鸣，促进劳动与生活、幼儿与环境之间的深入对话。以平等尊重为基础，共建协同育人的劳动目标，激发幼儿的内部欲望，使之从被动接受到主动习得，保持整体的劳动生态平衡。

在聚焦家园社协同育人的基础上,激活参与主体的多样需要,协同各方的科学性、层次性和操作性。通过秉承"把节日还给孩子"的教育理念,结合中国元素、社会热点、城市特色开展大型区域游园活动,创设角色环境,搭建多领域融合的互动平台,创设属于幼儿的微缩世界。通过"大带小"的方式自由组建家庭,在职业体验、获取报酬、消费理财、休闲娱乐中,自主协商选择游戏内容,增强角色意识,感知劳动过程,再现真实情景和现实生活;结合传统文化,将传统工艺与劳动教育相结合,利用扎染、编织、面塑等传统工艺途径实施劳动教育,满足幼儿情感、认知和技能的需求;围绕社区的创文创卫,尝试亲子环保种植、环保制作、垃圾分类,以"绿色环保小达人"的独特视角记录、发现、创造、表达、交往与互助,表现对绿色生活的认识与参与。

总之,成人的尊重与让位不仅让幼儿自主选择适宜性的劳动刺激,感知自我存在的价值。在小手拉大手中,共建协同育人的劳动目标"用自己的力量去生存",在承担责任、分享合作中自主习得生活技能,积累生存力量。

(三)还原主体性环境本位,提高生态育人的劳动意识

幼儿园环境本身是一个生态系统,生态主体是幼儿,教师、家长和社会人员等各生态因子之间只有相互配合、协调一致,才能促进生态环境的良性循环;只有家园社协同还原幼儿的主体性,才能促进其个性发展和劳动意识,保持旺盛的生命力。

基于"融入自然,还原童心"的教育理念,通过不断与生态环境进行交互作用的可视化劳动环境,调动视、听、触、动等多种感官通道,唤醒其内在的亲自然灵性,内化已有经验,发展可持续化劳动,营造个性化立体生态空间,获得的动态性发展。如:在帮助大树、服务小鸟的过程中,利用刷石灰水、制作鸟窝、装饰餐厅等连续性的观察、思考与实践,拉近生命间的距离,表现对生命的关爱,用"真实"劳动感受生命的和谐,使幼儿体会生命的力量和收获的喜悦;利用生活本品,鼓励亲子创意、参与互动、表达创造,增强变废为宝的环保意识,提高对环境的亲切感和主动参与的劳动意识,凸

显幼儿是劳动小主人的环境本位；挖掘现实生活中的劳动模范，强化生态育人的劳动意识，通过设立小记者团，访问劳动模范，弘扬劳动精神，模仿成人劳动表达敬意与感谢，收获互助成长的劳动经验，奏响崇尚劳动的时代主旋律。

环境回归生活与自然，感悟生命间的相互依存与共生关系，这种互动不仅仅止步于"欣赏"，追求视觉刺激，而且要注重内容的系统性、材料的互动性、形式的开放性，促进家园社环境生态系统的平衡发展。

三、尊重生态平衡，协同育人评价

（一）丰富多元化评价主体，促进劳动教育的评价方式

家园社协同开展的生态劳动教育具有体验性、愉悦性、浸润性、适宜性、挑战性、整合性的特点，其评价主体包括幼儿、教师和家长，评价方式应根据幼儿的年龄特点和生态劳动的特点，自主选择适宜的方式，汇聚家园社的向心力，激发幼儿的源动力，促使幼儿主动与自然、家庭、社会互动，形成具有生态化结构和功能的有机动态平衡体。

以教师为主体的评价，通过教育计划、教育故事、观察记录、效果分析等开展个体的差异性评价、表现性评价、量表评价、轶事记录评价、档案袋评价等。同时，建立幼儿测查与评估相关的制度与文本，如：成长档案册、幼儿学期专项评估的观察与记录、幼儿专项评估等；以家长为主体的评价，家长在生态劳动教育中承担教师的合作者、儿童的指导者以及活动的审议者，通过社区活动、家长学校、主体实施的调查问卷、活动访谈等组织家长学校、亲子开放、座谈交流等活动，由此可见，聚焦多元主体的共同成长，促进劳动教育评价方式的多元化。

（二）利用科学化评价指标，提升劳动教育的评价水平

伴随劳动发生、发展的全过程，家园社协同组织的综合性劳动实践的教育效果应采用"过程＋结果"的评价方式，通过探索劳动教育的适宜性、评价指标的科学性，从而提升劳动教育的评价水平，促进幼儿的全面

发展。

在制定科学化评价指标的过程中，以幼儿发展为核心，以多元主体评价为导向，赋予幼儿、家庭、教师、园所、社会等不同的协同主体的评价权重，结合家庭和社区的实际情况，将幼儿的身心健康、生活技能、动手能力、创新精神等纳入评价指标，建立多层级评价体系。通过系统的主题活动、特色的领域活动、生成的游戏活动等梳理、调整劳动教育目标领域的均衡性、内容价值的可行性，并进行文本评价、过程评价和效果评价，给予及时的反馈和评价。可见，利用科学化评价指标，不仅调动家、园、社主体参与的积极性、评价的科学性，还帮助幼儿养成良好的劳动习惯，提高劳动教育的实效性。

（三）实现整合性劳动评价，尊重劳动教育的动态过程

生态劳动教育的整合性体现在"与己合、与人合、与社会合、与文化合"的内涵和"园所劳动、家庭劳动、社会劳动"的外延上。劳动评价应有效把握劳动的教育性与实践性、幼儿的全面性和发展性的平衡，寻找协同教育与生态劳动之间的变量关系，将组织环境、资源环境、精神环境、制度环境内嵌于"四合"环环相扣的生态式劳动圈，使劳动教育的动态过程聚焦幼儿经验的生长。

在生态劳动实践与探索中，劳动评价逐渐从关注结果转向关注过程和持续性实践，从被动性接受转向主动性关注，从关注显性收获转向关注隐形收获，从关注劳动知识技能转向关注劳动情感体验。通过区角游戏、生态环境、传统节日等优化幼儿的一日生活养成教育，鼓励幼儿利用统计、分类、对应等多种方式帮助班级整理图书和玩具；以"大帮小"的方式，帮助弟弟妹妹穿脱衣裤；分类与清理垃圾，体验值日生的价值感，争当护园小卫士……可见，聚焦教师专业化成长和教育观念的转变，聚焦园所品质的有效提升，聚焦家庭、社会的共同受益，实现整合性劳动评价，尊重劳动教育的动态过程。

协同育人视域下的幼儿园生态劳动教育是一个复杂又深刻的问题。通

过探析幼儿园生态劳动教育中协同育人理念缺失以及活动组织形式单一的现状，进行归因分析。结合多维空间、多边对话、多元融合的协同育人理念，增强协同育人意识，把握劳动育人导向，凝聚家园社育人力量，形成多元互动凝聚力，构建"三位一体"的协同育人格局，提供多样化、创新性的劳动实践机会，促进以合作为基础的协同机制，提升生态劳动教育实效，实现多元主体协同推进，为幼儿园生态劳动教育赋能增效，保障其长期、有序、科学、稳定地推进。

基于"五育融合"理念幼儿园蒲公英主题课程建构的实证研究

一、问题提出

我国教育家陈鹤琴提出"活教育"理论，即教材是活的，方法是活的，课本是活的，教师也是活的，其课程论主张"大自然、大社会都是活教材"，我们要在日常生活中去观察、去体验，与大自然、大社会进行深入地接触与探究，将教育延展至整个生活，丰富幼儿亲身感知、实际体验、获取经验的渠道，为开展"五育"融合主题课程、实施"全面化教育"创造条件。"活生五育、五育相活"，"活教育"与"五育融合"一脉相承。2018 年 9 月，习近平总书记在全国教育大会上明确指出努力构建德智体美劳全面发展的教育体系，注重学生全面发展，大力发展素质教育，促进五育融合"，进一步明晰了"五育"融合的教育发展目标。"五育融合"既是一种融合育人理论，也是一种融合实践形式，回归教育的本质规律，主张关注儿童、关注整合、关注质量，注重课程的融合生成，具有符合新时代的均衡性、平等性、关联性、整体性特点。然而，在主题课程计划与实施的过程中，由于教师"五育融合"理念的视角不够专业，对班级主题课程实施的深入性、创生性、整合性不足，主要以教师随机性评价为主，忽视幼儿园、家长、幼儿等多主体性评价，导致当前

"五育融合"还存在"五育"失衡、静态融合、简单拼凑等现象。

朱家雄教授认为幼儿园主题课程是综合性课程的一种主要形式，也可以等同于主题教育活动，是把不同学科的教学内容综合在一个主题网络中。本研究中的幼儿园主题课程指在一定时间范围内，以"蒲公英"主题为内容中心，以幼儿的兴趣为活动中心，开展与主题有关的多种形式的幼儿园教育教学活动，幼儿从中获得相关的知识经验进而实现身心全面和谐发展。因此，本研究通过探索大自然最直接的生命活动，直达生命自然理念浸润的主题活动，是有效彰显幼儿主体性的重要手段，是幼儿感性地把握世界的链接方式，是表达对世界认识的另一种"语言"，也是促进"五育融合"理念真正落地的实施载体。

由于幼儿期的精神世界具有生动性、多元化的特点，是智力与非智力因素培养的黄金时期，我们依据"活教育"思想，尊重儿童本位，倡导儿童经验，主张"五育融合"，顺应幼儿发展的体验性与表现性特点，用爱、美、生命的人文主义精神，在与大自然的有效互动中，捕捉幼儿感兴趣或有意义的问题和情境，以"蒲公英"的连续性观察为主题线索，以儿童的过程性经验为网络导向，运用情感介入与知觉形象融为一体的整体思维模式，帮助教师驻足儿童视角审"玩"，站在儿童实际层面研"学"，以发展心理学的眼光对幼儿进行移情式理解，识别幼儿以新方式的主动学习，发现他们之间天然的亲密与契合，多渠道、全方位地建构纵深整体性、动态融合性、立体多元化的主题课程，最终实现幼儿成为德智体美劳全面发展、整体发展、符合新时代发展要求的个体。

二、研究目标

一是通过探析幼儿园主题教育活动中"五育融合"理念缺失的现状，结合多维空间、多边对话、多元融合的"五育融合"理念，设计幼儿园蒲公英主题课程网络图。

二是在审视幼儿园主题课程实施现状的基础上，归纳总结"五育融合"

理念下幼儿园蒲公英主题课程的实施策略，为幼儿园教师开展该主题课程提供可行性建议。

三、研究方法

（一）行动研究法

行动研究法的主要表现在"行动"上，由研究者进行。在本研究中教师参与到主题课程的实践中，在"五育融合"中进行主题建构的反思与总结，不断调整、改进主题课程设计，形成"五育融合"理念下幼儿园蒲公英主题课程的新思考。

（二）访谈法

本研究通过设计访谈提纲，对幼儿园一线教师进行访谈调查，了解幼儿园教师在设计、实施"蒲公英"主题课程前后遇到的问题，对其进行收集与整理，并分析、归纳、总结该主题的实施现状及困境，从而促进"五育融合"理念下幼儿园蒲公英主题课程的策略优化。

四、研究内容

本研究以"五育融合"理念为基础，通过行动研究、访谈、案例分析等研究方法，分析当前幼儿园主题课程的现状及过程中存在的问题，以"蒲公英"为线索，设计纵深整体性、动态融合性、立体多元化的主题网络图，以期为幼儿园教师开展"五育融合"的主题课程提供新思路。

五、研究结论

（一）基于蒲公英多维视角，构建综合性主题课程

"蒲公英"主题课程是一种结构化程度较低，偏向于由幼儿自发生成的主题课程。它生发于大自然的主动探索，重视幼儿的主体性和前后的连续性、整体性、综合性。赵寄石认为幼儿园主题课程具有综合性，具体包括教育内容的综合、教育方法的综合、教育过程的综合。

1. 挖掘"蒲公英"的独特价值，促进教育内容的综合探索。

"蒲公英"是大自然构型独特的生物体，不仅贴近幼儿的日常生活，满足他们的兴趣需要，还形象地折射出幼儿在园、毕业的状态——"聚是一盆火，散是满天星"。拟人化的"蒲公英"是概括性好、拓展性强的主题，结合幼儿的生活经验最大化地发挥其独特的教育价值。从蒲公英成长变化、外形特点、实用价值、独立创新的角度设计四个一维主题——"长吧！蒲公英""美吧！蒲公英""飞吧！蒲公英""变吧！蒲公英"，每个维度的内容运用并列或递进的方式进行延展，通过综合性的小主题形成纵横交错、交叉融合的网络覆盖，促进运动、生活、游戏、学习等教育内容的综合探索。

2. 拓展"蒲公英"的纵深空间，促进教育方法的综合运用。

基于蒲公英的多维视角，综合运用语言传递、图像传递、情感传递、实际操作、培养习惯为主的教育方法，拓展幼儿对蒲公英的纵深感知空间。在"一班一品""一月一展""一课一研"中鼓励多方面联合、多角度推进的师幼协作探究，情景再现体验，运用自由选择角色，自主开展游戏，自发交流规则等教育方法，渗透进生活、区域、游戏、学习等主题课程的每一支脉络，最终引导其感受美、表现美、创造美，体验爱、表达爱、传播爱，让美与爱如蒲公英一样"播种、萌芽、绽放、飞扬"，具有生长活力和拓展张力。

3. 参与"蒲公英"的生命旅程，促进教育过程的综合实践。

在教育过程中，通过对蒲公英"知、情、意、行"的深度共情，融合五大领域各维度的内容，还原幼儿本真的生命状态，激发其自主游戏的愿望，促进教育过程的综合实践。在感知、理解、认识"蒲公英"生命个体的基础上，鼓励幼儿参与"蒲公英的旅行""蒲公英的游戏""蒲公英的故事"的生命旅程，结合自身经验创编出层层递进的游戏情节，调动幼儿的内在生命力，感受团结快乐、独立自主的"蒲公英"，提高幼儿的情感体验，初步懂得尊重、爱惜生命，汲取生命的力量。

（二）同频儿童的真实需要，生成人文性主题资源

幼儿园主题融合强调尊重儿童本位，倡导儿童的经验导向，重在直观感

受，其价值在于情感激发，而表现则是将内在情感和想法外显出来而已。通过对"蒲公英"世界的观察和体验所获得的视觉经验与真实体验，远远大于枯燥的说教。只有主题回归儿童本身，顺应儿童天性的玩，在玩中自然地表达，成人才能在玩中了解儿童、认识儿童、支持儿童，并以儿童在活动中的连续性经验为线索，生成人文性主题资源。

1. 依据独特性的视知觉，解读"蒲公英"的真世界。

儿童是有能力与权利表达的个体，儿童的世界是儿童自己去探索、去发现的，因为只有他们自己学习来的知识才是真知识，自己所发现的世界才是真世界。依据儿童独特的视知觉，他们的联想、记忆、辨别、协调、追踪能力逐步发展，所以让儿童视角下的"玩"回归儿童本身，放大儿童眼中的蒲公英世界，解读自主玩耍中萌生的兴趣点，肯定他们的认知与行为，鼓励其观察不同环境、不同状态、不同阶段的蒲公英。以点带面，在"玩"中了解植物妈妈的好办法、蒲公英飞得高的原因、蒲公英花会睡觉的秘密……自主记录并悉心解读儿童视角下蒲公英的真实世界，培养幸福完整的儿童。

2. 串联连续性生活经验，探索"蒲公英"的主题链。

虞永平认为主题课程的实施具有生活性，让幼儿感受学习与生活的联系。生活中五花八门的物品有效活化与拓展了"蒲公英"的主题链。在一维主题"长吧！蒲公英"中，以幼儿生活经验为中心，满足幼儿好奇心和兴趣点，从幼儿的连续性经验出发，直观形象地探索二维主题"蒲公英长大了""蒲公英开花了""蒲公英有宝宝了"，以三维主题"认识朋友""牵手朋友""帮助朋友"层层递进式地走进蒲公英的成长世界，利用"写真""搬家""做客"的生活经验进行情景体验，发现"蒲公英"的生长变化，促进幼儿的全人发展、个性发展和综合发展。

3. 利用共生性类比故事，挖掘"蒲公英"的成长域。

依据"活教育"思想，主张"五育融合"，用爱、美、生命的人文主义精神，在与蒲公英的有效互动中，捕捉幼儿感兴趣或有意义的问题和情境，并运用幼儿与"蒲公英"的共生体验，发现两者相似的成长经历。在长于泥土的"蒲公英"上,每一颗小种子类似每一个在幼儿园快乐生活的幼儿,他们互帮互助、团结友爱。随着年龄的增长,独立自主的蒲公英小种子飞向远方,历尽千辛万苦寻找降落的地方,类似即将毕业选择不同小学的大班幼儿,他们需要尝试适应新环境,结交新朋友……可见,通过共生性类比故事,解读幼儿成长中的感同身受,挖掘"蒲公英"的成长域。

(三)调动幼儿多感官通道,延展创生性主题内容

创生性主题是一种创新的活动过程。在"蒲公英"主题活动实施的过程中,依据新课程的基本理念和准则,针对本地区、本园所的资源、文化、实际情况,遵循幼儿的心理规律和实际需要,通过直接感知、实际操作、亲身体验调动幼儿的多感官通道,在愉悦的自然环境、生活经历和游戏体验中春风化雨地接受蒲公英的情感陶冶,润物无声地延展创生性的主题内容。

1. 共赏,感知蒲公英的形态美。

由于幼儿思维的直觉性、具体符号性和情感性的特点,教师捕捉教育契机,在尊重蒲公英生命特点及生长规律的基础上,利用问题情景引发幼儿的观察与思考,支持他们自主探索与表达。如:情境中欣赏多彩的蒲公英,感知不同时间里勇敢的蒲公英,观察美丽的蒲公英花……在肯定认知的基础上,将其放大,引导互动,通过从远到近、从上到下、从里到外的细心观察,感知蒲公英的形态美,并通过持续的探索与发现,使"蒲公英"主题内容充满魅力。

2. 静听,想象蒲公英的意境美。

自然之美具有天然性、多变性、奇特性,能引起幼儿情绪上的共鸣。针对不同天气的环境特点,教师引领幼儿进行持续性观察,利用电子设备进行记录与对比,感受蒲公英身处不同环境的内在生命活动,并通过开展知觉转换的相关主题:听音玩色"快乐的小伞兵"、音乐色彩"情绪蒲公英"等活动支持幼儿利用语言、动作、神态、色调等方式表达自己对蒲公英意境美地感知与想象,增强其感受力与表现力。

3. 轻抚，感受蒲公英的生命美。

通过创设与蒲公英交友的情境，关联幼儿的生活经验，解读他们之间的真实对话。利用情景预想、隐性支持丰富幼儿的生命感受力，激发其感受与欣赏，表现与创造的欲望，进一步提取吸引幼儿兴趣和注意力的自然元素，按照美的规律处理信息：摸摸草地里的蒲公英、数数蒲公英的小种子、猜猜黄色的小花……引导幼儿表达内心情感，激发艺术创作的兴趣，使其获得完整、全面、和谐的发展。

4. 巧绘，表现蒲公英的创意美。

依托生态教育理念，彰显"孩子是幼儿园小主人"的教育观，在"赏""听""抚"充分感受与欣赏的基础上，通过自导自演、分工合作、定位构图的方式，引导幼儿将本体性材料进行创意拼摆，摆脱纸张束缚，跳出人为框架，将趣味动作融入画面，表现幼儿与蒲公英互生互存、互爱互助的友爱画面，并运用添画和讲述的方式表达自己与蒲公英游戏的快乐体验；利用"蒲公英"的点动式造型特点，设计"毕业合影"的队形平面图，现场指导摆位，点燃幼儿的创意灵感，并运用肢体动作以及身体的不同部位进行创意造型，感受人体蒲公英的神奇。同时，利用家庭物品亲子创意自然而富有个性的蒲公英，将创意触角延伸至家庭，激发幼儿的创造潜能和表现张力，获得源于自然，高于自然的审美认知与多元体验。

（四）品味个性化游戏创意，覆盖融合性主题网络

游戏是幼儿表达情感的一种语言，他们天生会用动作、声音和图画表达自己的意愿和感受，融合性主题网络是在大量游戏化的教育资源和表现机会中应运生成的。在"融合过程机制"中，"五育融合"落地需要多方面联合、多角度推进。它基于儿童，把德智体美劳以融合的形式最终实现幼儿全面发展的教育目的。通过环境融合、学科融合、形式融合、知识融合、方法融合和价值融合，让五育融合在幼儿的日常生活中真实发生，最终实现幼儿的全面发展。

1.精心捕捉支持性环境,促进"五育"的价值融合。

"蒲公英"主题环境围绕自然与人文生成的内容,体现幼儿的主体参与性,地点的灵活多变性,化静态为动态,以纵向与横向的变化支持幼儿"五育"的深度学习,促进"五育"的价值融合。基于蒲公英"长""美""飞""变"的特性,建构良好教育价值的主题环境的基本框架,利用家园共育扩展创设的空间,从点—线—面出发,注意留白,合理利用边角空间,利用自然物(玉兰花托、叶脉、干花、麦穗、西红柿把儿、碎蛋皮、纸屑……)和幼儿作品进行创设,多元化的表现形式不仅满足幼儿好奇心,激发其学习兴趣,增加环境的探索性和学习性,还提升环境的美感,提高幼儿的综合素质,促进幼儿的全人发展、个性发展。

2.合理选择适宜性方法,促进"五育"的形式融合。

利用两种或两种上的适宜方法融合主题形式:创设环境、激发兴趣、设置问题、教师介入、实地参观、问卷调查、专家讲座、区域活动、家长参与、建立档案等。在"蒲公英"主题课程中,利用五大领域中两者或多者的融合,创意自主游戏,尊重幼儿的独特理解,激发他们的情趣表达,引导其综合运用独特的笔触和喜欢的方式,鼓励其大胆想象与表达,感受蒲公英的多变模样。"音乐瞬间"里跳跃的音符似离开妈妈后到处旅行的蒲公英种子,直观形象地表现音乐里有趣的画面;通过"喝果汁"高空抛降落伞,溅出灵动的"蒲公英";利用绘本开展体育游戏"蒲公英的旅行";在科学探索中发现蒲公英花会睡觉,通过色调变化表现蒲公英的梦等。可见,合理选择不同领域、不同学科的适宜的教学方法,能够有效促进"五育"的形式融合。

3.巧妙构建知识性链接,促进"五育"的学科融合。

德智体美劳的动态融合具有相互交叉性与渗透性,形成"学—思—做"动态循环的"五育"学科融合,师幼在闻道、知道、见道、得道中,两轮同步运转,和合相生,共同体验与表现"五育融合"有温度的美。在一维主题"变吧!蒲公英"中,衍生出二维主题"超能蒲公英"和"百变蒲公英","超能蒲公英"探索出三维主题"蒲公英的超能叶""蒲公英的超能花"和"蒲公英的超能根"。其中，蒲公英叶不仅是一种野菜、中药材，还是一种清火茶，蒲公英根也是一种药材，蒲公英花会自我保护，学习生活和运动中自我保护的方法，并尝试制作蒲公英茶、蒲公英花书签和祛斑膏。因此，利用走进大自然、家长进课堂、实地参观、观察对比等形式，将"五育"融入其中，开展综合性实践主题；"百变蒲公英"探索出三维主题"蒲公英创意馆""蒲公英照相馆"和"蒲公英新科技"，亲子搜集材料、创意蒲公英作品、布置蒲公英展览，美化园所环境，最大限度地发挥"蒲公英"本体元素的应用价值，集五大领域、七大学科的巧妙融合，给予幼儿自由解决实际困难的时间和空间，鼓励幼儿按照自己的想法设计、制作放射状的凉亭、网纹转椅、蒲公英毕业墙、照相馆的服装、道具、背景，利用"蒲公英照相机"创造性地表现蒲公英的不同姿态，促进幼儿、蒲公英与他物的多维互动，拓展创意经验，构建知识性链接，促进"五育"的学科融合。

（五）承载育人的生命内涵，扩展多元化主题张力

"蒲公英"主题课程具有主体性、生活性、连续性、关联性的特点，幼儿是主题的发起者、组织者、创造者，只有遵从生命的内在需求和发展特点，充分发挥幼儿的主动性，合理运用隐性支持与辅助配合，幼儿才能在真实、鲜活的体验中获得对于生命的认知与理解。因此，在尊重蒲公英生命特点及生长规律的基础上构建主题课程，发展幼儿多重能力，如：观察、理解、认知；交往、合作、分享；创造、表达、动作……通过"知、情、意、行"的深度融合体会生命的力量与存在的价值，在感知、理解、认识生命的基础上，感受生命的多样性，懂得尊重、爱惜生命，扩展多元化主题张力。

1.聚焦幼儿兴趣点，实现生命联结与共情。

以"蒲公英生命繁衍的特点"为线索，基于呵护生命的情感需求而萌生的自主行为。从儿童视角审视幼儿与蒲公英的真实对话，用心解读、发现幼儿的兴趣与认知。通过与蒲公英互动、共情的交友体验，筛选故事内容，总结故事主题，升华生命认知与感悟，创编关于"长大"的绘本故事《飞吧！蒲公英》，幼儿利用撕纸、堆积的创意经验绘制插图，进行摄影与后期制作，

绘本讲述生成二维码，海报宣传与读书分享。在为幼儿提供充分感知、体验和交流的主题活动中，不仅拉近生命间的距离，表现对生命的关怀，还有效地体验与探索创造的表现机会，实现蒲公英与幼儿的联结与共情。

2. 生成主题真自主，激发幼儿内在生命力。

在真实的主题情境中，为幼儿提供自主选择、自主决定、自主行动、自主思考的机会，让他们在自主决策中感知自己的重要性，获得自我生长的力量。但"自主"的过程并不等于放任自流，教师会通过情景预想、隐性支持为幼儿的真自主。在"蒲公英茶"的主题中，通过户外实践活动"看叶子""画叶子""挖叶子""洗叶子""尝叶子""晒叶子""装叶子""赠叶子"，观察叶子锯齿排列的规律，并联系生活实际，将蒲公英叶子赠予生病的朋友。可见，自然、自主、自由的主题空间为幼儿搭建自主感知、发现、创造的多元平台，教师应及时认可、鼓励幼儿的想法、行为，设置最近发展区，给予他们适度的挑战，引导其获得满足感，激发内在生命力。

3. 尊重个体生命认知，感悟生命拔节生长。

在"蒲公英"主题活动中，尊重幼儿在玩耍、观察、照顾、表现蒲公英的动机、情感、态度和感受。通过和蒲公英一起玩，帮助它们建家、搬家、做客，了解它们一家，实现与蒲公英共情，利用摄影、写生、制作记录册牵手蒲公英，形成正确的生命认知，感悟生命的可贵。小班幼儿离开妈妈，独自来到幼儿园，成为有力量面对世界与未来的生命个体，充满自信地去接受各种困难与挑战；大班幼儿利用情景剧"小小蒲公英毕业了"，通过分配角色，布置舞台背景，设计道具、服装，制作海报，演出，绘制毕业愿景图……在感知体验、表达表现中，结合自身经验走进生命旅程，尊重蒲公英的阶梯式生命认知，感悟生命的拔节生长，用"生命的力量"滋养幼儿心灵，建立一种积极乐观、充满活力的生命状态，实现由内而发的主动性成长。

（六）运用多主体评价方式，提升参与性主题质量

在"蒲公英"主题课程中，应重视由园长、教师、幼儿、家长等多元主体共同参与的主题评价。通过参考《指南》《纲要》等相关文件进一步了解幼

儿的培养目标，并借鉴幼儿园保教质量评估标准与指标，建构"蒲公英"主题课程的多元化评价、幼儿全面发展的参与性评价以及教师实施课程的主体性评价，对照评价自上而下查找问题，不断优化"蒲公英"主题课程的实施策略。

1. 以幼儿为主的评价方式，调动自发性主题评价。

整个"蒲公英"主题课程开展的过程分为主题前、主题中和主题后。主题前，以谈话、摄影、录音、亲子调查表等帮助幼儿参与主题评价，了解幼儿的兴趣点，生成"蒲公英"主题；主题中，调动幼儿的积极性和主动性，利用照片、视频、观察记录表等帮助教师及时记录幼儿与蒲公英互动中的语言、表情、行为和心理的变化；主题后，利用绘画、辅助文字记录、摄影等进行记录，评估幼儿对主题的喜欢程度、幼儿的收获与表现等，使之在不同阶段进行不定时的优化与完善。

2. 以家长为主的评价方式，完善互补性主题评价。

以家长为主的评价是完善"蒲公英"主题课程的另一种有效方式。通过家长会向家长系统性地介绍"蒲公英"主题课程的设计意图、主题网络和主要内容，听取家长的合理化建议，及时调整主题课程的网络设计与实施思路，为家园共育做好铺垫。另外，通过前后测问卷调查的方式引导家长对"蒲公英"主题课程实施前及实施后幼儿的发展情况作出评价，并利用亲子活动、家长进课堂、家长座谈等方式邀请家长走进来，及时发现主题课程设计、实施的问题并进行相应调整。

3. 以教师为主的评价方式，开展多元性主题评价。

教师是主题课程实施评价的主体，是幼儿园课程评价中最重要的评价力量，参考运动、生活、游戏、学习四个板块内容的评价指南，运用幼儿发展的评价量表，通过图、文、视频、作品等形式记录主题的实施过程，并利用教育笔记、教育便条、建立幼儿个人档案等方式梳理主题课程，在反思的过程中发现问题、分析问题、解决问题，不仅提升评价的科学性、实践性、多元性与主体性，还给予幼儿适宜的帮助与指导，实现幼儿的全面发展。

习近平总书记在全国教育大会上发表重要讲话并提出"努力构建德智体美劳全面发展的教育体系"、"立德树人""五育融合"成为全体教育人的共同目标。在新时代呼唤新教育的时代背景下，幼儿园需要公平而有质量的主题课程，"五育融合"理论作为新时代一种应运而生的新教育理念，强调儿童的真实需要、课程的全面覆盖、教育的质量提升，引领幼儿园课程的整体发展。在"五育融合"理念下幼儿园"蒲公英"的主题课程中，幼儿是主题的生成者、设计者、实施者、创造者，在与自然、社会共生与互生的对话中生成新经验、新创意。借助"蒲公英"润物无声般地走进儿童，亲近自然，收获"五育融合"主题课程传递的均衡性、平等性、关联性、整体性。想儿童所想，感受儿童所感受，充分发挥幼儿的主体性，培养幼儿勇于探索的创新精神和善于解决问题的实践能力，发挥学习潜力，关注生命体验，融合现实生活与经验世界，提升其整体的综合素质。

基于儿童视角的幼儿园创造性美术活动的实践研究

一、问题提出

当今时代，自由与创造是社会价值与人生价值的起源，也是美术教育的本真所在。自由与教育、自由与艺术、创造与教育、创造与艺术之间有着深远而密不可分的存在，自由与创造构成了自然的联系与互为依存的关系。心理学家和大脑生理学家研究发现人的左脑与右脑各司其职，如果幼儿期没有接受适宜的美术教育，其右脑的创造力就很难在其他年龄阶段得到补偿发展。直观、想象与发散性思考的能力是创造力的主要支架，充分利用这一关键期对幼儿开展创造性美术活动对于幼儿创造性思维的培养至关重要。美术的根本属性是美，而美的本质是自由，康德把自由看作美术的精髓。当代著名美学家叶朗先生指出"美"与"真"是统一的，但这个"真"不是逻辑的"真"，而是存在的"真"，也就是一个充满生命的有情趣的世界。

幼儿园美术活动作为发展幼儿感受与欣赏美、表现与创造美的重要手段，在相关理论及文件中，一直强调儿童是有能力与权利表达的个体，继而强调倾听幼儿、理解幼儿尤为重要。但在当前的教育实践中，忽视儿童视角而代之以成人视角、忽视儿童的发展和需要而遵从学科本位的情形绝不在少数。传统的幼儿园美术活动常常重视技能的习得、知识的积累，而忽略了幼儿的感知与体验、想象与创造的本能；强调学科知识体系的逻辑性，重视美术模仿教育，把技能技巧的训练放在首要位置，还局限于"像不像"这种单一的评价标准，忽视幼儿自身特定的生活经验、愿望与情趣；以艺术品为中心，强调教师的权威和对作品的记忆，忽略幼儿的平等对话以及对作品的解读这些使幼儿变成了"缪斯天性意义上的残废人"。可见，如果美术教育违背幼儿发展的特点，不能发挥其对幼儿全面发展的独特优势，幼儿的想象力和创造力被这种传统的模式化美术教学方式所扼制。

那么如何回归幼儿美术教育的目的和初衷，发挥美术教育对幼儿全面发展的重要价值？创造性美术活动因其丰富活泼的美术表现形式和趣味新奇的活动方式深受幼儿教育工作者的关注。它在一定程度上改变了最初的"示范—模仿—练习"的传统教学模式，虽以多元化的美术表现方式促进幼儿个性、技能和创造性的发展，但有时会发展为刻意强调幼儿美术的表现方式，追求形式美和结果美，忽略了幼儿自身审美经验以及自我表达的愿望与情趣。因此，我们应从儿童的视角出发，始终坚信儿童是自身生活的专家，凸显儿童的主体性地位，注重倾听儿童的声音，采用能发挥儿童优势的研究方法，使儿童参与其中，并表达自己对其生活世界的体验、认知和理解。

近些年，儿童视角已经愈发为人们所重视，但是基于此的幼儿园创造性美术活动的研究依然不足。在知网上以"儿童视角的幼儿园创造性美术活动"为主题搜索文献，没有搜索到相关论文。除知网外，在学校图书馆门户网站、ERIC 等，搜索"对幼儿美术活动中创造性思维培养的反思与建议""论创造性思维对幼儿美术教育的促进发展""幼儿园创意美术教学现状及其策略研究""儿童视角的幼儿园美术课程实施"等中外文文献,相关度较高的有效文献不足二十篇。且前人更多进行的是儿童审美概念、创造性思维、创意美术教学等方面的研究,而非追根到创造性美术活动本源的层面上来审视现实。可见,当前基于儿童视角的研究并不充分,如何让儿童视角的研究回归幼儿本身? 如何让幼教工作者更加理解幼儿、认识幼儿? 怎样在幼儿园创造性美术活动的实践中给予幼儿适合的支持,促进其成长与发展,这是一个值得探讨与研究的问题。

二、研究的意义

(一)理论意义

丰富儿童视角的相关研究。中世纪以前,儿童被认为是缩小了的成人,文艺复兴以后,儿童形象开始有了与其年龄相符的特征,18 世纪,随着卢梭自然主义儿童观的倡导,儿童逐渐被认为是独立意义上的人。近些年,在儿童权利运动、新童年社会学、现象学、儿童朴素理论理论、瑞吉欧等理论与实践的推动下,儿童被视为有能力的主体以及积极的社会行动者。儿童观的转变以及儿童权利的倡导使得儿童在研究中的地位也发生了改变,教育领域出现了将儿童作为研究主体的研究新趋向——儿童视角。

儿童视角的研究是在国外发展和成熟起来的,我国对此研究处于萌芽阶段。在我国颁布的相关文件中,对儿童视角的强调也十分突出:2001 年 9月,由教育部颁布的《幼儿园教育指导纲要》中明确指出教师要理解并积极鼓励幼儿与众不同的表现方式。2012 年 10 月 9 日颁布的《3—6 岁儿童学习与发展指南》强调幼儿稚嫩的笔触、动作和语言往往蕴涵着丰富的想象和情感,成人应对幼儿独特的艺术表现给予充分的理解和尊重。经过文献检索,发现我国教育领域的儿童视角研究大多属于介绍性质的理论性研究,而实践研究的范围较窄。本研究试图探索儿童视野中的创造性美术活动,对我国幼儿园实践中如何融入儿童视角的观点提供经验参考,丰富我国关于"儿童视角"的相关研究。

（二）实践意义

丰富幼儿园创造性美术活动的实践内容。罗丹有一句名言"美是到处都有的。对于我们的眼睛，不是缺少美，而是缺少发现。"对于美的事物，最重要的是发现，而发现是创造的前提。罗丹认为应该引导幼儿在自由、自然的状态中去发现美、欣赏美、创造美。创造性美术活动是在原有美术的基础上不拘泥于美术形式和材料的选择，而是透过儿童视角发现自由与创造的本源，尊重幼儿独特的自我表达，激发幼儿的创造潜能，注重综合运用多种教学方法发散幼儿的思维，鼓励幼儿大胆地联想与想象。

因此，在幼儿园创造性美术活动的实施中，应建立在尊重、了解幼儿的基础上，把幼儿看做活动的主体，给幼儿提供充分自由的条件和创造的机会，发现幼儿眼中的世界，倡导他们在美术活动中的自主行为、互动行为、体验行为，这样不仅丰富儿童视角美术活动的实例，也为优化幼儿园创造性美术活动的内容提供实践支持。

三、核心概念的界定

（一）儿童视角

对于儿童的关注，可追溯到卢梭的自然主义教育思想以及其在教育著作《爱弥儿》中的核心思想——"把孩子看作孩子"，卢梭自然主义教育思想的实质是认为教育应该遵循儿童天性的自然发展，而其在《爱弥儿》中的相关论述被誉为"发现儿童"，教育学史上也将卢梭视为"第一次把教育对象即儿童提到了教育的中心地位的第一人"。意大利瑞吉欧教育的发起者马拉古兹也肯定儿童的地位，提出了"儿童的一百种语言"。而在传统的教育研究中，研究者掌握绝对的话语权，儿童只是被动的作为研究对象，并未从儿童本身出发去倾听他们的声音，了解他们的体验和感受。

"儿童视角"意指站在儿童的立场，在尊重儿童独特价值，将其看作有能力的个体的基础上，让儿童自由表达对事物的看法与体验，了解其真实的想法。教育学意义上的"儿童视角"就是用儿童的眼睛看世界，驻足儿童的视角审视教学，站在儿童实际的层面看待教学。儿童视角是尊重儿童、理解儿童和适合儿童的教学视角，是立足于儿童心理学和教育学，遵循儿童的认知特点和成长规律的教学视角。"儿童视角"强调努力发现和理解世界在儿童眼中的意义，理解儿童是如何积极主动地构建自己的生活的，为儿童利益最大化作出贡献；强调要"理解"儿童，要以发展心理学的眼光对儿童有一种移情式的理解，以达到与他们共享意义世界的目的。

幼儿艺术领域的核心价值在于引导幼儿感受美、发现美和创造性地表现美。基于《指南》艺术教育的核心价值，结合已有的概念界定，以及本研究的特点和需要，本研究中的"儿童视角"立足于儿童心理学和教育学，遵循儿童的成长规律，尊重儿童的主体地位，理解、包容、接纳儿童的天性，重视儿童对生活的自我感知和情感体验，真正理解儿童眼中世界的意义，了解儿童获得快乐的根源。引导他们用心灵去感受和发现大自然和社会文化生活中的美；尊重儿童对世界的独特理解、对事物的看法和体验，鼓励他们用独特的笔触和喜欢的方式创造性地表达对美好事物的感受和自己的情感、意愿，从而在美术活动中更好的感受美、表现美和创造美。

（二）创造性美术活动

创造，简而言之就是把以前没有的事物产生或制造出来，它是人类的一种自主行为，具有典型的自发、自主性的特点。创造性美术活动是指激发幼儿的想象力和创作灵感，鼓励幼儿利用多种美术元素进行创意组合，表达其对现实生活的感受、情感和愿望的一种创造活动。

幼儿园创造性美术活动是一种轻松愉悦的游戏形式，它具有形象性、愉悦性等特点，强调发挥幼儿的主动性，其本质涵盖了幼儿的自由表达、自主创意。创造性美术活动本身就是基于儿童的、从幼儿需求出发的一种创造性活动，具有自发性的特点，由于受其自身肌肉动作发展的影响，幼儿创造表现的技能还不如成人熟练、完美，表现出粗糙、不整齐、不平滑、不到位的稚拙，不能按照预想和计划进行，而是依据自己构思与表达不断进行调整。因此，教师应充分遵循儿童发展的客观规律，把握美术活动的核心特点，积极为幼儿创设有利于激发幼儿创造的环境，通过思考、讨论、对话、表现等方式，引导幼儿在观察、感受和体验中积累丰富的感性经验，用自己喜欢的方式，创造性地运用美术语言表达自己独特的感受和体验。

笔者在查阅大量文献和著作的基础上认为幼儿园创造性美术活动更多的是一种教育理念。即：不拘泥于形式与材料，通过给幼儿营造安全的心理氛围，培养幼儿对美术活动的喜爱并鼓励幼儿进行大胆表现，支持幼儿富有个性和创造性的表达，重视幼儿的情感和审美体验，让幼儿敢于并乐于表达和表现自己，培养幼儿初步的表现与创造能力。所以幼儿园创造性美术活动是以幼儿的自我表现为前提，以促进幼儿的创造力发展为核心，通过多种教学方法发散幼儿的思维，启发幼儿联想和想象，重视幼儿的个性化发展，最终达到培养幼儿对美术的兴趣、获得初步的美术表现与创造能力的幼儿美术活动。

四、文献综述

（一）国外研究现状

1. 基于儿童视角的相关理论研究。

国外基于儿童视角的理论研究成果相对实证研究较少，主要包括儿童在研究中的权利与地位和儿童视角研究中的伦理问题两个方面。二十世纪以来，随着儿童权利思想、新童年社会学和儿童哲学、儿童朴素理论研究的支持，儿童研究从"对儿童的研究"逐渐发展为"有儿童的研究"。基于对现代西方学科发展和方法发展的考察，在早期的儿童研究中，研究者通常把儿童视为被研究的对象，研究者掌握绝对的话语权，儿童只是处于被实验、被观察、被提问的处境。随着社会的发展，人们对儿童认识的改观，研究者与儿童之间逐渐呈现出平等、友好的关系，研究者也逐渐舍弃成人本位的儿童研究，呼吁在研究中倾听儿童的声音，向儿童本位的研究发展，使儿童成为社会的行动者和研究的参与者。

2. 基于儿童视角的幼儿园创造性美术活动的相关研究。

搜索国外的文献，并没有搜索到与基于儿童视角的幼儿园创造性美术活动直接相关的文献，但儿童视角下儿童艺术的研究，却带给笔者很大的启发。有研究者认为，通过对经典的美术作品及儿童的美术作品进行欣赏和重塑，可以获得意想不到的收获。儿童被支持和提倡观察、欣赏艺术作品，通过思考自由提出问题、讨论而建立与作品之间的联系。有研究者认为，教师应该减少自己的干预，期望通过减少干预给儿童更多探索和创造的空间。此外，还提倡运用游戏法引导儿童感受与发现艺术的美。可见，国外的相关研究虽然存在不同的文化背景下，但他们的研究方法和研究理念值得借鉴。

（二）国内研究现状

1. 基于国内儿童视角的相关研究。

我国的儿童视角研究虽处于萌芽阶段，相关的理论与实践研究成果都较为缺乏，但已经有许多学者意识到对于儿童的研究不能脱离了幼儿，将其作为被动的研究对象，而应该将话语权交给儿童，认真倾听幼儿的声音，这是未来儿童研究的趋势。在我国有限的儿童视角相关研究中，大多使用传统的访谈法、观察法和作品分析法，大量研究者基于幼儿特殊的年龄以及身心发展特点对儿童研究方法进行了尝试与探索，得出了一些适合儿童参与、儿童容易掌握并且较好的倾听儿童声音的研究方法，为我们靠近儿童内心世界、倾听儿童真实的声音、给予儿童研究参与权利提供了可能性。

通过梳理文献，发现我国关于儿童视角下创造性美术活动的相关研究非常有限，且较为零散。因此，笔者主要通过审视当前儿童视角存在的问题，探讨成因，构建解决策略，期望通过自己的研究，能够提高人们对"儿童视角"研究的关注和重视，以丰富儿童视角的实践经历。

2. 检索国内幼儿园创造性美术活动的相关研究。

国内通过检索"幼儿园创造性美术活动"的文献以及查阅相关书籍，发现以往研究主要涉及以下四个方面的内容：美术环境的创设、美术主题的设置、美术材料的选择、美术活动中的教师指导与评价。可见，国内关于幼儿园创造性美术活动的研究较少，笔者在对研究结果进行比较、分析的基础上，得出结论，总结基于儿童视角的幼儿园创造性美术活动实施的策略。旨在通过项目教学法为幼儿园教师在把握幼儿园创造性美术活动实施内涵、理解和倾听儿童等方面，提供实践层面的支持。

五、研究目的与内容

（一）研究目的

1. 基于释放幼儿心灵，激发幼儿真正感受与欣赏、自由表达与创造的研究理念，探讨儿童视角下的幼儿园创造性美术活动的特征与内容。

2. 在审视现实的基础上，归因分析，试图构建基于儿童视角的幼儿园创造性美术活动实施的策略，为教师开展相关活动提供可行的、易操作的建议。

（二）研究内容

1. 探析儿童视角及幼儿园创造性美术活动等相关概念，把握儿童视角下幼儿园创造性美术活动实施的价值、特征。

2. 揭示当前幼儿园创造性美术活动实施中儿童视角缺失的现状，并进行归因分析，选择儿童视角下有价值的创造性美术活动内容。

3. 通过行动研究，探究基于儿童视角的幼儿园创造性美术活动实施的指导方法和有效策略。

六、研究方法

1. 文献法。

通过多种渠道搜索儿童视角与幼儿园创造性美术活动的相关资料后，加以分析研究，并从中获得课题研究的理论依据，为实践总结提出有价值的参考建议，引出研究的有力观点。

2. 观察法。

观察法是借助感官、录影机、照相机等辅助的仪器，对一些在自然状态下发生的现象或者行为进行有目的、有计划的、系统的、连续的考察、记录和分析，从而得到事实材料的一种研究方法。本研究采用参与式观察，对教师的教学行为和策略、幼儿的学习情绪和状态进行观察记录，深入了解幼儿的身心发展特点、情绪状态和体验，了解教师的教学策略是否符合幼儿的发展情况，是否利于幼儿自由表达与创造。

3. 行动研究法。

行动研究法强调行动与研究相结合，在螺旋前进的行动过程中解决实际问题。研究者采用行动研究法参与到实践中，在实践的探索中发现问题、分析问题、解决问题，并进行总结反思，不断调整、改进行动方案。

4. 作品分析法。

作品分析法可以帮助幼儿展露未能通过语言表达的内心世界。本研究可以在活动结束后，采用文字记录、符号标记、录音讲述、拍照留存等方式分析幼儿的创意作品，走进幼儿的内心世界，了解他们的真实感受。

七、研究步骤

本研究从选题开始到结束共经历了三个阶段：研究准备阶段、研究实施阶段、研究总结阶段。行动研究是研究最重要的阶段，按照"计划——行动——反思——再行动"的实施模型，将行动研究分为了摸索发现阶段和调整实施阶段。

（一）研究准备阶段

1. 通过梳理研究资料，对相关文献进行搜集和分析，重新审视基于儿童视角的幼儿园创造性美术活动的现状，分析当前美术教育存在的问题，进行归因分析，并确定研究问题的概念及意义。

2. 在研究现场进行预观察，充分考量教师与幼儿的发展水平、性格特点、经验和需要，为后续研究做准备。

3. 通过了解本研究实施中的应然状态，收集、整理相关资料，明确研究目标、研究内容，制定相应的研究方案。

（二）研究实施阶段

1. 摸索发现阶段：在被试幼儿园，通过"计划—行动—反思—再行动"往复循环的方式不断调整活动实施计划，主要采用项目教学法开展相关的行动研究，以强调幼儿的观察、探索、自我创造、同伴合作与分享交流，以调整活动方案。

2. 调整实施阶段：围绕研究主题，以梯队式研修为载体，将课题扎根实践，贯穿日常，以平行班实践研究为依托，观察幼儿的行为表现，善于在行动研究过程中发现问题，并鼓励课题组教师撰写观察日志和反思札记，探究幼儿园创造性美术活动的实施内容与策略，调整教师对幼儿园创造性美术活动的合理预期。

（三）研究总结阶段

1. 对研究过程中遇到的困难进行总结和分析，进一步调整、完善研究方案。

2. 评价和反思本研究的成果、结论与不足，通过教育活动、案例、论文等形式最终达到实施的效果，为后续研究提出可能深入的创新点。

八、研究创新点

本研究的创新之处主要有三点：

第一，从理念上来说，本研究围绕美术教育的本真所在——自由与创造，了解幼儿心灵的感受和对美的向往，通过美术创作表达幼儿内心的真情实感，展现他们的艺术思想，表达其对艺术的理想追求。

第二，从内容上来说，本研究基于儿童视角，探寻幼儿园创造性美术活动的应然状态，提出基于儿童视角的幼儿园创造性美术活动实施的策略和建议。

第三，从方法上来说，本研究以行动研究法、项目教学法为主，对基于儿童视角的幼儿园创造性美术活动进行研究。同时运用文献法、观察法，对基于儿童视角的幼儿园创造性美术活动的现状进行收集和分析，而后制订行动计划，以求解决问题。

幼儿期是创造力培养的关键期，幼儿的艺术活动是他们内在的生命活动，是一种感性地把握世界的方式，应以幼儿的创造意识、创造能力和创造个性的培养为中心任务。在美术活动中，自由与创造是本真追求，它贯穿于幼儿园美术活动之中，更是创造性美术活动的灵魂，给其注入生存和发展的动力。基于儿童视角开展幼儿园创造性美术活动，能使他们自由地感知美、发现美和创造美，具备艺术的眼光与气质，拥有自由的意境与精神、具备审美的能力与创造美的才能，培养具有自由思想、自由精神以及富于想象能力与创造能力的新一代。

基于儿童视角的幼儿园创造性美术活动本真追求的实证研究

一、问题提出

幼儿期的精神世界具有生动性、多元化的特点，这一时期是非智力因素培养的黄金时期，有利于幼儿获得自由与创造的精神，它们合力构成了幼儿园美术活动的本真追求。在幼儿园创造性美术活动中，儿童视角是不可或缺的。基于儿童视角创新幼儿园美术活动，能够有效地彰显幼儿的主体性，促进幼儿自主地运用其独特的表达方式，提升其美术素养和创造能力。然而，在当前的幼儿园美术活动中，儿童视角普遍缺失，相关研究也尤为不足。因此，本研究通过对本真追求的深入分析，采用文献法、观察法、案例分析法及访谈法，探讨幼儿园创造性美术活动的现状和问题，分析其实施过程中儿童视角不足的表现及其原因，依据幼儿视知觉的自我发现和独特的审美能力构思幼儿园创造性美术活动的实施路径，实现自由与创造的本真追求，培养其创造性思维的本体性，为幼儿园实施具体活动提供理论依据与实践指导，增强幼儿的主体性、独立性，培养幼儿的创造力，使幼儿在愉悦的生活经历和游戏体验中积累丰富的感性经验，进行艺术创作与表达，促进幼儿完整、全面、和谐的发展。

二、研究目标

1. 敏锐地识别具有研究价值的真实情景，引导幼儿积极参与创造性美术活动，享受并感知真实事物和情绪情感，对美术活动的持久兴趣。

2. 关注幼儿的生活、原有经验、兴趣，选择儿童视角下有价值的创造性美术活动内容。

3. 尊重幼儿的独特感受和表现，使他们在创作过程中能够真实地表现自己的认知和感受，培养创造的欲望和自信，享受创作的过程。

4. 通过对自然、生活、文化和美术作品的观察和体验，还原儿童的世界，探索创造性美术活动适宜的指导方法和策略。

5. 利用与同伴分享、讲述自己作品的多元通道，适时鼓励幼儿对同伴作品的欣赏和个性化评价，提高儿童的审美体验、形成审美感知能力。

三、研究方法

1. 观察法。

本研究从 2020 年 9 月开始，至 2021 年 8 月结束，采用参与式观察，逐渐与幼儿建立熟悉、信任的关系，结合幼儿身心发展的特点，选择适宜幼儿的思维方式。

基于儿童的视角，对教师的教学行为和策略以及幼儿在创造性美术活动中的状态、行为、情绪等进行观察，捕捉并考察幼儿游戏中与周围事物的相互作用，注重儿童的个体差异，目的在于了解幼儿的情绪状态和体验，对其行为做出正确的判断和评价，了解本研究观察记录教师创造性美术活动的整个过程，并通过教师的教学策略判断是否符合幼儿的发展特点，是否利于幼儿自由表达与创造。

2. 行动研究法。

第一阶段，幼儿自主游戏的研究阶段。旨在突破教师的传统美术教育观，改变传统的美术活动形式，从而使创造性美术活动更能走进幼儿的生活，走进幼儿的心里。

第二阶段，旨在改善幼儿对美术活动产生的思维定势，支持幼儿在自然、生活、游戏中新产生的美术表现行为，合理调整教师对美术活动的预期。

3. 作品分析法。

绘画可以帮助儿童展露未能通过语言表达的内心世界。研究过程中会在每次活动结束后，通过分析儿童的绘画作品，了解儿童对整个活动的感受。

4. 自主摄影+访谈。

自主摄影这一方法可让幼儿可直接参与资料的收集，一定程度上能更贴近儿童视角，反映儿童真实的想法。本研究中的自主摄影是指，幼儿自主使用照相机，对自己喜欢的环境、事物进行拍摄，拍摄过程中研究者与其他成人不对幼儿进行干涉。拍摄结束后，幼儿对自己拍摄的内容以及原因进行说明，研究者根据幼儿的表述可进行适当的追问。

◎ 四、研究内容

一是通过半结构式访谈、问卷调查，了解幼儿对当前美术活动的兴趣以及自己的期待。

二是了解儿童视角以及他们接受事物的感知方式与内心想法，以主题教学模式为主，利用幼儿园美术活动培养幼儿创造力，建立良好的师生关系，营造宽松氛围，诱发幼儿创造性思维。

三是让儿童自主选择，用适宜自己表现的方式去创作，成人不做过多要求，鼓励幼儿大胆联想，活跃创造性思维；转变单一教学模式，多种教学手段相结合。

四是创设富有审美情感色彩的一日生活环境，让幼儿投入大自然与周围环境中，感受、发现和欣赏美，并运用自己喜欢的方式大胆表现美。

五是创造机会和条件，支持儿童自发的艺术表现和创造，尊重幼儿自发的表现和创造，给予适当的帮助与指导。

◎ 五、研究结论

（一）追求本真，探寻儿童视角下的真实世界

幼儿园创造性美术活动旨在通过培养从自由到创造再到自由，这样循环上升的推进方式使自由与创造成为美术教育的本真追求。创造性不是复制，不是给予，而是潜藏在人内心的东西，创造性是激励出来的，培养出来的，不是教出来的，它需要真实的情景驱动。

情景驱动，能唤起幼儿的敏感思维，能让幼儿在自主探知和主动交流中形成深刻印象，利于幼儿的长久记忆与灵活运用。在幼儿园创造性美术活动中，注重情景驱动，能有效活化与拓展教育资源，引导幼儿融入其中，运用感官和双手去探索自己眼中的世界，通过多种感官通道认识事物、激发情感，以开放化、多元化和趣味化的方式与周围的环境进行深入的互动，从小培养幼儿感官的敏锐，心灵的美感，丰富幼儿的认知视野和思维，在潜移默化中受到审美的熏陶，使美术活动变得更加自然、自主，满足其多元化的发展需求。

作为幼儿园教师要善于发现真实世界里的有效情景，借助这一媒介，通过想象，将儿童的情感转化为意象，再以美术的元素将情感表达出来，让创造性美术活动滋养幼儿的心灵，成为打开童真世界的窗户。

（二）走进生活，探究儿童视角下的真自主

"生活"是幼儿开展创造性活动的基础，认知新事物的本源。幼儿作为一个独立的个体，认知能力较弱，他们学习新知必须通过亲身体验、积累经验焕发新知，具有生活经验的美术活动能充分调动幼儿的美术兴趣，促使幼儿满怀热情的去探索美术内容，并不断尝试新的美术方法。由于自主的有效的创造源于幼儿的自主行为，而非是外部条件的硬性约束，因此，在幼儿园创造性美术活动中，教师要从儿童的视角看世界，更好地换位思考理解和尊

重幼儿,把自主的权力还给幼儿。"儿童的视角"是在幼儿充分发挥自主性的时候得以展现的,教师应基于儿童视角更有效的引导幼儿从自己的意愿、兴趣、需要出发,选择自己感兴趣的主题感受与欣赏美,引导幼儿用自己的方式选择自己需要的材料表达与创造美。

不仅在活动主题和材料上,儿童有自主选择的权利,在创作的方法、创作内容、创作步骤、作品的展示与评价和活动反思的整个活动里,幼儿的自主性都应该得到充分的尊重和发挥。在实施的过程中,幼儿从始至终都是活动的主体。根据幼儿的意愿,幼儿可以进行单独活动或者自然的形成活动小组。但在这个过程中幼儿的自主性得到充分的发挥,而教师的主动性并非被淡化或抑制,其实教师的角色是真正地跳出传统意义上授业者的藩篱,被赋予了更高的要求和期望。

(三)包容个性,扩大视觉多元化的真体验

皮亚杰说过,儿童看到、听到的东西越多,就越想多看多听。体验是一种生活感受,有了体验,才有了创造的可能。随着视觉文化的发展和视觉艺术多元化方向的出现,美术活动已不仅仅是纯粹的绘画体验,更要注重幼儿的自身体验,尤其是当一个人真正在体验的时候,语言也并不能完全表达切身体验,体验中常常有一种"无以言表"的感觉。在活动中,我们应充分调动幼儿的各种感官,让他们真切感受到自我存在的价值,使得个性得以生长和表现。个性是幼儿整个精神面貌的总称,创造性寓于个性当中,个性的发展离不开环境和教育。所以创造性美术活动要包容幼儿的个性,每个幼儿都是独特的个体,每个幼儿都是一个特殊的世界,具有区别于他人的特点,我们要尊重每一个幼儿的特点、想法和观点,包容并欣赏其独特的美术表现方式。

同时,美术体验也伴随着视觉多元化的走势在改变着体验的方式。创造性活动不应一味的去引导幼儿创造新的美术作品,而是要综合利用劳动、参观、游戏、观看丰富而多元的美术体验,不仅可以培养幼儿的多重能力,塑造完整人格,宣泄情绪情感,还能发展其艺术表达的创造力。

（四）享受游戏，支持多种方式的真互动

陈鹤琴先生曾说过："游戏是幼儿的生命。"《3—6岁儿童学习与发展指南》指出，幼儿的学习是以直接经验为基础，在游戏和日常生活中进行的。游戏是幼儿表达情感的一种语言，他们在游戏中利用线条、色彩等美术语言表达自己的意愿和感受。可见，幼儿的表现能力比表现技能更重要，他们感兴趣于过程不在乎结果，幼儿的创造能力，就是在大量游戏化的表现机会中发展起来的，游戏中多种方式的互动贯穿了幼儿园创造性美术活动的始终。

互动式创造性美术活动以幼儿的自主行为为线索，以互动为创造行为的促生因素，它不仅是幼儿和幼儿之间的互动，教师和幼儿之间的互动，还是幼儿与情景的互动，幼儿与材料的互动。这种互动强调的是形式层面上的综合，幼儿自身经验、美术教育的综合，不仅能激发幼儿美术表现的兴趣，支持幼儿在游戏中进行创作，使幼儿的情感体验得到增加，幼儿的情感共鸣得到引发，让有趣的游戏元素吸引幼儿的兴趣和注意力，将游戏与美术活动有机融合，帮助他们在积极主动地参与过程中，既能获得愉悦的情感体验、有意的美术经验又能提高他们的想象力和创造力，从而促进他们整体素质的发展。

（五）融入自然，培养本体性的真能力

卢梭在《爱弥儿》中写道："如果他从来没有在干燥的原野上跑过，如果他的脚没有被灼热的沙砾烫过……他怎能领略那美丽的清晨的清新空气呢？"可见，以自然环境为背景的自然教育带给幼儿更多了解大自然的机会，培养幼儿的感知与体验、想想与创造等本体的艺术能力，从而带给教育无限的可能。

在创造性美术活动中，我们应创造机会让幼儿投入大自然中去，感受、发现和欣赏自然中美的事物，引起幼儿情绪上的兴奋，对美好的事物产生敏锐的感知，发现美的特征，提取自然元素，激发他们审美欣赏的兴趣和进行艺术创作的动机，习得自然美的法则，结合幼儿已有的审美经验以及美的表达方式创作出自然的、富有个性的美术作品，并用一种自然的方式对其进展

示，最终实现源于自然却高于自然的美的认知与创作。

　　自由与创造是美术教育的本真追求，也是实现艺术人生的本真所在，它贯穿于幼儿园的美术活动之中，更是创造性美术活动的灵魂，给其注入生存和发展的动力。幼儿期是创造力培养的关键期，幼儿的艺术活动是他们内在的生命活动，是一种感性地把握世界的方式，应以幼儿的创造意识、创造能力和创造个性的培养为中心任务。我们培养幼儿的创造意识与创造能力以及幼儿对审美对象的感知能力、想象能力和审美感受能力，应把这些能力放在教育的核心地位，我们才能从艺术的角度去审视幼儿的生活、教师的行为，激发幼儿的灵感，帮助他们创造性地表达表现自己的感受，培养具有自由思想、自由精神以及富于想象能力与创造能力的新一代。

"活"教育活生自然　品环境品味生命

　　纵观陈鹤琴的"活教育"理论，充分体现了教育的时代性、科学性与进步性。陈鹤琴在《什么叫做"活的教育"》一文中写道："什么是'活的教育'？简单地说就是'不是死的教育'，书本主义的教育就是死的教育。""我们要活的教育，教材是活的，方法是活的，课本是活的，教师也是活的。""活教育"主张"大自然、大社会都是活教材"，我们要在日常生活中去观察、去体验，与大自然、大社会进行深入地接触与探究，将教育延展至整个生活，因为人的生活离不开大自然、大社会，向自然获取生活的物料，在社会保持生活的关系。同时，要做一个成功的教师，一定要注意环境，利用环境，环境中有许许多多的东西，初看和你所教的没有关系，仔细研究看，也可以变成很好的教材，很好的教具。通过探索大自然最直接的生命活动，直达生命自然理念浸润的艺术教育，是发展幼儿感受与欣赏美、表现与创造美的重要手段，是幼儿感性地把握世界的一种方式，也是表达对世界认识的另一种"语言"。

在与大自然的有效互动中，我们主张以实施审美教育为突破口，顺应幼儿发展的体验性与表现性特点，用爱、美、生命的人文主义精神，对幼儿进行整体性、融合性、开放性的教育。其中，小小的"蒲公英"是大自然的缩影，幼儿与"蒲公英"有一种天然的亲密与契合，基于幼儿的发现与兴趣，教师运用情感介入与知觉形象融为一体的整体思维模式，驻足儿童视角审"玩"，站在儿童实际层面研"学"，依据儿童视角执笔教学灵魂，以发展心理学的眼光对幼儿进行移情式的理解，构思蒲公英创意的新世界。

◉ 一、品儿童观同频共振，感受"蒲公英"之美

儿童是有能力与权利表达的个体，儿童的世界需要儿童自己去探索、去发现。他自己所求来的知识，才是真知识，他自己所发现的世界，才是他的真世界。我们依据儿童视知觉的自我发现和独特的审美能力，让儿童视角下的"玩"回归儿童本身，放大儿童眼中的蒲公英世界，解读自主玩耍中萌生的兴趣点。在直观感知、亲身体验、实际操作中肯定他们的认知与行为，鼓励其观察不同环境、不同状态、不同阶段的蒲公英，并记录儿童视角下蒲公英的静态美与动态美，调动他们多种感官，使其逐渐审美化，在愉悦的自然环境、生活经历和游戏体验中春风化雨、润物无声地接受美的情感陶冶，提升审美能力。

（一）共赏，感知蒲公英的形态美

由于幼儿思维的直觉性、具体符号性和情感性的特点，教师要及时捕捉教育契机，在尊重蒲公英生命特点及生长规律的基础上，利用问题情景引发幼儿的观察与思考，支持他们自主探索，在肯定认知的基础上，将其放大，引导互动，通过从远到近、从上到下、从里到外地细心观察，感知蒲公英的形态美，并通过持续的探索与发现，使"蒲公英"艺术创意充满魅力。

（二）静听，想象蒲公英的意境美

自然之美具有天然性、多变性、奇特性，能引起幼儿情绪上的共鸣，针对不同天气的环境特点，教师引领幼儿进行持续性观察，利用电子设备进

行记录、对比，感受蒲公英身处不同环境的内在生命活动，通过组织相关主题，支持幼儿利用语言、动作、神态、色调等方式表达自己对蒲公英意境美地感知与想象，增强其审美感受力。

（三）轻抚，感受深度共情的生命美

通过创设与蒲公英交友的情境，关联幼儿的生活经验，解读他们之间的真实对话。利用情景预想、隐性支持激发幼儿的生命感受力，丰富审美经验，激发创造美的欲望，进一步提取吸引幼儿兴趣和注意力的自然元素，按照美的规律处理信息，引导他们能够表达内心情感，激发艺术创作兴趣，使其获得完整、全面、和谐的发展。

二、享游戏化表现张力，融合师幼两轮同行

通过对外部世界的观察和体验所获得的视觉经验，远远大于枯燥的说教，艺术创意重在审美感受，其价值在于情感激发，而表现则是将内在情感和想法外显而已。只有艺术回归儿童本身，顺应儿童天性，在玩中自然地表达，我们才能在玩中了解儿童、认识儿童、支持儿童，给予儿童真实的审美感受，助师幼在闻道、知道、见道、得道中，两轮同步运转，和合相生，共同体验艺术创意有温度的美。

（一）色彩开放式游戏，传递音乐的情绪表达

游戏是幼儿表达情感的一种语言，他们天生会用动作、声音和图画表达自己的意愿和感受，幼儿艺术的创造能力是在大量游戏化的表现机会中发展起来的。因此，教师利用色彩与音乐的融合创意游戏，尊重幼儿的独特理解，激发他们的情趣表达，引导他们综合运用独特的笔触和喜欢的方式"听音乐"，鼓励其大胆想象，感受蒲公英的多变模样。如：歌曲《音乐瞬间》里跳跃的音符似离开妈妈后到处旅行的蒲公英种子，利用色调变化创造性地表达自己的内心感受；通过"喝果汁"高空抛降落伞，溅出灵动的"蒲公英"，直观形象地表现了音乐中有趣的画面。

（二）经验累积式游戏，引发多元化艺术体验

随着多元化视觉艺术的出现，蒲公英创意不仅是纯粹的绘画体验，更是以幼儿为中心的多元体验。创意源于生活，又回归生活，"生活"是儿童开展创造性活动的基础，生活的大社会，五花八门的物品有效活化与拓展了"蒲公英"的创意资源。如整理彩色串珠引发幼儿联想与思考，在持续的观察分享中，利用生活物品进行散点状堆积神似蒲公英，如：西红柿把儿、碎蛋皮、纸屑……让幼儿探寻个性的蒲公英世界。教师及时认可、鼓励幼儿的想法、行为，并设置最近发展区，给予他们适度的挑战，引导他们感知游戏过程的内在满足感。

（三）本体性材料拼摆，蕴含生动的艺术创意

在艺术创意中，通过自导自演、分工合作、定位构图的方式引导幼儿将材料进行创意拼摆，摆脱纸张束缚，跳出人为框架，将趣味动作融入画面，表现幼儿与蒲公英互生互存、互爱互助的友爱画面，并运用添画和讲述的方式表达自己与蒲公英游戏的快乐体验。同时，利用家庭物品亲子创意自然而富有个性的蒲公英，将创意触角延伸至家庭，获得源于自然、高于自然的审美认知与多元体验。

三、品个性化艺术创意，浸润教学通道本真

儿童喜欢创造，并具有创造能力。活教育"主张"做"，"做"就是要劳动，一切创造，并不是从空中造楼阁，而是需要劳动，需要做，要从做中学，做中求创造。然而"做"，并不是盲目地做，要有科学的头脑，把我们的头脑武装起来，认识大自然运动的法则，认识大社会发展的路向，用科学的方法去做、去劳动。要有服务的精神。一个人只有知识和技能却不服务他人、服务社会，就失去了教育的目的。我们要引导儿童去帮助别人，去了解大我的意义。

《指南》鼓励幼儿在感受和体验的基础上进行自发、个性化的表现。为了在"蒲公英"个性体验中融合创意，拓展开放的个性空间，教师尊重幼儿

的特点、想法和观点，欣赏其独特的艺术表现方式，运用蒲公英本体元素装点生活，采用肢体语言表现其创意形态，利用自发游戏模仿其生命旅程，创意原创绘本表现儿童视角下的成长思考，结合丰富活泼的艺术形式和趣味新奇的活动方式，满足幼儿多元化的发展需求，使教学变得更加自然、自由、自主。

（一）集蒲公英本体元素进行"装修"设计，拓展创意的经验

依托生态教育理念，注重彰显"幼儿是园所小主人"的教育观，最大限度地发挥"蒲公英"本体元素的应用价值，给予幼儿自由解决实际困难的时间和空间，鼓励幼儿按照自己的想法进行探索，促进幼儿与他物的多维互动，运用蒲公英的本体元素进行创意，如：放射状的凉亭、网纹状的转椅、装饰照相馆的服装、制作道具、绘制背景，培养他们感知与体验、想象与创造的艺术能力。

（二）以蒲公英的结构特点设计队形，体验创意的价值

结合"蒲公英"聚合、分散的形式美，构图布局的设计美，教师鼓励幼儿将其表现在生活的各方面，激发其创造潜能和表现张力，提升自身审美经验以及自我表达的愿望。以"毕业合影"为契机，引导幼儿运用"蒲公英"的点动式造型特点设计不同的队形平面图，现场指导摆位，点燃幼儿的创意灵感，并运用肢体动作以及身体的不同部位进行创意造型，感受人体蒲公英的神奇！

（三）寻蒲公英生命旅程生成自主游戏，汲取生命的力量

通过对蒲公英"知、情、意、行"的深度融合，还原幼儿本真的生命状态，利用绘本阅读激发幼儿自主游戏的愿望。在感知、理解、认识生命的基础上，懂得尊重、爱惜生命，运用自由选择角色、自主开展游戏、自发交流规则、播放背景音乐等方式，鼓励幼儿结合自身经验创编出层层递进的游戏情节，调动幼儿的内在生命力，提高幼儿的情感体验，培养幸福完整的儿童。

（四）创编蒲公英绘本培养创造个性，感悟成长的快乐

有效的创造源于幼儿的自主行为，而非外部条件的硬性约束。通过幼

267

与蒲公英的共情，教师从幼儿的言语中筛选故事内容，总结故事主题，升华生命认知与成长感悟，创编关于"长大"的绘本故事《飞吧！蒲公英》。引导幼儿利用撕纸、堆积的创意经验绘制插图，充分表达他们对绘本的创意与理解，并运用二维码进行讲述记录，与同伴分享。可见，有效地体验与探索创造有利的表现条件，促进幼儿的成长感悟。

在以美为中心的"蒲公英"主题活动中，幼儿是主动的创造者，在与自然、社会共生互生的对话中生成新经验、新创意。通过"从自由到创造再到自由"这样循环上升的推进方式促进幼儿的全面发展，达到与他们共享意义世界的目的，并通过构建幼儿审美心理结构，健全与完善儿童的人格，让自由与创造成为艺术教育的本真追求。艺术教育的核心不是目标的达成，而是儿童的发展，儿童发展始终渗透于教育过程。因此，我们借助大自然润物无声般地走进儿童，亲近自然，体会"蒲公英"带来的快乐，收获"蒲公英"传递的智慧，想儿童所想，充分发挥儿童的主体性，培养儿童的创造意识、创造能力以及儿童对审美对象的感知能力、想象能力和审美感受能力。

让我们在自然中唤醒"活教育"，在自由中品味新生命！

主题背景下幼儿园创造性美术活动对大班幼儿学习品质培养的实证研究

学者卡根提出，学习品质在幼儿学习中主要表现为自主性和对事物的探究精神、坚持力和专注力、行为动作的目标性和独立性、想象力和创造力等。大班幼儿在创造性美术活动中能够自主观察、独立思考、大胆创作，表现出稳定的行为倾向和积极的情感态度。具体维度包括好奇心与兴趣、主动性、想象和创造、坚持与专注、反思与解释等五个维度。良好学习品质的养成能够帮助学龄前幼儿端正进入小学的学习态度，养成轻松愉快的学习行为，形成积极发散的学习思维，体现有意义学习的内在价值，获得成就感和归属感，对幼儿的终身学习和可持续发展具有重要作用。主题背景下的创造性美术活动以其个性化、多元化的游戏形式,打破传统的美术教学模式,重视幼儿积极学习品质的发展,顺应幼儿的发展特点,寓教育于美的享受之中,注重幼儿的直观感受、实际操作、情感体验,启发主动性思考,尊重独特的表达方式,激发无限的创造潜能,促进有意义的学习,提升幼儿的学习素养,发展"全人教育"。

学习品质是一种内隐且具有发展性的基本素质,需要教师在日常活动中关注幼儿的学习动机,深入挖掘游戏的切入点,循序渐进地积累学习品质的潜在因素,形成敢于探究、勇于表达的学习思维,这也与幼儿学习品质的发展要求相适宜。因此,我们通过分析大班幼儿的身心发展规律,观察其学习品质的外在表现,深入分析创造性美术活动对大班幼儿学习与发展的价值。利用自然理念浸润的主题背景"我的树朋友",选择与树相关的创造性美术活动,观察幼儿的状态、行为和情绪,促进幼儿与树的相互作用,拓宽其独立思考和自主创作的新视角,运用动态的教学方法探究创造性美术活动对大班幼儿学习品质五个维度培养的有效策略,以此培养幼儿的创造意识、创造能力和创造个性,发展积极的学习品质。

一、尊重个体化情感特征,促进学习兴趣发展

(一)基于"亲自然"天性,激发幼儿的好奇心

心理学研究表明,好奇心和兴趣是引发和维持儿童学习的重要动力因素,且这两种积极的情绪情感体验能够提高他们学习活动的效率。好奇心是促进幼儿认识世界的主要动力。到了大班阶段,幼儿对周围事物更容易表现出好奇与兴趣的积极心理倾向,特别是与他们生命有着天然亲密与契合的大自然。因此,我们以幼儿"亲自然"的天性为基点,通过创设自然的游戏化情境为幼儿的自由探索搭建平台,在自发的创造性美术活动中,充分激发与保护幼儿的好奇心。

运用情感介入与知觉形象融为一体的整体思维模式创设主题背景"与树交朋友",利用风吹落叶的大自然感受银杏雨飘落的神奇,抛撒银杏叶营

造婚礼现场的幸福,通过捡落叶比赛创意盛开的银杏花……

可见,在好奇心的驱使下,利用共情体验,关联幼儿的生活经验,解读他们之间的真实对话,创意构思直达生命自然理念浸润的创造性美术。

(二)选择适宜性支持,提高持久兴趣性

兴趣是人们对某种客观事物的进一步认识或参与的积极肯定的态度,它通常是在人对客观事物有一定深入认识的基础上产生的积极情感,是后天培养的产物。因此,教师在创造性美术活动中及时关注幼儿的行为特点和情绪变化,全方位多角度地观察幼儿对材料的反应,了解他们的兴趣持久性,并根据大班幼儿的认知特点和敏感性进行归因分析,准确把握幼儿发展的阶段特征,进行针对性引导与个性化支持。

利用户外游戏"追叶子"的教育契机,引导幼儿寻找自己喜欢的落叶并进行观察,结合树叶的形状、颜色大胆想象,梧桐似手掌,苹果似蒲扇,桃叶似眉毛……无花果叶流出乳白色汁液,得名"牛奶树"。

实践证明,幼儿的参与度、学习深度与他们的兴趣相互促进、相互成就,延展幼儿的经验支持与个性成长。

二、注重生活化认知体验,释放主动性原动力

(一)链接体验式劳动,创意自主性表达

我国教育家陈鹤琴提出"活教育"理论,主张"大自然、大社会都是活教材",在日常生活中去观察、去体验,与大自然、大社会进行深入地接触与探究,将教育延伸至整个生活。基于劳动兴趣本身、爱与尊重的需求以及求知欲,幼儿乐意到蕴含丰富劳动价值的大自然中去劳动,自主劳动深化艺术创意,丰富已有经验,艺术创意回归劳动本质,给予自由表达,艺术创意拓展劳动空间,满足劳动渴望。

幼儿与自然保持最亲密的契合,应重视儿童与自然的互动。自然蕴含劳动,劳动创意自然。以"树"为主题线索,贯穿四季,自主劳动延伸至创造性体验,积累有意的直接经验,提高主动学习的原动力。春天沐浴花瓣雨制作

天然颜料；夏天镂空外套助力果实健康；秋天清理落叶堆积叶子迷宫；冬天创意新棉衣帮助大树保暖。在发现问题、提出问题、分析问题、解决问题的过程中，幼儿不仅是发起者、组织者，也是困难的解决者、推进者，更是成果的体验者、分享者。

可见，幼儿在有目的的劳动中获得积极的劳动体验，习得劳动技能，完美诠释幼儿的主动性创意表达，有效提升了无痕的教育效果。

（二）调动多感官通道，延展自主性探究

在自然环境、生活经历和游戏体验中，遵循幼儿心理规律和实际需要，通过直接感知、实际操作、亲身体验调动幼儿的多感官通道，使幼儿身体与自然环境、社会情境进行深入互动。在认知过程中扮演主动性角色，使幼儿在自由摆弄、自主玩耍时能够调动其视、听、触等多种感官通道，内化已有经验，使其感官逐渐审美化，润物无声地自主表达，释放主动探究的原动力。

幼儿是有能力与权利表达的个体，依据幼儿视知觉的自我发现和独特的审美能力，发现幼儿与叶子亲密接触中的独特世界：利用满地落叶做蹦床，倾听叶子在脚下碎裂的声音；将叶子洒向天空，欣赏树叶雨飘落的美景；把叶子堆积成山，纵身躺下感受叶子飞溅的喜悦；风吹落叶满地翻滚，体验与树叶赛跑的扣人心弦。在引发幼儿联想与思考中，踩碎叶子创意堆积，镂空撕剪叶子照相机，拼摆制作树叶娃娃……

总之，通过多感官通道与"树朋友"积极互动，再现已有经验，自主生成新经验，在身体感受和动作刺激中，有效活化与拓展创意资源，自然过渡到主动地表达表现中，构建一个自主的动态过程。

三、优化自由与创造本源，发展多元想象和创造

（一）突破材料与空间限制，发挥丰富想象力

想象是创造的前提，是个体对于存在头脑中已有的各种印象进行二次加工，在此基础上创造形成一个全新形象的过程。创造性美术的本源是自由与创造，它是一种蕴含着幼儿丰富的想象力和创造力的活动形式，需要

幼儿借助环境、材料的引发，发挥想象力，表达自己内心独特、自由的想法和情感。

由于大班幼儿抽象逻辑思维能力开始萌芽，随着经验的增长，他们在"目的地想象"的创意活动中，打破空间与材料的束缚，将平面转化为立体，将封闭转化为开放，利用自然化材料拓展开放、立体的个性空间。在与树交友中，幼儿按照叶子的形状、颜色、大小进行多维分类，制作树叶标本，为创造性美术活动做好材料准备。同时，有关"树"的元素根植幼儿内心，将各种材料与叶子进行有机组合：不同颜色的塑胶地呈现不同背景，运用不同状态的叶子、果实进行创意；利用生活本品散落拼摆在枯叶上，呈现别具一格的视觉美；选择叶子创意拼贴，运用丙烯笔进行线描装饰；利用树叶、树枝、树干和美工材料（纸杯、毛根、超轻粘土……）制作千姿百态的人与物，呈现幼儿童真的笔触。

可见，只有艺术回归儿童本身，顺应儿童天性的玩，在玩中自然地表达，我们才能在玩中发现儿童、读懂儿童。教师要及时关注幼儿的创作需求，引导幼儿自主创作，尊重他们的想法，充分发挥其想象力进行创作。

（二）构建"三位一体"动态过程，激发创造性表达

创造离不开想象，具有想象力的创造是新颖的、独特的，它是对旧经验的优化和改良，从而形成新经验，创造新事物的过程。幼儿真正的创造性学习是在有意义的情境中发展起来的，这个情境是将自然、生活、艺术进行"三位一体"的整合，形成"三合一"的动态过程。通过宽松自由的自然环境，寻找幼儿的兴趣点，将"树"的自然元素想象成内心的符号表征，按照美的规律进行创意组合，从中汲取审美经验，激发其审美感受力，利用个性化的创意作品表达其对现实生活的感受、情感和愿望，丰富幼儿的艺术生活。

将直观的自然感知、亲身的生活体验、实际的艺术操作有机融为一体，利用情景预想、隐性支持、主动观察形成新观念，尊重幼儿的自由表达，肯定幼儿的认知行为，鼓励他们用自己的方式去创造，使幼儿在此过程中获得完整、全面、和谐的发展。通过捡叶子幼儿自主发现叶片上的破洞，在大班

幼儿好奇心的驱使下，透过小洞发现神奇的世界，结合幼儿的生活经验激发他们的创造兴趣，引发主动思考，结合幼儿的自然感知与游戏发现，再现生活经验，创造神奇的"叶子照相机"。

可见，利用幼儿与自然的同频共振，将幼儿的创造力发挥到最大化，在观察中想象，在想象中创造，师幼共同参与使其在互动过程中获得启发，大胆想象，自主创造。

四、建立激励性支持系统，提升坚持与专注水平

（一）尊重创意性表达，发展持久专注力

尊重的前提是读懂儿童，而释放儿童的创意思维是让不同声音在同一时空和场所中自由呈现。"尊重儿童"是一种以人为本的教育理念，营造有温度的自然环境，追求师幼间的人性释放，建构有长度、有宽度、有厚度的三维立体式创意空间，表达主动探究的美好愿景。

由于大班幼儿思维活跃，创造欲望强烈，拥有自己的想法和主见，教师应适当放手、尽量放权，因为尊重与平等是保证幼儿专注与坚持的有效依据。教师应充分尊重幼儿的权利与自由，鼓励幼儿发现身边事物的变化，时刻观察每个幼儿的行为反应，为幼儿留出充分的创作时间和空间，尊重每个幼儿的独特想法，鼓励他们坚持自我，挑战自我，勇于将自己的所见、所闻、所想进行创意表达。通过观察树枝的外形特点，创意树枝娃娃、秋千、笔筒、人鱼、孔雀……此外，利用叶脉装点树林、社区、蜗牛的家。

总之，开放式游戏有利于幼儿想象，互相尊重的师幼关系有助于幼儿创作。在幼儿与自然、幼儿与幼儿的多重互动中，让平等与信任抵达精神对话，充分发挥幼儿的能动性，尊重他们的艺术个性，让其在创意表现中获得参与感、喜悦感、成功感，发展专注力。

（二）搭建支持性平台，培养创意坚持性

基于观察的基础上，尊重不同能力水平幼儿的创作需求，给予适时的支持可以引起、维持和促进幼儿的学习行为。因此，当幼儿缺少艺术构想，创

作思路受限，材料固化单一，长时间审美疲劳时，选择恰当时机，运用情感支持、策略支持和材料支持，激活创造思维，激发创作灵感，激励创意表现。

为了彰显幼儿的创意行为，采用启发式、支持性等措施推动幼儿的主体行为。通过多元化的教学形式，激发幼儿自主探究、大胆想象、个性化表现，从而提高幼儿的自主性、社会性、创造性、探究性和坚持性。利用自己的外形特征创意叶子娃娃；结合树叶的破洞设计神奇照相机；运用碎叶片引发联想、创意拼贴，通过叶脉创意风格各异的大树；组合树枝想象、创意各种动物造型……鼓励幼儿将自己的作品创意组合，布置成会讲故事的舞台，在创意的过程中体验成功感。

可见，教师适宜的支持不仅保护幼儿的好奇心，引导他们感知、探究材料，还能使其在创作中专注创意过程，培养创意坚持性。

五、采用激励性活动评价，引发幼儿反思内省

（一）欣赏评价过程，鼓励自主成长

从个人成长的角度进行评价，激励幼儿积极主动地参与创意，使他们原有基础上获得不同程度的发展，提高主动性，培养反思与解释能力，形成可持续发展的艺术学习能力与态度。

在创作过程的评价中，教师摆脱成人的评价标准，用发展的眼光评价幼儿，以欣赏的态度评价幼儿作品，寻找其进步加以具体的鼓励。当幼儿对材料进行探索与操作时，通过观察树枝的外形特征创意不同作品，应适时肯定他们个性化的想象与表达：有的用枝杈做脸蛋、细枝做手臂，有的树枝组合起来做头发，还有的用弯枝做鱼尾……雪地上的落叶激发浓厚兴趣，运用他们喜欢的方式去创意，将落满枯叶的雪块想象成卷发女孩；利用雪中的红叶创意成游动的红鲤鱼；通过反复对比树枝的弧度，同伴合作在雪中造拱桥；结合偶发的"碎冰"事件，幼儿借鉴已有经验将夹杂枯叶子的碎冰创意组合，并引发亲子探索、制作叶子冰灯。

在创作过程的评价中，为了诠释幼儿的真实视角，鼓励幼儿自主使用照

相机，拍摄自己喜欢的作品，倾听幼儿对其拍摄内容及原因的说明。在欣赏评价中，教师根据幼儿的表述适当追问，了解创意背后的故事，帮助他们运用语言、图片、视频记录过程，再现经验，收获成长。

（二）改革结果评价，挖掘深度反思

在创作结果的评价上，优选幼儿自评与互评，重点放在幼儿作品是否新颖独特，形式内容是否童心童趣，借助观察、想象、思维、语言等综合表现，为幼儿留有充足的讲述空间，帮助幼儿了解自己、表现自己，以期对创造性美术活动产生强烈的兴趣点和创作欲。

利用幼儿作品布置班级环境，不仅陶冶幼儿的艺术情操，也为他们的艺术评价提供隐性支持；运用实物、照片、视频记录幼儿的创作过程和有效瞬间，直观形象地帮助幼儿加深回忆过程，为集中评价做好铺垫；结合道具、背景、情境展示进行评价，邀请幼儿走进自主布置的"社区"，与树枝娃娃手拉手，面对熟悉的情境和对象，帮助胆小幼儿勇于自我评价，欣赏自己的与众不同，获得自信；创设碎叶子草地"种植"叶脉树林。利用对比观察帮助幼儿发现细节，主动参与互评环节，易于发现并描述创意新颖的作品。

可见，只要我们及时发现幼儿身上的闪光点，以欣赏的态度、具体的语言积极评价幼儿的创意，提高他们的反思与解释能力，就能帮助不同水平、性格特点的幼儿感受创作快乐，获得创作灵感，增强自信心与成功体验。

在大班幼儿学习品质形成的过程中，利用创造性美术活动的可视化、具体化放大幼儿的想象力，引导幼儿置身于真实的自然环境中，适时创设"我的树朋友"的游戏情境，激发幼儿的创作兴趣，充分感知树本身的自然元素，关注树冠的空间布局、疏密变化以及叶片颜色、树枝形状、叶脉对称、树皮肌理等外在特征，自主发现它们的对称均衡、变化多样的形式美，敏锐观察幼儿的行为表现，机智捕捉幼儿学习品质发展的契合点。在"我的树朋友"的主题背景下，大班幼儿在与大自然、大社会共生与互生的对话中生成新经验、新创意，并借助"树朋友"走进儿童、亲近自然，获得勇于探索的创新精神和善于解决问题的实践能力，培养好奇心与兴趣、主动性、坚持与专

注、想象和创造以及反思与解释等多维学习品质,提升其整体的综合素质。

蜗牛游戏主题背景下中班幼儿深度学习培养的行动研究

一、问题提出

儿童发展专家大卫·埃尔凯德认为游戏是儿童学习的一种方式,缺乏游戏的儿童会错失学习的机会。对于正处在快速成长期的幼儿来说,游戏是幼儿深度学习的一种特殊启蒙方式,是适应时代发展的一种有意义学习,它不是超越幼儿认知水平的高难度学习,而是其学习能力进阶的一种顺承表现,贴合幼儿最近发展区,也是幼儿对知识深层理解、迁移运用、学习发展、智慧成长的最佳途径,对后期幼儿学习态度的形成,学习习惯的培养以及学习能力的提升都起到不可替代的奠基作用。

中班幼儿活泼好动,具体形象思维,想象力丰富,能积极运用多种感官了解周围的世界,而大自然和生活中真实的事物与现象是他们探究的生动内容。因此,他们的深度学习应充分挖掘周围环境中的教育资源,创设一定的问题情境,围绕具有挑战性的主题,激发幼儿的探究兴趣,引导其积极参与,体验探究过程,拓展探究经验,发展探究能力,获得发展的有意义的学习过程。那么如何解读幼儿,回归深度学习的目的和初衷,发挥蜗牛游戏对幼儿深度学习、全面发展的重要价值? 如何发挥自然界最大的教育价值创设纯天然的游戏情境,引导幼儿持续、深入地探索? 我们以促进幼儿在蜗牛游戏中的深度学习和提升游戏质量为目标,采取系列措施,提升幼儿深度学习的能力。

高尔基曾说:"儿童通过游戏,非常简单、非常容易地去认识周围的世界。"蜗牛游戏符合幼儿思维具体形象性的特点,因其丰富活泼的探究形式和趣味新奇的活动方式深受幼儿的喜爱,更加凸显了直接感知、亲身体验和实际操作对科学探究、社会交往的重要意义。在与蜗牛交朋友的过程中，我们依据幼儿视知觉的自我发现和独特的审美能力，在愉悦的自然环境、生活经历和游戏体验中，调动幼儿多种感官，不拘泥于形式和材料的选择，在不同的情境下注重综合运用多种教学方法发散幼儿的思维，鼓励幼儿大胆联想与想象，充分尊重与促进幼儿独特的自我表达，激发幼儿的主动学习和创造潜能，形成良好的学习品质和幼儿未来发展需要的核心素养。

此游戏不仅践行了本园生态教育课程，还实现了生态教育理念——通过与蜗牛做朋友，帮助幼儿感受生命的意义，从而萌发尊重生命、欣赏生命、爱惜生命的情感。让生态教育为幼儿的生命成长保驾护航，实现生态教育的本真追求，为幼儿园实施具体活动提供理论依据与实践指导，使幼儿在愉悦的亲身经历和游戏体验中积累丰富的感性经验，促进幼儿完整、全面、和谐的发展。

◎ 二、研究目标

1. 敏锐地识别具有研究价值的真实情景，引导幼儿积极参与蜗牛游戏，享受并感知真实事物和情绪情感，对蜗牛游戏有持久兴趣。

2. 通过对自然、生活、游戏的观察和体验，还原儿童的真实世界，关注幼儿的生活、原有经验和兴趣，选择儿童视角下有价值的蜗牛游戏内容。

3. 利用猜想验证、观察对比、实际操作、交流分享等多元通道，在蜗牛游戏中促进幼儿深度学习的策略。

◎ 三、研究方法

1. 观察法。

通过观察的方式，文字记录幼儿游戏中的行为、语言、情绪、参与的状态等。同时拍摄留存幼儿游戏的影像资料，分析对比总结出幼儿的变化和收获，以便全面了解中班幼儿在蜗牛游戏中深度学习的现状。重点关注蜗牛游戏的内容，实施途径以及幼儿的专注性、积极性和同伴间的互动性。

2.行动研究法。

强调行动与研究相结合,在螺旋前进的行动过程中解决实际问题。研究者采用行动研究法参与到实践中,在实践的探索中发现问题、提出问题、分析问题、解决问题,并进行总结反思,不断调整、改进行动方案。

◎ 四、研究内容

1.了解儿童视角以及他们接受事物的感知方式与内心想法,以主题教学模式为主,利用幼儿园天然的环境教育资源,以蜗牛为媒介建立良好的师生关系,营造宽松氛围,诱发幼儿探究式思维。

2.创设宽松的游戏时间与空间,引导幼儿投入大自然与蜗牛做朋友,去感受、发现蜗牛,并通过自主选择游戏场地和材料,采用适宜的方式去探究,鼓励幼儿大胆猜想,运用举一反三的思维模式与多种教学手段相结合。

3.创造机会和条件,支持儿童自发的探索行为,尊重幼儿自发的解决问题的方法,给予幼儿适当的帮助与指导。

◎ 五、研究结论

(一)亲近自然净土,感悟生命真谛

1.聚焦幼儿兴趣点,以"生命"联结实现共情。

在尊重小蜗牛的生命特点及生存规律的基础上,开展系列本体性游戏活动"我和蜗牛做朋友",这是基于呵护生命的情感需求而萌生的自主行为。以"蜗牛的生命特点"为线索随机生成多领域游戏,发展幼儿多重能力,如:观察、理解、认知;交往、合作、分享;创造、表达、动作……通过"知、情、意、行"的深度融合懂得尊重、珍惜生命,体会生命的力量与存在的价值,感受生命的多样性,激发主动探索的欲望,在感知、理解、认识生命的基础上,幼儿初步懂得尊重、爱惜生命。

在与蜗牛互动、共情的交友体验中,幼儿是游戏的发起者、组织者、创造者,只有遵从生命的内在需求和发展特点,充分发挥幼儿的主动性,合理

运用隐性的支持与辅助配合，幼儿才能在真实、鲜活的体验中获得对于生命的认知与理解，才能让游戏的价值得到有效的落实。我们从儿童视角审视孩子与蜗牛的真实对话，用心解读、发现幼儿的兴趣与认知，不仅拉近生命间的距离，表现出对生命的关怀，更为幼儿提供充分感知、体验和交流的环境，通过连续性的观察与对比，帮助幼儿进一步感受生命的意义与美好。

2. 生成有效真自主，激发幼儿内在生命力。

在真实的情境体验中，我们尽最大可能为幼儿提供自主选择、自主决定、自主行动、自主思考的机会，让他们在自主决策中感知自己的重要性，获得自我生长的力量。但"自主"的过程不等于放任自流，教师会通过随机事件、情景预想、隐性支持为幼儿的自主助力。

在幼儿带着蜗牛去旅行的途中，由于蜗牛太多手里拿不下，不慎掉在地上，被其他幼儿无意中踩死了，蜗牛的意外死亡让幼儿失去心爱的朋友，情绪瞬间崩溃，在埋怨、自责、伤心过后，他们小心翼翼地埋葬了自己的好朋友——蜗牛。在与幼儿交流的过程中，教师提出关键性问题，引发集体的讨论："怎样才能保护蜗牛呢？"有的说蜗牛坐在车里旅行最安全，有的说和爸爸妈妈在一起保护他们，还有的说住在房子里最安全……幼儿结合自己的生活经验发表了五花八门的意见。最后，通过投票协商，大家一致决定帮助蜗牛建房子，让他们生活在一起。

在蜗牛游戏中，我们给予幼儿充分的游戏自由，让幼儿能够有机会自由、自主的开展游戏，体会自然带给幼儿的快乐，收获自然送给幼儿的智慧，想儿童所想，感受儿童所感受，并将生命发展的主动权还给幼儿，充分激发和调动幼儿的内在生命力。

3. 浸润多领域融合，尊重生命成长节律。

我们应赋予游戏更大的价值和使命：将深度学习与自主游戏相结合，用全新的理念和形式，拓展幼儿认识周围世界的角度，创造跨领域的整体深度学习体验。同时，为了感知生命存在的价值和繁衍的力量，我们融合多领域内容，凸显对生命的感知、理解、认识、尊重与爱惜。

在探究发现中,我们以小蜗牛为载体,跟随小蜗牛开启深度学习之旅,用自主探索、观察发现、体验共情、碎片提问、游戏闯关、创意表现等方式串联学习内容,将健康、语言、社会、科学、绘画、音乐、体育等内容进行整合,幼儿在教师的引导下对小蜗牛有了主题化、生活化、活动化的认知。其中,幼儿将捡来的若干只蜗牛放在蓝色的飞盘上,当他们惊奇地发现飞盘上出现了许多银白色的线条时,大胆联想与想象,有的说蜗牛在画地图,有的说蜗牛爬出了好多蜘蛛网,有的也惊喜发现树叶上也有白白的线,一次偶发发现为幼儿开启探究的大门。于是,幼儿仔细地观察蜗牛爬过的地方,从不同的物品上不约而同地发现这种亮晶晶的线,再次观察感受液体的颜色、质感。整个活动中,幼儿通过色彩流淌再现蜗牛的行动轨迹;融入现场观察写意蜗牛的动态美;体验蜗牛的"慢"游乐趣,探寻身体慢的原因,懂得每个人都有自己的特点,接受独一无二的自己;合作搭建"小蜗的家"感受同伴合作的过程性快乐;运用不同的方式点数蜗牛开启数学的迁移性学习;利用蜗牛散步时发现的各种纹样表现生活化线描。

可见,开放、自由的游戏空间为幼儿搭建自主感知、发现、创造的多元平台,通过想象,他们将观察与情感转化为意象。在充分地感知体验、表达表现中,教师结合幼儿自身的生活经验对蜗牛的生命特点出现阶梯式认知,重视幼儿内在生命力的激发,使其感受生命的拔节生长,不断用"生命的力量"滋养心灵,升华他们对生命与自然的情感,建立一种积极乐观、充满活力的生命状态,实现由内而发的主动性成长。

（二）追求问题本源,挖掘探究深度

1.参与的深度,引发积极的主动性和参与性。

深度学习是一种基于问题解决的学习,也是一种充满探索和创造机会的学习。儿童有着与生俱来的好奇心和探究欲,好奇、好问、好探索是幼儿的年龄特点。他们喜欢接触大自然和新鲜事物,喜欢大自然的味道,常常被周围的事物所吸引,好奇心使得幼儿永葆探究学习的主动性和积极性,提高学习参与的广度和深度。

幼儿在游戏中积极的主动性和参与性主要体现在开放、真实的环境，自然、共鸣的问题，可爱、多见的"玩伴"，教师应支持、鼓励幼儿的提问，耐心、认真倾听、记录、筛选、判断幼儿的提问。在蜗牛游戏中，结合夏季雨后潮湿的气候，教师带领幼儿走进大自然，在幼儿偶发的观察中，发现爬到墙壁、棚顶上的蜗牛，幼儿感到兴奋，乐在其中，萌发交流的愿望和冲动。对自己接触和观察到的蜗牛提出相关问题：为什么雨后才会看到好多蜗牛，为什么蜗牛爬得这么慢？为什么蜗牛不会从墙上掉下来，哪里蜗牛最多，蜗牛什么时候会出壳，这两个短短的触角是什么……这些探究问题吸引了幼儿的注意，引发幼儿主动地观察探索、思考猜测、调查验证、收集信息、得出结论、合作交流。

通过天气的对比，连续性观察，查找资料，让幼儿带着问题扮演侦探发现雨后潮湿阴暗的绿植和草地里的蜗牛最多；在把玩蜗牛的过程中，幼儿感到蜗牛爬过手臂黏糊糊的感受，带着自己的猜想进一步观察到蜗牛从大管道里吐出许多泡泡；通过"翻手实验"，初步发现、判断这些透明的、黏黏的液体是液，在举一反三的实验中，他们用相同的方法再次寻找蜗牛是否会掉在地上的原因。

在经验分享中，幼儿了解蜗牛的生活习性、外形特征和行动特点，在自由探索、自主观察中发现问题、分析问题、解决问题，不仅帮助幼儿获得成功、体验自信，还引导幼儿了解蜗牛的生活习性，萌发科学探究的愿望。可见，真正的探究始于问题答案的追求，亲身体验、自然习得比书本上抽象的语言文字更能激发幼儿的主动性和参与性。

2.方法的深度，聚焦批判性思维和问题解决方式。

幼儿探究的过程实际上就是对感兴趣的问题通过直接感知、亲身体验和实际操作寻求答案的过程。当幼儿在蜗牛游戏中不断试错，通过反复假设、不断验证、判断推理，并运用批判性思维重新审视自己的认知，选用观察比较、实验验证、分类概括等方法解决问题，在讨论、争论中寻找答案，达成共识，才能更有效地调整自己的知识结构，深度学习也随之产生。

在与蜗牛游戏的过程中，幼儿发现放在手心里的蜗牛会立刻把身体缩进壳里，幼儿大胆进行猜想：说话声音太大吓到蜗牛，蜗牛不喜欢热乎乎的手心，碰到它就会缩回去……幼儿之间的交流是探究过程的关键步骤之一，在实验验证环节，幼儿举着皮球上的蜗牛兴奋地发现"蜗牛爬出壳，慢慢地往上爬。"他们大声地朝蜗牛喊话，蜗牛还是没有缩回壳里，因此，他们得出结论它遇到危险时会缩回壳里，而且长触角、短触角、尾巴都很敏感，碰到依然会缩回去。

可是，怎样才能让蜗牛出壳呢？幼儿抛出五花八门的答案：不去理会它、将蜗牛放在阴暗潮湿的地方、喂食蜗牛等，他们分组进行尝试，在耐心的等待中前两个都出壳了，"蜗牛喜欢吃什么？吃什么它才能出壳？"幼儿选择蔬菜、水果、米饭、糖水等进行实验，适当的错误是被允许的，有助于激发幼儿探索发现的兴趣。最终，在多次实验中，幼儿发现蜗牛闻到糖水的气味就会从壳中出来了，原来它喜欢甜味。幼儿充满疑惑，不确定这两个短触角的功能，有饲养经验的幼儿提到：这是蜗牛的眼睛。有的幼儿提出质疑，海绵宝宝家小蜗的眼睛是头上长长的触角……通过遮挡蜗牛的短触角，蜗牛也能爬上树枝的实验，幼儿再次推翻了前期的眼睛结论——长触角是眼睛。通过遮挡短触角，发现即使把糖水放在蜗牛前面，它也不会露头。可见，只有这种批判性思维才有利于幼儿对新知识的学习与运用，也有利于复杂问题的解决。

3. 结果的深度，融汇知识的理解与运用。

幼儿深度学习的能力是在游戏中综合运用各种方法探究解决问题的综合表现，而深度学习的典型表现是将所学知识运用于现实生活，有效解决现实生活中的实际问题。

当幼儿比赛捡蜗牛时，发现蜗牛密密麻麻地趴在叶子上数也数不清，教师适时地抛出问题："蜗牛挤在叶子上数不清，怎么办？"有的说把蜗牛放在地上一个一个的数；有的说两个两个摆在一起更好数；有的捡来一根树枝，上面有许多对生的叶子，他发现一片叶子上放一只蜗牛看得更清楚；有的借鉴自己站队的方法，把蜗牛摆成两列，一一点数，再次捡回叶子上进行验证。

可见，幼儿在感知、体验、探究和发现的过程中获得对蜗牛的深度认知，将生活中已习得的点数、对应、有序、验证经验迁移至数蜗牛的游戏中，促进了幼儿的深度学习。

（三）深化独特价值，收获全面发展

"游戏是儿童最正当的行为"。基于儿童视角下的蜗牛游戏，是借大自然润物无声般地走进儿童、亲近自然，体会"蜗牛"带来的快乐，收获"蜗牛"传递的智慧，将学习目标内隐于环境和材料中，引导幼儿在开放的环境和材料中积极主动地探索，能够在具体情境中映射幼儿原经验与新认知、驱动幼儿自主操作探索、培养批判性思考能力以及发展高阶思维能力的典型游戏活动，能有效促进幼儿的深度学习。

1. 强化个体认知，增强自身获得感。

深度学习所倡导的是学习者能够积极主动的将所学内容进行迁移应用，这在一定程度上有助于引导幼儿将已有的生活经验投射到当前的活动情境，在新旧经验平衡发展的过程中丰富自身的认知结构。

在整个游戏中，我们重视幼儿的动机、情感、态度和感受。在玩耍、观察、照顾蜗牛的过程中，幼儿将自己想象成小蜗牛，结合自身经验创编出层层递进式的游戏情节，还原本真的生命状态，形成正确的生命认知，感悟可贵的生命成长，从而成为有力量面对世界与未来的生命个体，满怀信心地去接受各种困难与挑战。首先，幼儿自选户外材料创设游戏情境，运用不同的肢体语言表现蜗牛独特的外形特点和自我保护的方式；其次，从单独游戏到合作游戏，幼儿转换角色，感受蜗牛自由散步，面对危险，自由长大的生命旅程；最后，围绕绘本《蜗牛》幼儿解开心中的层层疑团，渐渐了解到蜗牛不分公母，雌雄都会产卵；蜗牛分泌粘液把自己粘在叶子下，避免晒干；蜗牛的敌人是画眉鸟、老鼠、刺猬；蜗牛的舌头上覆盖135排牙齿，每排又长了一百多颗牙齿；蜗牛分泌粘液封住出口，进行冬眠……通过情景再

现——画眉鸟吃蜗牛，"小蜗牛"钻进滚筒、布袋、坦克等地方四散躲闪、变速爬行、躲避危险，将游戏推向高潮。

深度学习强调幼儿在活动中的获得感，而非在原有的认知发展水平上停滞不前。教师应对幼儿的想法、行为给予充分的认可和鼓励，并在自主游戏中设置最近发展区，给予幼儿适度的挑战，引导他们感知游戏过程的内在满足感，在直面问题、解决问题中润育出乐观坚定的精神力量，发展他们内在的胜任感。

2. 重视学习能力，激发游戏潜能。

深度学习着意于学习者要具备迁移、分析、应用、评价及综合等能力，旨在引导幼儿以较为理性客观的角度看待问题，培养其高阶思维能力。从而达到以非镜像式的活动方式，激发幼儿的学习动力，挖掘其内在的学习潜力。我们应重视并认真对待幼儿的提问，尊重他们的想法和观点，支持和引导他们积极的猜想和假设，创造条件支持幼儿通过观察、调查或有趣的小实验寻找问题的答案。

根据蜗牛的生活习性，幼儿选择适宜蜗牛居住的阴凉场地，在绿篱旁的草地上建家，幼儿仔细对照图纸，从库房寻找各式各样的低结构游戏材料进行以物代物的象征性活动，如：爬行垫、蘑菇凳、过河石、拱形门以及土地和树叶等，有的把过河石铺在草地上，盖上银色的保温垫；有的把垫子抬到草地上当顶子和墙壁，用彩色积塑加固房屋；还有的使用泡沫箱当小床，上面有放了一个面包圈玩具避免蜗牛爬出来，里面盖上许多叶子，并用一个拱形门当大门，铺上彩色的石板路，他们给这个房子起名叫"小蜗的家"。在大家齐心协力下，小蜗的家终于建好了，大家找来许多蜗牛朋友，把它们放在软软的床上，快递员给它们送来食物，忙得不亦乐乎。

通过创意设计小蜗的家，自主选择设计图纸、建造场地、建筑材料、内室装修、院落布局……在整个建家游戏中，利用园所的户外器械和自然资源开展自主性游戏，真正为幼儿提供自主选择游戏材料、游戏同伴、游戏地点和游戏玩法的机会，这种由幼儿主导的游戏形式和极具自由的游戏空间，不仅给予幼儿更大的游戏自由和更真实的游戏体验，帮助他们充分体验到户外游戏的乐趣与价值，更多地为幼儿思维能力的发展和大胆想象提供了便利。

在此过程中，低结构、高开放的户外材料包含着更多需要幼儿动手动脑去解决的问题，为幼儿提供更多的机会运用已有的经验去迁移、思考问题，促进幼儿的反思与合作，进而促进幼儿的深度学习。而作为教师，只需要在游戏的过程中，记录幼儿的游戏行为，发现游戏过程的冲突行为以及幼儿的游戏表现，进行适时的介入与指导。

3. 促进情感升华，发现有意义学习。

深度学习是以深度吸引为前提、以深度体验为过程、以深度反思为结果的一个不断积累的过程，这有助于增进幼儿在活动中的情感表达，进而增强幼儿学习的自信心。通过活动过程中层层深入的情感体验，满足幼儿自身发展的情绪情感需要，积极表现自己的真实情感，进而引导幼儿发现有意义的学习。

在与蜗牛的深度交往中，蜗牛深受他们的喜爱，他们拥有充足的游戏时间和空间，才有找蜗牛、抓蜗牛、数蜗牛、喂蜗牛、画蜗牛……持续而深入探究的可能。在此过程中，不仅拉近了幼儿与蜗牛的距离，还增强了幼儿的交往自信。教师对幼儿的支持往往不是直接干预，而是持续关注幼儿，通过关注让幼儿感到满足感。教师作为幼儿游戏的促进者，通过对幼儿游戏的观察，捕捉幼儿学习的生长点，发现幼儿游戏中无处不在的课程资源，引导幼儿从思考到行动再到反思，最后生成有意义的教学，并利用视频、图片等方式与幼儿一起学习探讨游戏中的各种行为，引导幼儿认识自我、观察讨论、自我反思，促进幼儿批判性思维能力的发展。同时，教师在解读幼儿行为、分析幼儿对已有经验的运用、新经验的获得等方面了解幼儿发展的现状、教师策略的适宜，以此实现师幼的完美互动。可见，依据幼儿在游戏中的表现所生成的教学，既是对幼儿游戏的回应，又是教师生成有意义教学的可靠途径。

蜗牛游戏作为一种亲自然、喜探索、善交往、乐创造的游戏活动，具有自主性、操作性、表征性及创造性等特征与深度学习中所涉及的批判理解、迁移应用及综合评价等学习要素高度契合。通过自主的游戏形式表现幼儿的心智发展水平与内心情感世界，深受幼儿的喜爱。在蜗牛游戏中，幼儿的深度学习就是将个人经验转化为实际操作和直观表现的自主发现、理性思考和合作探究的活动过程，使游戏从一般意义上的"玩"转化为对内在学习需要的"唤醒"，以期促进个体向更高水平发展。让幼儿像蜗牛一样在自己的轨道上慢慢地表现自我、创造自我、放飞自我，成为更好的自己。

生态教育理念下幼儿园劳动教育综合育人模式建构的实证研究

2020年中共中央、国务院印发《全面加强新时代大中小学劳动教育的意见》（以下简称《意见》），明确规定劳动教育应以必修课程的形式出现，提出"把劳动教育纳入人才培养全过程。2020年教育部印发《大中小学劳动教育指导纲要（试行）》（以下简称《纲要》），针对大中小学各阶段的劳动教育作出全方位规划，强调劳动教育的思想性、社会性及实践性。幼儿阶段的成长是具有基础性的特征，但目前我国针对学前阶段劳动教育的相关政策及规范性文件十分有限，关于幼儿劳动教育内容、实施方法等缺乏系统性的指导。劳动是实践教育的基本途径，劳动教育也是推进幼儿园与小学科学衔接的有力抓手。因此，遵循幼儿发展规律推进实现幼儿劳动教育综合育人的价值显得格外重要。

一、幼儿园劳动教育"新"赋能

通过检索文献"劳动教育"相关关键词，从研究视角来看全国近年来关于劳动教育的研究主要集中于中小学及以上学段，幼儿园劳动教育的相关研究成果相对较少。国内的研究成果更多的是幼儿园教师在班级中开展劳动教育活动的经验所撰写文章，缺少对其深入研究的学术性论文，研究方法是教师在劳动教育活动中的实践和反思，很少有从劳动教育课程本身去思考，课程缺乏系统性。生态理念下的劳动教育，以劳动教育教学的生态平衡为研究对象，注重劳动教育与各种宏观环境之间的关系，运用生态学的系统观、平衡观、联系观、动态观来考查劳动教育问题。布朗芬布伦纳的生态学模型将幼儿与环境的因素进行深入分析，提出了"四系统观"：宏观系统、外观系统、中观系统和微观系统。

（一）宏观系统——劳动文化的传承与创新

自古以来，中国就是一个以劳动立国且十分重视劳动的国家。农家学派中的后稷派提出"农家者流，盖出于农稷之官。播百谷，勤农桑，以足衣食"的观点，生产劳动与生活相结合。近代以来，陶行知认为："劳动是获取真知的重要途经。"鼓励幼儿做各种事情，在实践过程中认识自己。在中小学劳动课程的演变当中，从作为其他学科附属的存在到成为一门独立的学科，教学目标由培养劳动技能转变为树立正确的劳动价值观和良好的劳动品质。生态教育理念下的劳动教育不仅要继承马克思劳动教育思想的理论内核，以中华优秀传统劳动教育思想为源头，更要进一步结合中国特色社会主义和时代需求，实现传承、创新和转化。

（二）外观系统——劳动政策的演变与趋势

20世纪60年代初期，劳动教育并未正式进入中小学课程体系之中，而是融入其他学科教育，直到1957年后才出现了劳动专业课程。党的十九大之后，继续深化劳动教育改革。从2020年3月20日《意见》和7月9日《纲要》颁布情况来看，教育部对劳动教育的落地实施有了进一步的推进，但是我国国情复杂，无论是中西部地区发展水平上的差异，还是劳动教育发展的城乡差异，各地区都可以根据地方发展水平和需求，制定相关的实施意见，为劳动教育提供保障。

（三）中观系统——幼儿园劳动教育的融合与开放

强调幼儿与自然与环境的相互作用，通过艺术形式建立人与自然、人与社会之间的真正和谐，引导儿童认识周围环境的过程中，注重爱祖国、爱集体、爱同伴、爱老师、爱自我的活动设计。选择大自然中的新鲜、变化莫测、繁衍生息等内容，通过艺术的形式让幼儿表达对大自然的热爱，感悟大自然的秩序，体验个体与自然的一致性，在创作中感受共助生命的情怀，将情绪情感进行空间上的延伸，从关注周围的环境、周围的劳动者、动物和植物生长扩大到对自己的家乡的自豪感，幼儿在与环境和自然的融合中完成健全人格的塑造。

（四）微系统——家庭劳动教育的生根与发芽

家长要不断更新自己的教育观念，发现劳动的教育价值，认识到劳动的多元性、创造性。应当树立正确的成才观，理解劳动对幼儿全面发展的重要作用，提高家庭劳动的教育意识。劳动综合育人指向人的全面发展，通过劳动教育让幼儿切身体验劳动，在劳动事件中培养幼儿的独立性，最大程度地发挥综合育人的价值。

二、研究设计

（一）研究对象

天津市某公立幼儿园幼儿、教师和家长。

（二）研究目标

1. 通过探析幼儿园劳动教育活动中生态理念缺失以及劳动教育活动组织形式单一化的现状，并进行归因分析，结合多维空间、多边对话、多元融合的生态教育理念，构建幼儿园劳动教育活动体系。

2. 在审视幼儿园劳动教育活动现状的基础上，试图构建生态教育理念下幼儿园劳动教育活动实施的策略，为教师开展劳动教育活动提供可行性建议。

（三）研究重难点

1. 研究重点是把握幼儿园劳动教育活动中教育性与实践性的平衡，并建立完善的劳动教育课程体系。

2. 研究难点是构建不同年龄阶段的劳动教育课程体系，提升教师、家长的幼儿劳动教育观念，发挥劳动教育综合育人的价值。

三、生态教育理念下幼儿园劳动教育"新"困境

（一）教师内涵理解片面，劳动教育内容窄化

劳动教育的认识误区主要表现在："无劳动的教育"与"无教育的劳动"并存。所谓"无劳动的教育"就是指重观念、轻能力和习惯的培养。所谓"无教育的劳动"，将劳动教育等同于劳动操作，教育过程缺少目的性和教育性。在对教师的采访和观察中发现，当前教师对劳动教育的内容更多的局限于"体力式"和"简单式"的劳动，将教育内容窄化为某种劳动行为，比如"倒垃圾、叠被子"，忽视了劳动教育对幼儿精神层面上的影响，缺少树立正确的劳动价值观。

（二）幼儿缺乏情绪主动性，劳动教育体验浅表化

幼儿劳动教育受年龄特点的影响，劳动形式浮于表面，用游戏体验的趣味性作为劳动教育的外衣包装，对于劳动教育本质的思考不够深入，幼儿对劳动成果获得的情感体验匮乏，未达到一定学习深度，对于劳动技能只关心"会不会"的问题，缺少"为什么"的思考。通过调查，当前教师过多强调劳动教育内容的游戏性和娱乐性，而这种愉悦的情感体验和劳动的本体是割裂的，本末倒置的劳动教育丧失了本身的价值。

（三）家长思想观念束缚，劳动教育价值单一化

"重智轻劳"的传统观念影响着人们的思想，也影响着家长的教育观念，家长对于劳动教育的认识更多的是"任务式"和"奖励式"的劳动，劳动增值的价值体验大于劳动本身的价值体验，在劳动中体验到的"成功感"是短暂的。从问题"最期待幼儿园教育培养幼儿哪些能力发展"的回答上来看，家长更加重视幼儿的社会性发展和学习能力的发展，并且他们认为劳动教育等同于让幼儿进行体力劳动，漠视劳动过程中幼儿劳动情感的体验。

◉ 四、生态教育理念下幼儿园劳动教育综合育人实践"新"思考

（一）深化与节气相关联的劳动教育，浸润幼儿本真的劳动体验

二十四节气能反映中国人聪明才智的发明和创造，在节气中劳动不仅是幼儿天性的渴求，也是传统文化弘扬的主要途径。激发幼儿的民族自豪感的同时，培养幼儿与自然和谐相处的劳动观念与态度，劳动习惯与能力，是劳动的自然属性赋予劳动教育的应有之义。

1. 了解节气文化，实施主题劳动，提升劳动技能。

陈鹤琴先生说："从书本上能吸收的知识是死的、间接的；而从大自然与大社会中获得的知识是活的、直接的。"教师挖掘潜藏在节气习俗中的劳动教育因子，让幼儿体会劳动与节气间相生相依的关系，感受节气对劳动的馈赠，生态教育理念下的劳动是利用自然和保护自然本质，实现在二十四节气中人与自然的相互养育。

依托"开心农场"的优势场地，开展以"棉花"为线索，贯穿四季的不同节气，感受一颗种子回到一颗种子的生产劳动实践活动："谷雨前，好种棉"清明、谷雨是暮春的重要节气，通过认识、播种棉籽，培养幼儿学习品质；从立夏开始，幼儿在照顾棉花的过程中自主发现它的生长秘密，从"拔棉秆"和"留棉秆"之间感受生态平衡，关注植物间相互依存关系；寒露节气亲子采摘棉花，收集中药材——木棉子，记录丰收的喜悦时刻；立冬节气后，幼儿纺棉线、卷面签、做棉被、做装饰画，完善劳动教育的整体性，充分发挥劳动教育综合育人的价值。以此类推，依据不同节气的特点开展活动，例如谷雨摘香椿，洗香椿；小满做水车，灌溉农作物；芒种采花瓣，送花神；秋分采红果、做红果酪；冬至亲子和馅、包饺子；大寒分豆子、煮腊八粥等，通过系列活动有效弥补学前教育阶段劳动教育形式和内容单一化的空白。幼儿在劳动过程中既享受劳动收获的幸福，掌握劳动技能，又实现了劳动赋予的成就感和自信心。

2. 利用多元共育，借助传统节日，涵养劳动品质。

良好的劳动教育离不开社会和家庭的支持。传统节日是学习传统文化和丰富劳动内容的最佳时机，幼儿园、家庭、社区建立多元共育模式，延伸幼儿园劳动教育生活化触角，达到"教育一个孩子，带动一个家庭，影响整个社会"的劳动教育效果。

幼儿园成立家长助教团、爸爸助力团，妈妈老师团等，以传统节日为契机，开展包饺子、包粽子、打月饼、打糍粑、蒸年糕等传统美食的制作小课堂，在制作美食的过程中做到"真"参与、"真"学习，培养幼儿的劳动品质，体会劳动成果的来之不易。利用社区为幼儿提供参观学习、动手体验的场所，比如利用重阳节，聘请相关行业的家长、志愿者做幼儿劳动教育的指导员，向幼儿讲授重阳节的传统习俗，让幼儿学会表达感恩之心。营造社会、家庭、幼儿园三位一体的生态式劳动育人环境，构成教育合力，共同营造劳动光荣的价值氛围，让幼儿在一体化的空间内获得连续性、一致性的教育环境，培养综合性的劳动品质，推动劳动教育纵深发展。

（二）回归与生活相融合的劳动本质，给予幼儿恰当的劳动自由

幼儿阶段是人一生中发展的起始时期，是世界观、人生观、价值观形成的重要阶段，幼儿劳动教育是学前教育体系的重要组成部分。幼儿的劳动内容与其生活密切相关，幼儿不仅可以使用材料或工具改变客观世界，还可以改变幼儿自身行为习惯的目的性。因此，将劳动教育贯穿幼儿园一日活动始终，落实幼儿培养的全过程，让他们健康快乐成长至关重要。

1. 立足生活化活动，融入劳动教育，培养劳动习惯。

幼儿的生活与劳动教育密切相关，需要教师挖掘生活活动中的劳动教育契机，开展劳动教育活动，让幼儿在入园、进餐、喝水、盥洗、入厕、睡眠、离园等生活活动中，及时将劳动教育因子植入幼儿思维深处。秉承"自己的事情自己做"的教育理念，教师利用图片、儿歌、故事等形式浸润班级环境和环节组织中，引导幼儿整理衣裤、穿脱衣服、摆放随身物品……通过开展"值日生""自助餐""大扫除"等常规劳动实践活动，引导幼儿在照顾

自己、服务他人的过程中，强化劳动意识，形成正确的劳动态度；获得积极的劳动体验，习得基本生活劳动知识和技能，养成生活劳动习惯。

2.借助仿真游戏，推进劳动教育，深化劳动认知。

游戏是一种有目的、有计划的社会活动，是人类认识世界、改造世界不自觉的基础性劳动过程。仿真游戏是模拟生活真实场景的一种角色游戏，教师通过挖掘现实生活中的劳动教育价值，内隐于游戏，从而潜移默化地帮助幼儿深化劳动认识。

围绕"自然、趣味、童真"的主题构想，开设"六一"大带小的仿真游戏场馆，如：绣球面馆、果汁乐园、甜品站、创意工坊、盆栽乐园等，巧妙地将劳动教育与仿真游戏有机融合、寓教于乐。幼儿通过自主组建家庭、制订游戏规则、选择游戏场馆，在"玩"中体验劳动情感，"玩"中感悟劳动价值，"玩"中学习劳动技能，帮助幼儿树立正确的劳动意识，全面提升劳动认知，培养正确的劳动行为。

（三）融通与自然相契合的游戏空间，挖掘主动学习的劳动价值

生态教育理念下的劳动教育，是人与自然之间的中间环节，是幼儿了解自然、参与自然、回归自然的重要手段。教师将游戏回归劳动本质，给予幼儿恰当的劳动自由，使自主劳动深化创意内容，拓展劳动空间，构建"人—社会—自然"的生态和谐关系，在关系互动中确定生命的意义，发挥综合育人的价值。

1.参与自然劳动，调动多种感官，激发生态理念。

自然劳动是在自然生态下各种学习要素相互碰撞的最佳途径，参与自然劳动是发现问题、探索问题、解决问题的认识、感知自然的过程。幼儿参与真实环境中的劳动，可以极大地增加与大自然接触的机会，生发多样的情感体验。他们通过摸、看、听、嗅、品尝等调动大脑和身体的各种感官共同活动，在认识自然、探索自然、了解自然的过程中，幼儿持续不断地在自然劳动中感受自我和环境之间的依存关系，探索大自然的本原与奥妙。

结合幼儿园的生态教育理念，在幼儿园开辟果蔬种植基地，班级自主认

领种植园和班级树，幼儿通过翻地、选种、播种、浇水悉心照料并观察蔬菜的生长状态，感受辛勤劳动与植物生命的内在联系。幼儿全程参与，体会劳动人民的辛苦付出和成功的喜悦，并在成人的指导下制作美食，体验食物与自然、劳动与人类生存之间的相互关系，形成积极的劳动情感和良好的个性品质。

2. 对话自然主题，浸润自主劳动，体验劳动创意。

为了幼儿与自然保持最亲密的联系，应重视幼儿与自然的互动。引导幼儿通过劳动教育，在运用自然、创意自然中感悟自然的魅力，体会创意、劳动以及自然之间和合相生的关系。教师以"树"为主题线索，贯穿四季，让自主劳动延伸出创造性体验，积累有益的直接经验和感性认识，提高幼儿主动学习的原动力。春天，在花瓣雨中捡拾花朵，制作天然颜料；夏天，制作苹果创意镂空图案的外套；秋天，通过清理院子里的落叶创意巨型的叶子迷宫乐园，争做环保小卫士；冬天，利用身边触手可及的自然资源创意新棉衣，帮助大树妈妈御寒保暖。在一系列的劳动教育活动中，幼儿不仅是发起者、组织者，也是困难的解决者、推进者，更是成果的体验者、分享者。

幼儿有目的地从劳动中获得积极的劳动体验，习得生活劳动技能的同时，自发的劳动体验完美诠释了幼儿的主体性特点。结合季节特点、实际情况和幼儿的能力水平，运用有效的提问引导他们主动发现、积极探索，运用已有认知经验解决问题，从而提升整个游戏层层递进式的无痕教育效果。

3. 接触自然生活，提倡生命教育，激活劳动情感。

"大自然中的劳动教育资源也不容忽视"，陈鹤琴提出大自然大社会是极好的活教材。幼儿与自然界存在天然的共性，当自然的幼儿和自然的生命有机结合在一起时，幼儿的劳动情感容易被激活。

为了培养幼儿关爱动植物的情感，幼儿园在指定区域饲养小动物，如：鱼、兔子、乌龟、鹅、羊、鸡等。幼儿担任饲养员，在与动物做朋友的过程中，了解动物的生活习性和饮食习惯，为动物准备居住场所、食用材料，制定轮流照顾、喂养动物的规则。建立幼儿与动物之间的亲密关系，让幼儿懂得尊重、爱护小动物的同时巧妙渗透生命教育和劳动教育。个体在劳动教育过程中，从人与自然的相互给予的关系中体悟生命的意义与生命的价值，寻求物质与精神的双重满足。

习近平总书记在全国教育大会上提出建立德智体美劳全面发展的教育体系，推进幼儿劳动教育既是促进幼儿全面发展亟须解决的重要课题，也是时代发展之需。生态教育理念下的幼儿园劳动教育，围绕"动态、整合、共生"，以浸润体验和情感养成为基础，劳动过程以幼儿参与体验为本，劳动氛围以家长全程参与为要，劳动情感以劳动收获分享为路径，培养幼儿的生活能力、观察能力、思维能力、分析解决问题的能力，形成正确的劳动价值观观，完善幼儿园劳动教育活动体系，实现树德、增智、强体、育美的综合育人价值。

（作者：孟祥倩　许雅雯）

儿童视角下幼儿园创造性美术活动对师幼关系的培养研究

把幼儿园创造性美术活动视为幼儿自发组织美术语言的"游戏"方式，这种游戏是自由的、主动的、具体的、生动的、有趣的、充满着生命力的，也是符合幼儿的认知建构方式。作为发展幼儿感受与欣赏美、表现与创造美的重要手段，一直强调儿童是有能力与权利表达的个体，倾听幼儿、理解幼儿尤为重要。因此，教师依据幼儿视知觉的自我发现和独特的审美能力构思幼儿园创造性美术活动的实施路径，在尊重与倾听中赋予幼儿参与和自由表达的机会，教师转变观念从儿童立场出发，根据幼儿的兴趣、需要和能力，激发他们运用自己独特的方式进行自我游戏组织与呈现，真实地表达自己对事物的认识和体验，师幼共同享受自主创作的过程，不仅应关注教师对美术所追求的个人体验与表达需求，还能提升教师对创造性美术活动内容的选择角度和活动质量，提高幼儿的美术素养和创造能力。

⊛ 一、幼儿的童真是最稀缺的创意之源

（一）创造性美术让幼儿在游戏中成长

对幼儿来讲，创造性美术本身就是一种独特的游戏，这种游戏一方面体现了幼儿的成长历程，一方面又丰富了幼儿的成长经验，正是在这种幼儿能做游戏主人、能自己组织美术语言的过程中，逐渐认识自我、实现自我表达，并能遵守共同的规则，与他人交流和分享自己的创作，有助于加速幼儿从一个"生物人"到"社会人"的转变。

学前教育是游戏化的教育，而美术是有趣的游戏方式。幼儿自主参与的状态是一种自发的、内在的游戏状态，是幼儿自我观察、思考、发现、体验、内化与表现的动态互动过程。比如，幼儿在创造性美术活动中自发地触摸材料、观察材料、并尝试运用材料制造各种涂鸦、图形、视觉形象，这是属于幼儿的自我游戏，是与美术语言、环境、材料、表现方式互动的真游戏。

基于幼儿的发展，幼儿园创造性美术活动是符合儿童的发展规律、满足儿童的合理需要，能够有效唤醒幼儿的自主意识，提高他们的自主能力。在整个游戏过程中，幼儿收获了自我体验式、自我表现式的成长，不同年龄班的幼儿通过不同难度的美术语言，去自己组织与呈现创造性美术的游戏。这种游戏方式赋予儿童自由表达与创作、感受与欣赏的机会，让幼儿了解世界、感知世界、探究世界、记录世界，有效提高他们的创作能力、合作能力、表达能力与问题解决的能力，让他们变得更加快乐和自由。

（二）幼儿创造力源于成人每一种语言

有人说过"孩子有一百种语言，一百种思考，一百种游戏、说话的方式，可以是语言文字、可以是绘画、可以是建构、可以是雕刻、可以是泥工也可以是肢体。但是对幼儿来说，图形是一种比文字更为直观清晰地沟通交流工具，通过图形语言可以使幼儿的想法、经验、情感等以形象化的方式呈现。因此，瑞吉欧特别重视儿童运用多种多样的图形语言来表现自己对世界

的认识和理解，十分尊重儿童的各种想法，他们认为儿童有一百种语言，且都是儿童经历体验、思考后的想法，每一种表达都是宝贵的成长。

在创造性美术活动中，成人应把儿童创作出来的一切印记视为属于他们的语言，关注幼儿对自己创作的内容、故事以及所赋予的情感、体验的解读，及时与幼儿对话，引发他们自信的表达与分享，幼儿的创造力源于成人对幼儿的"话"，才能造就属于幼儿自己的"画"。

◉ 二、教师的观念是最原始的创生之魂

（一）更新知识，转变观念

观念转变是行为转变的前提。教师要转变传统的教育观念，树立儿童视角的美术教学观，要在知识更新—实践—反思中进行。教师观念的转变绝不是靠一次知识的更新就能完成，理论与实践的失衡会导致教师没有真正理解儿童视角，只有教师真正站在儿童的立场上，在知识更新的基础上不断实践与反思，才能意识到自己观念和行为上的问题。

在基于儿童视角的幼儿园创造性美术活动中，教师观念的转变主要分为儿童观和教学观。从儿童观来说，教师只有让儿童视角回归儿童本身，始终坚信儿童是自身生活的专家，相信儿童能够独立自主的表达与创造美，真正放手给儿童更多自主选择、决定的机会。在整个过程中，幼儿的自主并不意味着教师的放任自流，而是站在儿童的立场上，从儿童多种方式的表达中去理解和尊重儿童，给予儿童必要的支持。从教学观来说，教师要转变以教师为中心的视角，改变重知识、技能，轻情感、创造的教学方式，引导幼儿自主创作，理解和尊重他们的感知、理解、表达和创造的独特方式，鼓励幼儿在自然、游戏和生活中感受与欣赏美，表达与创造美。

（二）创生教学，提高能力

创生儿童视角下的幼儿园创造性美术活动，在尊重、倾听幼儿的基础上，从幼儿的兴趣、需要和能力中挖掘创意资源，了解幼儿的创造需求。倾听不是被动地等待幼儿"说"，而是主动激发、积极引导幼儿去表达，在理

解幼儿独特表达方式中，从不同的层面加以倾听，倾听他们如何使用材料、如何表达自己的感受、如何分享创作意图。

马拉古兹曾说："站在旁边观察一会儿，留出学习的空间，仔细地观察幼儿在做什么，然后加入。你能彻底了解，你的教法也许与从前大不相同。"教师在幼儿的主动探索与创造中，倾听幼儿关心的问题和兴趣点，抓住其中的教育契机，利用教学生长点加以引导，开展丰富的儿童视角下的创造性美术活动。从活动主题的确定要站在儿童的立场开始，活动方案要留白，活动准备要充分，尽量提前思考幼儿活动中可能出现的问题，给幼儿自主的多种表达提供适宜的支持，为幼儿创设自由、宽松的自主创作和表达的空间，不以成人的标准要求幼儿，给幼儿展示和评价自己与同伴作品的机会，鼓励幼儿在互相讨论和评价中反思，从而促进教师的专业发展，提高教师的教学创生能力。

基于儿童视角下的幼儿园创造性美术活动，让教师和幼儿在"自游"的创意美术空间里实现了双发展、双促进。不仅幼儿彰显主体性，增强独立性，培养创造力，充满生动性、个性化的自主表达还唤醒了每一位教师，让他们细心解读幼儿园创造性美术活动的种子，呵护幼儿的每一种天真的想法，从儿童视角去审视幼儿的行为，在还给幼儿自由创造者身份的同时，提升了自身知识更新能力、观察组织能力、实践反思能力和教学创生能力。

幼儿园创造性美术活动对家园共育模式建构的实践探索

维果茨基认为儿童的成长是依赖与成人的互动而产生的。家园共育正是这一互动的载体，它是幼儿园和家长双方共同参与，进行良性互动与合作，共同对幼儿的身心产生一定教育影响的活动。但现阶段的家园共育仍然存在诸多问题：家园合作意识淡薄，教师与家长地位失衡、家园沟通渠道狭窄、沟通内容局限、家园活动计划性差、教师和家长的观念有待提高等问题直接影响了幼儿活动的质量，严重地制约了幼儿的主体性，阻碍了幼儿的创造力，泯灭了幼儿感受与欣赏，表达与创造的愿望。为此，我们以积极情感互动为纽带，以幼儿主动成长为目标，通过家园共育组织多种形式的创造性美术活动，利用创造性美术活动影响家长和教师的双重视角，二者相辅相成。只有优化双方的教育观念，将家长、教师和幼儿紧密地联系在一起，成人才能理解、包容、接纳幼儿的天性，重视幼儿的自我感知和情感体验，理解他们眼中的世界，从而建立平等互重、积极互动、守望互助的家园成长共同体。

陈鹤琴先生提出了"儿童教育是一切教育的基础，实施儿童教育最重要的场所是在家庭"这一观点。可见，家庭教育和幼儿园教育在儿童成长中的作用和意义都非常重大，二者既不能脱节，也不可偏废，必须共同合作才能取得最好的教育效果。幼儿园和家庭是家园共育的两大主体，教师和家长虽然扮演的角色不同，但在教育目标和行为上达成一致，在教育内容和方法上相互补充和借鉴，对幼儿的发展起到一加一大于二的作用。家长的支持与理解推动了家园共育的开展，家长的积极参与更是家园共育质量的保障。在自然、生活和游戏中，以儿童视角下的创造性美术活动为线索，我们将家长请进来，带着孩子走出去，在家园共育中释放幼儿心中美的种子。

一、请进来——主题式共育，强化参与的深度与广度

（一）家长分享角色，拓宽幼儿的认知视角

家庭是幼儿生活中最亲密的环境，家庭环境对幼儿的发展起着至关重要的作用。家长身上蕴含着丰富的教育资源，教师要注意发现与利用家长特有的教育优势，充分挖掘这些教育资源，利用其为幼儿园教学服务。然而，由于幼儿园开展的多数家园共育的活动持续性不强，系统性和内在逻辑性缺失，家长参与的深度和质量难以保证，处于活动计划和实施的被动地位，导致教师的组织实施能力无法有效提升。因此，围绕创造性美术活动的主题，采用"请进来"的方式，充分利用各种人力资源，使创造性美术活动更

贴近生活。在教育观念上，使家长在参与主题创意的过程中，和教师的教育观念达成一致，形成家园合力，拓宽幼儿的认知视角，使其获得个性化的主题经验。

在"白杨树穿新衣"的创造性美术活动中，通过"三进门"邀请家长参与其中，逐步平视幼儿、读懂幼儿，强化幼儿参与的深度和广度。"一进门"送知识，为了帮助白杨树顺利地过冬，通过亲子查找资料，与园林绿化的家长进行对话，使家长利用专业知识引导幼儿了解石灰水的作用；"二进门"齐探索，家长带领幼儿在刷石灰水的同时，探索、发现白杨树身上的"生物链"，以"情感链接"为线索，运用家长的知识面拓宽幼儿的创意视角，萌生给小动物建家的想法，通过自主活动进行实地的观察与体验，激发幼儿与家长大胆探索未知领域的自信心；"三进门"同创意，利用三维立体的生活本品进行亲子创意制作房子，自选涂、粘、画等多种艺术形式进行装修，使用干草、树叶、细树枝添置家具，并通过亲子搜集低结构材料，自主分组讨论、创意装饰拼搭自助餐厅。为了方便不同的小动物进食，家长操作一些危险性的工作，帮助幼儿切割瓶子、打眼儿等，提升创意作品的功能性、艺术性、可操作性。

由此可见，尽管儿童视角与成人视角存在一定差异，但两者之间的交流与融合是有章可循的，在幼儿园创造性美术活动的不同主题中，不同领域的家长主动走进幼儿的创意世界，积极参与亲子创意制作，不仅实现了家长、教师与幼儿多视角、多角色的融合，还提升了亲子之间的观察能力、合作能力、交往能力，获得社会性的发展。

（二）父亲参与创意，促进幼儿的全面发展

父亲是幼儿成长中重要的引路人，是家园共育的中坚力量，他们积极参与幼儿园活动是家园共育中最好的教育手段之一，然而当今父亲角色却被边缘化，参与率降低，参与的内容和形式过于单一。为了提高父亲的参与度和挑战性，我们利用幼儿园创造性美术活动帮助父亲站在儿童的视角，关注幼儿的需要，他们善于从不同的角度去分析问题，满足幼儿认识

世界、独立探索的好奇心，激发幼儿的想象力，帮助幼儿释放天性，促进幼儿创造力的发展。

在利用户外器械和自然物创意蒲公英的过程中，爸爸们的条理清晰、思维发散、形式开放。通过自导自演、分工合作、定位构图的方式引导幼儿独立进行创意拼摆，强壮的身体使得爸爸在搬运大型器械时深受孩子的崇拜，幽默的风格让爸爸将趣味动作融入画面与孩子一起"放纵"，在创意中没有束缚，在游戏中没有对错，轻松愉悦的氛围让父子享受亲子时光，平等的交流勾勒出互爱互助的画面，父亲参与创造性美术活动不仅可以促进幼儿的全面发展，还有利于幼儿园工作的有效开展。

可见，儿童视角下的创造性美术活动更易于营造和谐的氛围，帮助父亲站在儿童立场，理解、尊重幼儿的感知、理解、表达和创造的独特性，促进幼儿主动性、积极性和创造性的发展。同时，他们的有效参与可以使幼儿的人生观和价值观变得更加成熟，降低母亲的压力并减少婚姻冲突，弥补幼儿园男性力量缺失的现状。

（三）家长融入环创、成为评价的教育主体

家长是幼儿生活中的"重要他人"，是最关注孩子成长的群体，在幼儿园教学中家长对孩子评价的参与至关重要。因此，利用与幼儿生活密切相关的创造性美术活动的主题进行亲子创设环境，易于家长从儿童视角出发参与其中，增进成人与幼儿的真实交往。当家长用幼儿的思维方式、语言习惯，通过环境创设这一途径表达幼儿的生活世界和艺术畅享时，家长和教师在态度上给予幼儿充分的肯定，幼儿在与成人的精神互动中获得安全感、成就感，激发彼此之间不断探索与学习的原动力。

《指南》中明确指出艺术过程比艺术结果更重要，环境创设是有意义的学习过程。亲子创设环境之前，通过多种家园共育的方式，帮助家长了解每次创造性美术活动开展的教育意图，充分调动各种类型的家长资源，根据相应的主题收集材料，为创设环境提供充足的物质保障，了解自己在活动中的角色分工；亲子创意的过程中，引导家长关注幼儿探索材料的思考过程，表现美术语言的活动过程，在幼儿需要帮助时启发他们用自己喜欢的方式创造性地表达对美好事物的感受和自己的情感、意愿，表达自己独特的想法；亲子创意之后，成人对待幼儿创作的每个点、每条线、每个图形、每种颜色等都要以欣赏的眼光去肯定，积极的评价使幼儿获得成就感，在欣赏美的环境、美的作品时，提升幼儿和家长的美术素养和创造能力。

在创设环境中将家长纳入评价主体之中，不仅有利于转变家长的教育观念，加强家园共同教育孩子的意识，促进家长更多地关注自己孩子的成长，获得幼儿发展的真实情况，更好地促进幼儿的全面发展，还可以使幼儿园教学评价更加全面，为教师组织教学活动提供依据，确保家园共育的质量。

二、走出去——多元化分享，助推创意新体验

（一）家园同步出游，共享自然的神奇魅力

"教育以自然为师。"幼儿发展是其与周围环境相互作用的结果，除了幼儿熟悉的幼儿园环境和家庭环境之外，丰富的自然资源和人文资源都是给予幼儿创意灵感的环境资源。采用"走出去"的方式，家园携手带领幼儿回归自然，挖掘身边的环境资源，拓展教学空间，丰富幼儿的创意新体验。在创造性美术活动中，通过家园合作为幼儿提供更多接触自然、体验自然的机会，将美丽的大自然作为联系幼儿园、教师、家长、幼儿的有效纽带，顺应儿童天性，尊重幼儿身心发展规律，利用亲子有效沟通感受、发现和欣赏自然中美的事物，并运用各种各样的表达方式，促进幼儿的认知与创作，助推和谐的亲子关系。

春天，亲子沐浴桃花雨，利用掉落的桃花瓣装饰彼此的服装，通过模特大赛欣赏亲子的创意；夏天的雨后，亲子徜徉绿篱下，比赛捡蜗牛，为了给蜗牛创办生日舞会，家长、教师和幼儿一同选场地、设计舞会厅、装饰跳舞毯；深秋，亲子躺在落叶上，静享天空的宁静，扬树叶、踩树叶、捡树叶，利用残缺的树叶进行大胆的想象，合作完成亲子创意；冬天飘雪，亲子在雪地里飞奔，打雪仗、堆雪人，运用白雪、叶子、树枝进行创意比拼。

在家园共育中，充分利用四季的自然资源，抓住每一次创造表现的机会，让家长和幼儿全情投入大自然，开阔幼儿的视野，让幼儿用眼睛去看、用手去触摸、用心灵去感受，敏锐感知并提取自然元素，发现美的特征，激起他们审美欣赏的兴趣和进行艺术创作的动机，创作出自然的、富有个性的艺术作品，并用一种自然的方式进行展示，实现一种源于自然而高于自然的艺术境界。

（二）家园同频创意，发现生活的点滴精彩

《幼儿园教育指导纲要》也明确指出幼儿园应充分利用自然环境和社区的教育资源，扩展幼儿生活和学习的空间，共同为幼儿的发展创造良好的条件。因此，教育走向社会，教育回归生活，是家园共育的必然趋势。在家庭这个宽松、自由的环境里，更易于家长巩固教育观念，尝试从儿童的视角看教育，更好地换位思考理解、尊重幼儿，把自主的权力还给幼儿，平等地对待幼儿，从幼儿的意愿、兴趣、需要出发，亲子大胆创意，尝试用幼儿的方式合理利用家里的生活物品表达与创造美。

当今时代随着信息技术的发展与应用，从家长实际需要出发，结合创意主题，利用微信群进行照片与视频实时共享，实现家园共育的同频直播互动，线上分享家长和幼儿的家庭创意作品和心得。如：运用拍照、绘画的形式设计制作亲子原创图画书《蜗牛的一家》，并录音生成二维码；利用果蔬、玩具、生活物品等创意千姿百态的蜗牛，组合拼摆身体动作亲子创意蒲公英，围绕创意的内容开展亲子故事会……

这种线上家园共育模式是疫情当下家园共育的新模式，不仅能聚焦亲子互动的创意现场，还能有针对性地整合家园共育的多种途径和形式，更有效地互相借鉴经验，转变家长的育儿观念，改变家长的教育行为，提高家长的育儿水平，形成家园共育合力，从而促进幼儿身心和谐发展。

综上所述，家园共育已是学前教育发展的主要趋势，也是我国学前教育改革的重要内容，对于儿童视角下的幼儿园创造性美术也是重中之重。家园共育不仅可以"使幼儿在园获得的学习经验在家庭中得到延续、巩固和发

展，也能使幼儿在家庭获得的经验得以在幼儿园的学习活动中实现应用"。作为家园共育的两大参与主体，家长和教师必须携手增进理解，有效配合，形成教育合力，从而提高家长的教育素质，优化家长的教育能力。同时，提高幼儿的创作激情和美术素养，促进其身心健康全面和谐的发展。

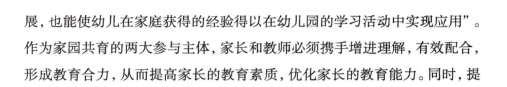

"适宜唤醒"原理下幼儿园音乐欣赏教学技术与应用的实证研究

一、课题的确立

经过多年的实验研究，我们的前辈已经做出结论：幼儿园音乐欣赏教学主要通过欣赏优秀的音乐作品来帮助儿童提高感受和理解音乐的能力；积累优秀的音乐作品和音乐语汇，建立有质量的、有个性的、有一定数量规模的"宠爱曲库"；享受参与音乐进行过程的快乐，培养对音乐的探究热情。但如何让幼儿亲自参与到音乐活动中去，获取表达、交流和创造的经验，探索发现音乐的意义所在呢？为此，笔者依据《幼儿园教育指导纲要》中指出的"幼儿园教育活动，是教师以多种形式有目的、有计划地引导幼儿生动、活泼、主动活动的教育过程"的要求，尝试运用音乐教育中的"适宜唤醒"原理来指导自己的音乐欣赏教学工作，旨在最终使幼儿在音乐欣赏中获得的一切有益的营养，渗透到他们"生命的每一个细胞"中去。

所谓"适宜唤醒"是指人脑处于最佳的唤醒状态，这是进行高级神经活动的需要。要达到一种"最佳唤醒状态"，就必须使兴奋集中于与现实活动关系密切的脑区，并使与现实无关或关系疏远的脑区处于相对抑制的状态。这样，人就能够注意集中、精神焕发、头脑清醒、思维敏捷、行动迅速、主动。相反，在一种"不适宜唤醒"状态下，一方面人的情绪和行为便出现失调或失控；另一方面也可能出现人的情绪低落和缺乏行动力的情形。这两种表现在教育活动中可称为非理想反应，也叫"不适宜的心理唤醒"。

通过这一原理使我们清醒地认识到：教师必须关注在幼儿园音乐欣赏教学中对影响幼儿活动的有关因素进行控制和调节，这种调节应指向幼儿的心理调节，最终指向幼儿心理发展，而教育原理的应用关键在于教育技术的掌握。在不断的学习与探索中，笔者发现并总结了一些更加科学、合理，更加有效的教育技术。为此，在教改实践中确立了本课题，并进行了可能性的研究。

二、技术的剖析与应用

（一）贴近幼儿技术

教学中笔者认为最贴近幼儿的技术是"望、闻、问、断"技术，此技术及其应用与古代名医的"望、闻、问、切"一脉相承，旨在探索、了解幼儿的已有水平和需要。

1. 望：教师是幼儿的观察者。

在日常生活中，教师要善于观察、了解幼儿对音乐欣赏的兴趣、需要及经验水平，要求对幼儿的行为表现进行解码，因为幼儿有时提出的问题隐藏在行为与孩子间的对话中。

2. 闻：教师是幼儿的倾听者。

"关注幼儿并以行动来倾听他们的声音"，教师的重要任务之一就是能通过倾听幼儿、了解幼儿，知道他们都喜欢哪些类型的音乐作品，对哪些作品掌握、表现得好，哪些还不够好等。

3. 问：教师是幼儿的伙伴。

在平时的各环节中，教师要多以伙伴的身份出现，与幼儿交谈，多询问他们喜欢怎样的活动，想玩哪些游戏，喜欢哪些音乐形象——尽可能满足幼儿的需要。

4. 断：教师是幼儿的向导。

教师通过以上三种方法"接住孩子抛过来的球"，然后就要针对幼儿的需要作出相应的教学计划，再把球传给幼儿。

（二）材料选择技术

材料与幼儿活动有着密切的关系，他能有效地支持幼儿活动，并使之延伸。从广义上讲，材料可分为无形材料和有形材料。

一是无形材料：在音乐欣赏中，指的是欣赏的作品以及作品本身各构成要素，如：作品的题材、风格、冗余度等。

1. 所选音乐欣赏作品是否适应幼儿的知识、经验和心理发展特点是前提。幼儿作为一类特殊的群体，极其缺少欣赏经验，因此，贴近幼儿生活，旋律简单短小，音乐形象鲜明——的作品定会成为他们的最爱，如《过新年》《小白兔和大黑熊》等。

2. 所选音乐欣赏作品是否考虑它对幼儿的可感性、可接纳性、教育性、思想性、艺术性是条件。对于幼儿来讲，他们的美感多处于直观感受水平，具有形象性和功能性的特点。作品的外在运动方式往往比它的内在意义更具有吸引力。因此，音乐欣赏作品在形式上，特点是否鲜明突出，结构是否方整，长度是否适宜，可参与性是否充分等都应成为选材的重要条件。如绘本《龟兔赛跑》，幼儿通过自己熟悉的故事情节，感受不同的音乐形象，进而扮演角色，表现小动物为乌龟的胜利和兔子知错愿改且热烈、欢庆的场面。

有时，为了满足这些条件，对一些结构较长但又有许多可取性的作品，还需做一些改编工作，使之更接近幼儿的接受能力。如：《狮王进行曲》和《水族馆》作为两首独立的欣赏乐曲，都是从管弦乐组曲《动物狂欢节》截选出来的。

二是有形材料：指与无形材料配合使用的一些辅助性材料，如：头饰、道具、乐器及各种可操作的材料等。他们除了能引起幼儿的兴趣外，还有以下功能：

1. 唤醒注意，提高感受力。

有些音乐欣赏作品幼儿也许不能很好的去感受，兴趣也上不来，如果他们被强迫安静的倾听，他们中的大多数人往往都会很快感到迷茫、厌倦，希望早点结束。此时，教师可利用道具帮助幼儿感受音乐。如：《漫游神秘城堡》，教师自制弹拨乐器：用一些废旧的盒子、杯子、易拉罐绑上橡皮筋，并引导幼儿想办法使橡皮筋能固定在容器口上。在欣赏音乐的过程中，通过自己听到的音乐节奏的快慢来适时调整橡皮筋的长短，使弹拨橡皮筋的声音与音乐的节奏一致。这样，幼儿很快就能集中注意力，投身音乐的意境之中了。

2.激发兴趣，增加游戏性。

兴趣是最好的老师，是幼儿感受美、表现美、创造美的内动力，而游戏则是老师手里的致命法宝。如：《老鹰捉小鸡》，教师根据每段音乐的不同特点，创编游戏玩法，幼儿通过与教师的分角色扮演，很快投入其中，并能用自己的理解创造性地用表情表现角色的心理，幼儿的兴趣点始终贯穿在音乐与游戏当中。

3.满足需要，加强合作性。

如：《野蜂飞舞》，活动的结束部分是游戏"找带头人"，它需要幼儿跟随带头人做各种动作，随着带头人动作的变化而变化，只有这样齐心协力大家才能掩护带头人，防止他被敌人抓走。这时幼儿之间的合作显得极其重要，大大满足幼儿被这个群体所接纳的需要心理。

（三）环境创设技术

马拉古奇曾说教育乃是由复杂互动关系所构成，也只有"环境"中各元素的参与，才是许多互动关系实现的决定性关键。幼儿园每个班级除了两位教师外，环境就是"第三位教师"。而音乐欣赏作为最富有情感的艺术，只有创设一种与音乐环境相和谐的氛围才能使幼儿很快的进入音乐的世界，把自己的理解、感受用音乐语言表达出来。

1.会唱歌的墙。

班级的墙壁不是被动的，更不是一成不变的，因为它会唱歌，会用歌声传递教师与幼儿之间互动的信息。如：《绿毛虫》，由于近期幼儿对蝴蝶的生长过程极为关注，教师和幼儿共同创设了"蝴蝶之旅"的墙饰。这时，幼儿的兴奋点已经被点燃，因此教师将它融入音乐欣赏中，是幼儿能在过程中真正体验快乐。

2. 营造气氛。

教师要为幼儿营造宽松、自由、愉快、舒适的氛围，只有这样，他们才能产生持久的兴趣点和注意力，而且教师对幼儿的肯定、幼儿之间的肯定对培养幼儿的自信起到重要作用，在音乐欣赏的过程中，教师可适时的用优美的语言，生动的表情，适宜的动作给幼儿以鼓励，以调动全班幼儿对自己行为的肯定。除了活动中需要营造此气氛外，幼儿一日生活的各个环节也需要它的烘托，教师应利用多渠道、多形式积极主动地开展音乐欣赏活动，让幼儿在不知不觉、轻松愉快中陶冶情操。

3. 设置时空。

合理的空间布局可解放幼儿的手脚，促进思维，对教师与幼儿之间的相互关注起很大作用。按照音乐欣赏作品的不同风格，可采用不同的设置形式：

（1）马蹄形坐位（或半圆形坐位）。

如：《赛马》，需要幼儿有一定的规则意识，所以适合采用此坐位形式。幼儿围绕着教师坐下，让每一位幼儿都能看清教师的演示，更能围系住幼儿对教师的注意，并能按统一指令进行比赛。

（2）自由形坐位。

如：利用音量渐强渐弱的变换表现蚊子在人群中飞来飞去、忽远忽近的样子，幼儿在教师身边自由地结伴坐下，拉近了幼儿与教师的距离，注意力自然也就集中了，这种形式可让幼儿感到无比的轻松、自然、自由，克服了拘束感。

（四）角色变化技术

在幼儿教育系统中，教师扮演着多重角色：教师是幼儿的伙伴、倾听者，教师应成为幼儿学习活动的支持者、合作者和引导者。教师要随时注意调整与幼儿的关系，并及时调整自己的行为和角色，而教师需要处理和解决好另一个角色就是适时去介入幼儿的活动。这种"适度"性是调节师幼关系的关键，是保持注意力的关节点。

《纲要》在教师与幼儿之间找到了一个平衡点,"既要尊重幼儿的主体地位,又要发挥教师的主导作用"。教师首先应考虑在音乐欣赏教学中的重点和难点,把握好自己何时是引导者,何时是幼儿活动的参与者,何时是幼儿活动的欣赏者。如:在欣赏打击乐《鸭子拌嘴》时,教师先让幼儿完整地感受音乐,初步了解这首乐曲主要是有小钹、大锣、木鱼三种乐器演奏的;再通过故事导入,把重点和难点贯穿于故事之中;然后将故事与乐曲相匹配,使幼儿能够将不同乐器的声音与各种鸭子的叫声相呼应;当幼儿熟悉后,教师便可完全退出,用观赏者的身份欣赏幼儿的表演;之后,教师要适时介入活动中去,用鼓励的语言把孩子们的表演推想高潮或制止一些过火行为。

(五)教法驾驭技术

教师在为幼儿选择学习方法时,最需要优先考虑的应是特定的音乐为特定的幼儿提供了哪些合适的参与机会;在所有可能的参与方式中,又有哪些是更有利于帮助特定的幼儿欣赏好特定的音乐的。《纲要》提到要满足幼儿"多方面发展的需要""使每个幼儿都能得到发展",而且必须"关注个别差异,促进每个幼儿富有个性的发展"。在诸多感知通道中,目前在幼儿园使用的除听觉通道以外,其他的辅助通道即为运动觉、视觉和语言知觉,这里我认为应注意以下二点:

1. 根据幼儿不同的年龄特点要选用不同的辅助通道。

(1)对年龄较小的幼儿,一般多选的辅助通道是运动觉。在音乐欣赏中,他们能够跟随音乐做动作、唱歌、演奏简单的打击乐器来感知音乐和表现音乐。如:《绿毛虫》,对3岁幼儿初来幼儿园,无论从身体、心理还是人际关系都很不适应,容易感到沮丧、焦虑,是一个需要重生的过程,只有经过一个阶段,他们才会走出自己的小天地,我们把这一过程用音乐生动地表现出来,幼儿会感觉自己像小毛毛虫一样,反复进行"游戏、吃东西、运动、长大,蜕皮",从而渐渐地适应另一种生活,而且此欣赏活动还将艺术、语言、科学、身心健康、社会性进行了有机的整合。

（2）对于年龄较大的幼儿，不仅可以广泛利用所有的辅助性感知觉通道，而且使用的要求、方式、方法也与年龄较小的幼儿有所不同，如：《啄木鸟》，我们让5岁幼儿欣赏时，可选择听觉、视觉、运动觉同步开放的参与方式，先让幼儿耳听音乐，眼看结构图，手按音乐结构随着教师的手在结构图上移动的方式"书空"1次，然后再随教师按事先设计好的律动表演动作，最终达到脱离结构图和教师示范的情况下，随音乐做动作，并能基本准确地反映出音乐的结构、性质，体验愉快的心情。

2. 根据不同的作品，不同的欣赏要求，也要选择参与通道和辅助材料所必须要考虑的条件。

如：在欣赏贝多芬的《土耳其进行曲》时，由于该乐曲结构工整，节奏性强，可考虑让幼儿用打击乐器演奏的方式参与到欣赏过程中去；而舒曼的《梦幻曲》旋律优美，情感平静、温柔，音域过宽，曲调变化过细腻，可考虑采用配乐故事讲述或诗歌朗诵的参与方式，让幼儿只需通过故事或诗歌隐约感受该乐曲的意境。

（六）过程调控技术

教学过程主要指开始阶段—基本阶段—结束阶段。

1. 在开始阶段，教师应适度的唤醒幼儿的兴奋点，调动积极性，培养自信心，如：《金蛇狂舞》，活动刚开始，教师请幼儿观看龙灯舞及狮子舞录象，引起幼儿的注意和兴趣。

2. 一般主要难点的内容都放在基本阶段，此时要着眼于激活幼儿思路，启迪智慧，触发创新活动，注意材料间的搭配，出现刺激物的时间要恰当。教师要善于抓准时机即时做出动态的调整，如：《金蛇狂舞》的基本部分，在欣赏A段时，教师引导幼儿回忆过年舞灯的情景，做各种舞龙灯的动作，由于幼儿显得过于兴奋，教师适时的提出要求使幼儿稍静些；在欣赏B段时，教师要求幼儿进行配乐儿歌朗诵，幼儿显得过于呆板，教师应采用多种形式对幼儿产生各种新异的刺激，以使幼儿真正动起来。

3. 结束阶段要把幼儿的兴趣引向自我欣赏和获得满足感上，从而把兴趣延伸到对新的活动的需求和期待，如：《金蛇狂舞》的最后，让幼儿完整欣赏全曲，分两组对诵儿歌并舞龙灯，幼儿的兴致依然很高，有意犹未尽的感觉。

◎ 三、总结后的反思

"适宜唤醒"原理在幼儿音乐欣赏教学的应用实践，是一次从注重研究音乐教材转向注重研究音乐教育对象的实践，让教师和幼儿在此实践过程中获得更加积极有效的发展。我们从中应该能够真正获得对事物进行整体把握的能力，以及应用多种符号进行思考和表达的能力。然而，我们还应该特别注意考虑教师所面对的幼儿的具体情况，并根据自己的实践经验进行进一步的丰富和完善。相信幼儿园音乐欣赏教学会在我国大地上开出具有时代性和科学性的艺术教育之花！

> ### "娃娃家"游戏对于小班幼儿入园适应性培养的实证研究

◎ 一、问题提出

游戏是促进幼儿学习与发展的重要途径，幼儿园要"以游戏为基本活动"。可见对幼儿来说，游戏的重要性不言而喻，幼儿的学习和发展离不开游戏。为此对幼儿教师来说，有效组织幼儿园的游戏活动是体现学前教育特殊性最明显的专业水平之一。

"娃娃家"是深受小班幼儿子喜爱的角色游戏之一。传统"娃娃家"游戏的创建与开展往往由教师主导，他们仅仅按照既定安排进行程式化的操作。这种游戏形式存在过多脱离幼儿生活经验和情感体验的内容，因此不能有效激发他们参与的兴趣，"娃娃家"轮流为一种摆设。

传统的"娃娃家"游戏开展主要存在以下问题：第一，游戏环境与材料固化。在室内"娃娃家"主题的材料投放中,许多生活物品都是现成的,如冰箱、洗衣机等,但这些材料都是只能看不能用,幼儿对这些游戏材料的兴趣不高。同时,娃娃家周围的环境也固定不变,因此会出现娃娃家的"客人"或"主人"不断去超市购物,然后把物品堆放在娃娃家里的情况。第二,游戏情节简单重复。在娃娃家游戏中,幼儿生成的情节往往会受材料的制约。看似是幼儿的自主生成,其实都是教师的预设。例如"娃娃家"中最常见的"过生日"情景,教师一般会先在游戏讨论时出示蛋糕盒,然后引导幼儿讨论可以怎么玩。此类在教师主观意图下投放的材料,虽然看似丰富了幼儿的游戏情节,但过度的指导和讨论限制了幼儿的创造性。

为了让"娃娃家"游戏真正回归自主,教师要将自己的角色由主导全局转变为辅助配合,通过多种策略,调动幼儿参与游戏的兴趣,把娃娃家还原为一个以快乐为直接目的,自由选择、自主展开、自发交流的积极游戏过程。引导幼儿在角色扮演中再现生活经验,适应幼儿园集体生活,实现园所与家庭环境的良好转换,从而真正实现娃娃家游戏与入园适应的有机结合。为此,笔者确立了"小班娃娃家游戏与幼儿入园适应"这一课题,并进行了可行性的实践探索。

◉ 二、研究目标

一是通过对传统娃娃家游戏现状的观察与思考,明确当前娃娃家游戏中存在的一些问题,如缺少儿童主体的游戏观、游戏行为中自主性的缺失和存在"假游戏"现象等不足。尝试转变"高控"的意识行为,帮助幼儿初步实现游戏空间、游戏时间、游戏玩法、游戏玩伴和游戏材料上的自主,在一定程度上改善传统娃娃家游戏中存在的问题,促进幼儿自主性游戏行为的发展。

二是通过小班角色游戏"娃娃家",使新小班幼儿乐意扮演角色,并和其他幼儿一起玩,提高幼儿独立的自主能力,懂得按自己的意愿选择游戏。增强生活规范意识,缓解分离焦虑情绪,确保未来良好的学习心态。

三是从儿童立场开展游戏，让娃娃家活动回归幼儿，教师要改善幼儿对游戏材料产生的思维定势，积极对待幼儿在游戏中出现的重复搭建工作，支持幼儿在游戏中新产生的游戏行为，合理调整教师对"娃娃家"游戏的预期。

◎ 三、研究方法

第一，观察法。观察法是教育研究中运用最广泛、最经常、最直接的一种研究方法，特别适用于幼儿教育和基础教育的研究。本研究从 2017 年 9 月开始，至 2020 年 8 月结束，选取小二班 25 名幼儿为观察对象，直接了解并客观记录幼儿在娃娃家游戏中的行为，捕捉并考察幼儿游戏中与周围事物的相互作用，注重幼儿的个体差异，对其行为作出正确的判断和评价。

第二，行动研究法。第一阶段，即尝试儿童自主游戏的研究阶段。旨在突破教师的传统游戏观，改变传统的游戏形式，从而使游戏更具有效性和针对性。第二阶段，旨在改善幼儿对游戏材料产生的思维定势，支持幼儿在游戏中新产生的游戏行为，合理调整教师对娃娃家游戏的预期。

第三，理论演绎法。通过观察与总结"娃娃家"游戏的实施方法和操作过程、幼儿的行为反应，深入理解和进一步发展有关儿童教育与心理发展方面的理论观点。

◎ 四、研究内容

（一）了解幼儿在角色游戏中游戏性的一般水平和具体表现，包括身体的自发性、社会的自发性、认知的自发性、明显的愉悦性以及参与度等。

（二）探究影响幼儿在角色游戏中游戏性表现的因素，包括材料、环境、前期经验、教师指导等方面。具体说来，包括以下几方面：

1.选取合适的玩教具材料。

（1）投放好看、柔软、舒适、四肢能活动的娃娃；

（2）在库房中，为幼儿准备建家的暗示性材料；

（3）为幼儿提供多元化支持（社会、家长、教师）。

2. 重视环境创设。

（1）创设一个能够引发兴趣关注的游戏情境；

（2）预设库房的隐性环境；

（3）提供多领域融合的教育环境。

3. 重视儿童的兴趣和前期经验。

（1）根据小班幼儿初入园的年龄特点、情感需要及教育目标，充分挖掘娃娃家的情感价值及游戏功能。

（2）给予幼儿适宜的刺激，唤起他们的情感共鸣，让娃娃家与幼儿产生情感链接。

（3）入园前，由于幼儿身处幸福的原生家庭里，他们对"家"有了初步的感知。入园后，通过亲子试入园、说说我的"小可爱"、我家的故事等深化幼儿对"家"的认知与理解。因此，在《指南》精神的引领下，我们应充分相信幼儿，学会放手，在关注幼儿游戏进程的同时，引导他们自己解决问题，真正把娃娃家还给幼儿，让娃娃家游戏成为他们拓展经验、升华情感的契机。

4. 改变教师预期。

（1）为了创建一个小班幼儿喜欢的"娃娃家"，根据"兴趣引发、情趣激发、经验调动、能力提升"这一推进线索，促进他们在游戏中参与、互动、表达、提升，从而帮助他们在入园适应中更多地获得安全感，建立归属感，收获自信与快乐。

（2）为了让"娃娃家"游戏真正回归自主，教师将自己的角色由主导全局转变为辅助配合，通过多种策略，促进幼儿主动参与娃娃家的游戏活动。

5. 还原幼儿积极的游戏过程。

（1）在轮流抱娃娃的过程中，幼儿结合自己的经验，自主给娃娃起名字。

（2）在建家的过程中，幼儿自主为新家选址，选择所需物品布置新家、重新装修、扩建娃娃家。

（3）幼儿协商制定规则，形成每周轮流带娃娃回家的游戏制度，调动家长积极主动地参与娃娃家游戏。

◎ 五、研究结论

（一）支持孩子自主的游戏意愿

通过创设帮助园长奶奶照看娃娃的情境，我们赋予娃娃新的生命，拉近孩子与娃娃的距离，孩子与幼儿园的距离，也为娃娃家游戏的开展做好情感铺垫。当孩子们看到这两个金发碧眼的娃娃时都特别喜欢，有的孩子甚至跑过来要抱抱，其他孩子也要抱，我们就请孩子们轮流抱娃娃，在与娃娃零距离的接触中，我发现他们观察的特别细致，有的说："她金色的头发真漂亮！"有的说："他身上有香味。"就问园长奶奶："他身上为什么这么香呀？"奶奶说："他经常洗澡，勤换衣服，很讲卫生。"其实，园长是有意识的将健康领域的内容自然地融入其中。这时，我顺势说："请你们给娃娃起个你喜欢的名字吧！"有的将自己的乳名送给娃娃，叫玥玥、嘻嘻，有的根据自己对娃娃的观察起名字，"她的头发是金色的就叫金金吧。""他身上香香的就叫香香吧。"没想到所有小朋友都同意了，男娃娃叫"香香"，女娃娃叫"金金"。

在轮流抱娃娃、起名字的过程中，孩子们开始注意对方，关注对方的名字，娃娃成了老师和孩子，孩子和孩子之间的纽带。孩子们结合自己的经验，通过细致观察，自主给娃娃起名字，完全打破了以往老师给娃娃起名字，孩子被迫接受的模式。因此，给予孩子适宜的刺激，唤起他们的情感共鸣，能够让"娃娃家"与孩子产生情感链接。

（二）等待孩子自主地解决问题

著名教育家陈鹤琴说："怎样的环境，就得到怎样的刺激，得到怎样的印象。"我们要相信孩子，帮助幼儿创造能引发他们积极参与的游戏环境，帮助他们获得归属感，让"娃娃家"成为原有家庭的延伸。

孩子们给娃娃起了名字——香香和金金，园长奶奶关切地问："他们住

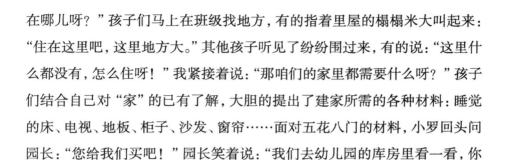

在哪儿呀？"孩子们马上在班级找地方，有的指着里屋的榻榻米大叫起来："住在这里吧，这里地方大。"其他孩子听见了纷纷围过来，有的说："这里什么都没有，怎么住呀！"我紧接着说："那咱的家里都需要什么呀？"孩子们结合自己对"家"的已有了解，大胆的提出了建家所需的各种材料：睡觉的床、电视、地板、柜子、沙发、窗帘……面对五花八门的材料，小罗回头问园长："您给我们买吧！"园长笑着说："我们去幼儿园的库房里看一看，你们有什么需要的！"

孩子们一进库房就说："这里的东西可真多呀！"于是，孩子们有的搬、有的推、有的抱……可不要小看小班的孩子，他们就愿意干大人的事，在搬不动的时候旁边站着谁就叫谁帮忙，紫涵搬床时怎么也搬不动，熙熙、晗晗和小罗帮忙，小罗拉，紫涵推，熙熙和晗晗在边上用力拽，他们一起努力把床搬了回来；衣柜实在搬不动了，他们就拉着孟园长、赵主任帮忙，人多力量大，不一会儿，库房里能用的东西就被我们搬了回来。可是，我们没有热水器、窗帘、马桶……怎么办呀？赵主任拿着笔帮孩子们记录，邀请后勤老师帮助购买，金金和香香没有换洗的衣服，抱着金金的涵涵第一个表示，给娃娃带自己的衣服……孩子们利用各种资源寻求多重帮助。

在布置新家的过程中，孩子们在老师的帮助下，利用玩具柜、栅栏封闭两个娃娃家以及每个娃娃家的功能区，孩子们按照自己的想法摆放家具，我有意识的引导他们这个床放在屋子中间方便吗？他应该放在哪里？有的拿椅子、有的铺床单、有的挂衣服……针对每种家具位置的适宜性，教师有目的地提出疑问，请孩子们进行思考，并重新调整。

在整个建家的过程中，孩子们与同伴讨论，描述理想的新家，并按照自己的想法挑选需要的东西；在搬运家具遇到困难时他们主动求助同伴、园长和老师；在布置新家时他们能与同伴协商摆放家具，针对家具位置及功能区的适宜性，提出疑问并不断调整；在有了扩建新家愿望时，他们能自主地向老师提出建议，并调动家长积极参与娃娃家的改扩建工程。

同时，孩子们为新家和娃娃带来各种各样的东西，看着娃娃家里熟悉的摆设和物品，他们觉得很亲切，从而愿意走进这个新家，装扮这个新家，喜欢这个新家，心中的紧张感、陌生感逐渐消退，安全感逐渐增加。我们请孩子将自己的依赖物品放在娃娃家，孩子们可根据自己的需求进行取放，但也有个别孩子极其不情愿这样做，琪琪每天抱着被子来幼儿园，不管是室内活动还是户外游戏都抱着，为了保证户外游戏的安全，我抱着他，指着上面的黑点点说："被子脏了，我们把它放到洗衣机里洗一洗，一会儿晾干了，我们再和它玩，好不好？"他听了轻轻的点点头。除此以外，我们还提供了帮助孩子倾诉和发泄的同类材料，如：电话、手机、电脑……为孩子提供有效的情感支持。孩子们在娃娃家看到自己的爸爸、妈妈，给他们"打电话"，玩自己在家经常玩的玩具，所有的情感都是真情的流露，没有虚掩，他们在其中真正的放松，感受到家带给自己的温暖，从而不仅萌发了孩子对幼儿园、班级的喜爱之情，获得归属感，更培养孩子独立做事的意识和能力。

在此过程中，游戏的动态发展让我们看到，孩子收获了快乐、自信与成功感，并扩大了交际范围，发展了社会交往能力。这使我们相信，只要我们学会放权，大胆地为孩子提供自主选择的机会和条件，他们就会积极与他人互动，交往、合作能力也在潜移默化中得到提高。

可见，教师对孩子的信任和放手及耐心的等待才能真正地还原儿童的自我，孩子也在角色游戏的扮演中逐渐学会与人交往，关爱他人，沟通与合作，体验与同伴一起游戏的快乐。

（三）尊重孩子个体化的发展差异

孩子对娃娃充满喜爱，还萌发了带娃娃回家的美好愿望。于是，我们引导孩子协商制定规则，并形成了每周轮流带娃娃回家的游戏规则。随后，我们与家长说明此次活动的教育意图，引导家长观察、记录孩子和娃娃游戏的过程，并针对不同的孩子提出了适宜的建议，以促进其个性化发展。

随着游戏情节的不断深入，孩子们对金金、香香充满了喜爱，每天都争先恐后的去娃娃家玩，周末对两个娃娃也恋恋不舍。一天，娃娃家游戏结束后，玥玥抱着香香来找我："孟老师，我想带他回家，可以吗？"这时，其他孩子也抢着说："我也想带他回家，我也想带他回家。"看着孩子们真诚的眼神，我与孩子一同进行商讨：谁带娃娃回家？在家里怎样照顾娃娃？并决定每天请孩子轮流带娃娃回家。同时，我利用家长会和离园时间与家长说明我们的教育意图，邀请家长观察、抓拍孩子和娃娃游戏的情景。同时，我也对抱娃娃回家的孩子提出要求，因为玥玥这个孩子每天入园是个老大难，妈妈、爸爸、姥姥齐上阵，从园外一直抱上楼，在班级门口还得搂着妈妈的脖子就是不下来，每天哭的嗓子都沙哑了，家长特别着急。所以在离园时，我对玥玥说：香香最喜欢你了，今天他想和你回家玩，你一定要照顾好他呀！千万不要让他哭鼻子，因为他看见你哭他也会哭，看见你笑他也会笑的！玥玥信心满满的说："我一定要让香香高高兴兴的，绝不哭鼻子！"这时，玥玥妈妈说："男子汉说话可要算数，明天早晨来幼儿园也不能哭，你能做到吗？"玥玥使劲儿的点点头。

　　第二天，向来爱睡懒觉喜欢迟到的玥玥早早来到幼儿园，并兴冲冲地自己走上楼，"香香在我家玩的可开心了！"我向玥玥竖起了大拇哥："因为你是香香的好榜样呀！"当我从他的手中接过香香亲了一口时，好多小朋友都围了过来，争先恐后的抱香香，并撅起小嘴亲呀亲，欢迎香香回家的情感沸腾到极点。

　　玥玥妈妈悄悄地跟我说："玥玥刚才到幼儿园门口，眼圈儿又要红，我说你看娃娃正看你呢！"玥玥一听眨眨眼睛，理直气壮地说："他是我的朋友，不是娃娃！"他妈妈还说："作为一个男孩子，玥玥每天回到家不是玩车就是打枪，但抱香香回家后，他给香香换上了自己的拖鞋，还扶着他的手教他走路，搂着他一起玩电脑。晚上睡觉前，玥玥打了个喷嚏，说自己感冒了，为了不传染香香，他主动提出让妈妈挨着香香陪他睡觉。"多么天真的孩子呀，可见，孩子对娃娃的情感在不知不觉中升华，娃娃也在不知不觉中影响着孩子！听着家长一字一句的描述，一种自豪感由然而生，我真庆幸自己参加了市教研室的课题研究，提升了自己的教育意识，使得娃娃家游戏让孩子受益，让家长满意。月末开放日，玥玥妈妈主动提出与其他家长分享自己的感悟。家长深深地感受到了孩子的变化与成长，我们也深深的品味出了家长对我们教育的认同与支持。

自从孩子们轮流带娃娃回家后，他们不仅和新伙伴之间的情感在不断地升华，熟悉的好伙伴还让他们逐渐喜欢来园，因为有了朋友陪伴他们觉得不孤独，也渐渐地融入这个大家庭，作为当今这个社会的独生子女，他们在家很孤单，缺少同龄朋友游戏的快乐，当他们情不自禁地和玩具娃娃亲近时，也正意味着他们天真的世界里已经把娃娃当成亲人、朋友，在带娃娃回家的过程中获得愉快的情感体验。

（四）增强孩子生活化的角色认知

在娃娃家游戏中，小班幼儿缺乏角色认知，所以他们玩起来难于进入角色，游戏形式单调、平淡，达不到真正的教育目的。

一次区域游戏中，佑宇在娃娃家门口徘徊，还偷偷地往里张望，我热情地邀请他来娃娃家做客，他认真地摇摇头："不行，我是其他小朋友，今天我选地是益智区。"原来在区域活动前我说："请选择娃娃家的小朋友进娃娃家游戏，其他小朋友可以选别的区。"他就记住了我刚才说的话。可见，我们老师说话一定要注意，孩子很在意，让我挺感动的，我马上对他说："其他小朋友也可以进来玩。"我问："娃娃家里有爸爸、妈妈和姐姐了，你想扮演谁呀？"他想都没想，"爷爷吧！"

进了娃娃家，他就拿块抹布擦了起来，一会儿又进厨房做饭，熙熙妈妈在抱着香香看书。一会儿，又去打电话，韩宇航爸爸一直在切菜、做饭，直到区域活动结束他才出来，王梓涵姐姐在给金金穿衣服、戴卡子……孩子们都在娃娃家里自己做自己的事情，对别人的语言和行为都视而不见，偶尔叫同伴也是直呼姓名。可见，他们虽然对娃娃家游戏感兴趣，但活动中孩子的角色意识不清，很容易被同伴所扮演的角色所牵引，造成角色混乱。同时，他们的角色职责模糊，不知道自己所扮演的角色到底该做些什么事，都是以自我为中心地玩着。为了增强孩子们的角色意识，让他们体验和同伴一起游戏的快乐，我邀请佑佑的爸爸、妈妈进课堂，他们给孩子们介绍了自己在家的分工,所干的家务,一家人是怎样相亲相爱,互帮互助的……孩子们初步认识了各种角色的行为。在谈话中,扩大了孩子的认知范围,建立起角色意识,加深对角色的认知。

随着孩子观察的不断深入,经验的不断丰富,他们在娃娃家的角色意识不断增强。一天中午,灏宁午睡时尿床了,我一边给她换衣服,一边提醒她有小便赶快去厕所,她点点头,旁边的涵涵听见了说:"我有小便就马上去厕所。"转天,颢宁在娃娃家带着围裙扮演妈妈,她抱着金金坐在椅子上绘声绘色地讲着故事,扮演姐姐的雅轩突然走过来对颢宁说:"妈妈,金金要解小便了。"我扮演奶奶的身份进入:"金金妈妈,快抱金金去解小便吧!"颢宁抱着金金快速地冲劲卫生间:"金金有小便,要赶快去厕所呀!"然后,她把金金放在马桶上,还一边小心翼翼地将金金两条腿打开,一边自言自语:"不要尿到裤子上呀!"

可见,孩子们结合自己的生活经验,通过多种渠道了解每一个角色,娃娃家的角色扮演不仅可以再现自己对角色的认知,还原自己的生活经验,还可以延伸到家庭的点滴细节。在娃娃家游戏中,教师以角色的身份与幼儿进行一些启发性、借鉴性的对话,从而帮助孩子丰富游戏情节,明确角色行为,培养他们的角色意识。同时,教师对孩子信任和放手才能真正地还原儿童的自我,使他们在游戏过程中回归其本真,孩子们也在角色游戏的扮演中学会关爱他人,体验与同伴一起游戏的快乐。

在这个过程中,孩子和娃娃之间的情感在不断升华,亲子情感及家园合作的质量也有所提升。它让我们认识到,游戏是孩子社会学习发展的重要途径,只有在自主、快乐的游戏过程中,孩子才能是自己学习与发展的主宰,而教师需要做的,就是化身为细节的观察者、材料的支持者、过程的引导者。

六、研究反思

在娃娃家游戏的实施过程中,幼儿的喜悦和惊奇是那么自然,没有半点修饰,是一种自然的流露。

第一，是游戏的设置提升了幼儿的游戏水平吗？其实只是让幼儿拥有了自由自主的环境氛围。当幼儿身处在自由的游戏环境时，其诸多生活经验会生成许多有趣的游戏主题，因此，"娃娃家"只要改变孩子受约束的氛围，给予孩子充分的自主，就能引发幼儿的主动参与，促进幼儿各方面的发展。

第二，教师应明确自己在游戏中的作用。每个幼儿都生活在多彩的现实中，有着独特的、丰富的生活经验，需要教师一直介入和设计游戏吗？在游戏时，教师更多的身份是观察者、倾听者、等待者，幼儿才是游戏的主人。幼儿凭借着丰富的生活经验开展了许多有趣的游戏，教师需要看懂幼儿的游戏，尊重幼儿的游戏，相信幼儿的能力，用"先看、先听、再等等"的游戏支持理念，让幼儿的游戏行为变得多元，变得具有更多可能。

第三，教师应注重游戏的综合性。角色游戏不仅有助于幼儿社会性的发展，而且有助于促进幼儿在科学探究、运动能力、情感体验等方面的发展。教师对于幼儿游戏环境的创设和材料的提供都要注意打开思路，扩展空间，放弃对游戏的"导演"和"控制"，将发展的多样性寓于环境和材料中，以支持幼儿更好地游戏，充分发挥幼儿的自主性，尽快适应幼儿园生活。

图画书阅读活动对幼儿有效观察行为模式建构的策略研究

图画书阅读作为早期阅读的一种，具有独特的审美性和艺术性，它在幼儿的发展过程中发挥着特有的功能，因此，我们有必要探索提高图画书阅读有效性的指导策略，使图画书阅读活动能够发挥自身的教育价值。

幼儿阅读图画书的过程是一个复杂的心理过程，需要考虑幼儿的多种心理要素，如：观察、想象、情绪情感、理解等，在这些心理要素中，观察被称为是幼儿进入图画书世界的大门，因为它是理解、记忆和思维的先导，是想象、创造的源泉。

我们都知道，虽然每种图画书都有自己的风格，但是他们在结构上有共同特征,那就是每本图画书都由封面、环衬、背景色等要素组成,通过引导幼儿观察这些要素,我们能有效地帮助幼儿发现细节、大胆想象,初步理解故事内容。

(一)观察封面,引发提问

有的封面直接源于书中的图画,有的则是作者另行绘制的,不论哪种方式,封面都是能够引发孩子好奇心的第一个表情,凸显作品的个性,为幼儿设下种种悬念。虽然它的画面很精彩,但是内容却并不直白,从而为幼儿留下了充足的观察与想象的空间。

图画书《我也是英雄》的封面源于书中的图片,描绘了故事的主人公——小刺猬拉比身背行囊走在草地上的情景。表面上看,这与"英雄"毫无关系,但它能激发幼儿的探究热情,通过教师提出的一系列问题,如:它背上背的是什么?它究竟要去哪里,要做什么呢?在路上,它会遇到哪些事情呢?它的心情怎们样呢?引导幼儿细致的进行观察,幼儿在了解了主人公的外貌特征和所处环境后,顺利地接住了封面所抛出的这个球,大胆地猜想他心中的感受以及将要做的事情。

(二)观察环衬,熟悉情境

环衬又称"蝴蝶页",它是连接封面与正文的纽带,拥有多种表现形式,它可能会让我们见到故事中的主人公,也可能为我们展现故事发生发展的环境背景,它不仅接住了封面所抛出的某个线索,而且将正文所传达的信息隐藏在其中。因此,教师应深入分析图画书内容,发现环衬的纽带功能,并适宜地引导幼儿进行观察,为幼儿熟悉故事情境、理解故事内容做好准备。

在《小猪变形记》的环衬中,依次呈现了主人公小猪在路上所遇见的每一个动物角色,教师可引导幼儿仔细观察每个动物的形态特征,并围绕这个画面线索,了解故事情节的发展过程,联系生活实际,进行大胆合理的猜想,进而巧妙地把握小猪的心理发展过程,以此支持幼儿阅读,发现阅读的快乐。

图画书《母鸡萝丝去散步》的环衬是农场的平面图,为幼儿展现了母鸡萝丝散布的环境背景，包含了母鸡每天散布所必经的五个不同的场景，为正文中狐狸在这五个场景里偷袭母鸡，却遭遇五个可笑的下场埋下伏笔。因此，教师在活动的导入环节，引导幼儿观察农场的整体分布图，并为母鸡设计散步路线，这样可以为幼儿按顺序观察画面，发现画面中细节，为幼儿大胆猜想做好铺垫。

（三）观察背景色，传递情感

色彩是传递情感、营造氛围、展现风格的催化剂，而背景色更能使幼儿尽快的融入画面中的意境，让幼儿与画面中的角色达到情感上的共鸣，因此，教师应引导幼儿细致的观察背景色，通过对色彩的冷暖、轻重的识别，来触动幼儿的内心感受，以此联想到故事中角色的心理变化，并用各种恰当的词汇进行大胆表达，丰富幼儿的词汇量。

图画书《寻找快活林》中的背景色，是随着故事情节的跌宕起伏而变化的，它将幼儿带到不同的意境中，引发他们进行深入地思考，因此，教师通过引导幼儿关注画面中的背景色，使其感悟书中角色所蕴含的丰富情感。如：狐狸先生做梦时的背景色是暖暖的粉色，教师提问："狐狸先生做了一个什么样的梦，你是从哪里看出来的？"幼儿感到自己的心情是愉快、开心、美好的进而联想到快活林是甜蜜、幸福、神秘的。但当猴子被赶出家时，天上下起了大雨，背景色变成了冷冷的蓝和灰，教师通过提问："这时猴子的心情怎么样？你是从哪儿看出来的？"幼儿感觉到小猴子的心情是伤心、难过、孤独的。

（四）观注细节，大胆预想

很多图画书中都包含了丰富细腻的画面细节，这些细节不仅能给幼儿带来乐趣，更蕴含了故事情节发展的重要线索，如：图画书《想吃苹果的鼠小弟》中，每页的中间都有一颗高高的苹果树，与鼠小弟的高度形成了鲜明的对比，正是这种对比引出了故事线索，为幼儿留有充足的想象空间，同时，这也是本书的细节所在，教师引导幼儿关注细节，通过适宜的提问："苹果树这么高，鼠小弟能摘到苹果吗？谁会来帮助它？"这些问题激发幼儿的好奇心和想象力,让他们用一双"善于发现的眼睛"津津有味地注视着书中的"秘密",享受无穷的乐趣。

图画书《母鸡萝丝去散步》的每个场景里,都有两页相关联的画面:狐狸即将要遇到的倒霉事都隐藏在第一幅画面中,这两幅画面之间的关联性即是本书的细节之所在,它体现了故事诙谐幽默主题的重要线索。因此,教师可以在引导幼儿观察农场的整体环境后,采用师幼共读的方式引导幼儿观察第一幅画面的细节,使幼儿注意到周围的环境、母鸡的表情、狐狸的动作,大胆地进行预想并描述狐狸遇到的各种倒霉事,然后教师适时的出示第二幅画面,再次引导幼儿进行细致的观察,验证自己的预想,并通过画面中的符号,以及其他小动物的动作、神态,描述狐狸遭遇倒霉事的过程,真正感受图画书的幽默风趣。

综上所述,笔者主要围绕图画书的封面、环衬、背景色等要素阐述了提高图画书阅读活动有效性的策略,这些策略的有效运用还要依赖于我们在活动前深入的挖掘封面、环衬、背景色的教育价值,分析故事内容,找出重要线索,发现细节所在,只有这样我们才能使幼儿观察的目的性更强,观察的时间更持久,观察的角度更准确。

无痕教育理念下幼儿园歌词识记教学的策略研究

一、问题提出

皮亚杰的幼儿认知发展理论认为,3 至 6 岁幼儿的思维方式是直观形象思维,借助事物的形象和表象来实现对事物的概括性认知,离不开具体事物和直观形象。因此,视觉信息最容易了解,也最值得信赖。

在幼儿园歌唱教学中,歌词识记的过程,是幼儿主动"学"的过程,是发现问题解决问题的过程,也是他们思维、情感、想象与创造无限生发的过程。在这个过程中，老师的教学方法如何不露痕迹地传递给幼儿是教学的关键，这就是教学方法的无痕渗透。无痕渗透不是没有方法，而是没有固定的教学模式、样式、方法。

在传统的歌唱教学中，教师运用静态的图谱教授歌词的方式比较普遍，但却因为呈现形式单一，使用方式不当，显得过于枯燥乏味。其实，歌词中存在着用图像表征的多种元素，蕴含着歌词所表达的丰富情感，其中的图像内容与情感表达具有一一对应性。因此，我们应适度隐藏教学意图，采用由点到面、由易到难的循序渐进的教学方法，层层递进、环环相扣、首尾呼应地进行歌词识记，并通过变换图像表达的方式增强歌词的有趣性与直观性，帮助幼儿利用多种感官通道深刻理解歌词大意，让他们充分体验、感知歌词，让歌词的学习变得无痕而精妙，从而调动幼儿识记歌词的积极性，培养幼儿主动探究歌词的能力，发展幼儿的音乐思维和想象力，提高幼儿的音乐素养。

二、研究目的与内容

（一）研究目的

1. 基于释放幼儿心灵，激发幼儿真正感受与欣赏、自主学习与自由表达的研究理念，探讨基于无痕教育的幼儿园歌词识记的特征与内容。

2. 在审视现实的基础上，归因分析，试图构建基于无痕教育的幼儿园歌词识记的实施策略，为歌词识记环节提供可行的、易操作的教育建议。

（二）研究内容

1. 通过资料收集、整理、分析，明晰歌唱活动中歌词识记的研究现状，探究适合幼儿记忆的方法，为歌词识记的研究划定范围。

2. 借鉴已有的歌词识记研究方法，选用观察法、行动研究法、案例分析法，从幼儿园日常歌唱观摩研讨的活动中收集歌词识记的相关案例。分析此环节的设计目的、呈现方式、运用效果等各种要素。

3. 根据研究结果与分析，尝试在歌唱教研和儿童发展等方面得出相关研究结论。

4.通过研究结果与分析以及研究结论,尝试提出歌唱活动中歌词识记的设计方法、使用策略和教学建议。

三、研究方法

1.文献法。

通过多种渠道搜索儿童视角与幼儿园创造性美术活动的相关资料后,加以分析研究,并从中获得课题研究的理论依据,为实践总结提出有价值的参考建议,引出研究的有力观点。

2.观察法。

观察法是借助感官、录影机、照相机等辅助的仪器,对一些在自然状态下发生的现象或者行为进行有目的、有计划的、系统的、连续的考察、记录和分析,从而得到事实材料的一种研究方法。本研究采用参与式观察,对教师的教学行为和策略、幼儿的学习情绪和状态进行观察记录,深入了解幼儿的身心发展特点、情绪状态和体验,了解教师的教学策略是否符合幼儿的发展情况,是否利于幼儿自由表达与创造。

3.行动研究法。

行动研究法强调行动与研究相结合,在螺旋前进的行动过程中解决实际问题。研究者采用行动研究法参与实践中,在实践的探索中发现问题、分析问题、解决问题,并进行总结反思,不断调整、改进行动方案。

4.案例分析法。

研究者搜集了幼儿园歌唱活动的录像案例以及配套的教师教案记录等资料,并且分析歌词识记的教学方法,对活动中的照片、录像进行详细分析。

四、研究策略

(一)设计适宜图谱,对话幼儿心灵

在歌唱活动中,图谱是帮助幼儿理解记忆歌词最常用的方式,但图谱的设计必须建立在幼儿已有经验的基础上。随着幼儿年龄的增长,生活经验的

丰富，幼儿可以借助直观的工具获取相关的经验，选择并运用写实、象征、文字和符号四种图形，根据歌词内容注意符号的数量、布局、结构、色彩等设计因素，为幼儿建构一个形象直观的支架体系。

1. 写实情境特点，凸显逼真形象。

写实情境包括与实物相似的逼真图像、场景或抽象的实物形象。由于幼儿的经验有限，创设童趣、逼真的情境能便于幼儿观察、理解图谱，创编歌词，"看见"音乐。比如歌曲《如果我是一片云》，教师选用树林、小河等写实图片呈现场景的变换，利用歌词中的角色"小鸟、小兔、小鱼和小虫"帮助幼儿记忆歌词"我要飞到树林里，飞到树林里，看到小兔和小鸟，小兔和小鸟"以及"我要飞到小河里，飞到小河里，看到小鱼和小虾"等，方便幼儿辨认和创编歌词。

2. 运用象征手法，丰富想象空间。

写实存在一定的局限性，比较注重细节的描述，浪费时间，而简单的象征手法不仅节省时间和人力，还能拓展幼儿的想象空间，有利于幼儿对歌词的创造性表达。比如歌曲《火车呜呜叫》，出示四个圆形代表车轮"咔嚓"响声，一个长方形代表"火车呜呜叫"，八个音符代表八个"啦"，两个小朋友火柴人手拉手代表"我们出发了"，两个长方形、一个问号代表"火车、火车，我问你，开到哪里去？"长方形上面一个圆代表"我送我的小朋友"，一个箭头、一颗星星代表"上呀上北京"。整个图谱通过象征的图形、线条表现相应的歌词，简单而充满想象，这是写实图谱所达不到的效果。

3. 图文并茂，生动形象。

随着幼儿年龄的增长，他们对识字的兴趣浓厚，能辨别简单的常用字，教师可以使用文字来替代不方便用图形表达的抽象词。比如歌曲《相亲相爱一家人》（歌词"亲亲的叫声爸爸……""亲亲的叫声妈妈……""哈哈"中的"亲亲的"和"哈哈"）都是图像不易表现的，但是文字就可以轻松地把这些抽象词表现出来，同时还可以无形中促进幼儿对文字的感知与辨认。

4. 符号概括，简洁明了。

狭义的符号是文字、图像、象征图形之外的一种表征方式，比如反复记号、问号、爱心符号、笑脸符号等。符号大多运用在歌唱活动中表现歌词内容，简化歌词的表现方式，方便幼儿理解与记忆。比如大班歌唱活动《秋天多么美》，图的图谱设计中，用嘴巴微笑的图片表示歌词"棉桃姐姐笑呀笑微微"，用露出牙齿的棉花的图片表示歌词"你看她露出小呀小白牙"，整个图谱中的每张小图片都包含了细节特征，使幼儿能够观察到、能够唱得出。"秋天多么美，秋天多么美"用两朵小花表示，"多呀多么美"通过一朵小花表示，通过花的数量的不同，表现两句歌词"秋天多么美"和"多呀多么美"的差别。

比如《小鸟小鸟》，"？"表示歌词"在哪里"，"太阳"表示"有阳光"，"小花"表示"有花香"，"白色波浪线"表示后面"啦啦啦"歌曲的旋律以及断顿。

又如《何家小鸡何家猜》中，"？"表示"真奇怪，真奇怪"；"眼睛"表示"你望望"；"两棵树"表示"公闲里"；"数字'400'和小鸡"表示"四百只小鸡"；"三个鸡嘴"表示"叽叽叽"；"一个房子"表示"是谁家的"；"两只手"表示"不知道"……可见，相同的符号在不同的图谱中表达歌词的含义是不同的。

5. 图形数量与歌词乐句相匹配。

图谱中图形的数量一般与歌词的乐句、乐段相匹配，根据歌词的难易程度分为一句一图、一句两图、两句一图、一段一图的设计。比如《狐假虎威》，每幅图片对应两句歌词。第一幅图片是狐狸的话，对应歌词"老虎老虎我问你，为啥来到我这里"；第二幅图片是老虎说的话，对应歌词"我呀肚子饿得慌，马上就要吃掉你"；第三幅图片是狐狸的话，对应歌词"你呀有眼太无珠，见到大王怎无礼"；第四幅画是老虎的话，对应歌词"你呀哈时变大王，吹牛吹到天上去"；第五幅画是狐涯的话，对应的歌词"不信跟我走一趟，看他们怕我还是怕你"。

6. 分类布局，厘清顺序。

按照从左至右、从上而下的阅读顺序布局图谱是最常见的，可以方便幼儿读谱。比如《春天里来》，依照歌词的顺序排列图谱，方便幼儿厘清歌词与图片的关系，进行一一对应；上下对应的图谱布局方式方便幼儿两两合作时的角色分工，幼儿可以根据图谱形象和排列方式的不同明确自己的角色及动作。比如活动《小雨和小花》，上面一排的小雨和下面一排的小花上下对应，幼儿可以明确小雨和小花角色分工，感知不同乐句之间的旋律对比；上下与左右对比的对应方式适用于幼儿之间的分组合作，幼儿一方面能够明确自己的角色，另一方面可以借助图谱上图片的排列顺序了解音乐的内容或结构。

7. 色彩匹配，对比突出。

设计与图像符号相匹配的颜色。大班歌唱活动《木瓜恰恰恰》，图像色彩的选用匹配各种水果的实际颜色，也有很多图像符号没有特别的色彩要求，选色比较随机，如大班歌唱活动《幸福的猪小弟》。同时，通过背景色的调和也可以增强图谱画面的美感。又如《小鱼的梦》，但图谱是为教学目标的达成服务的，不能只顾美感，过丁精美的图谱使幼儿关注画面多于歌词本身的内容，大大增加了教师的工作量。

8. 参与、半参与绘画，感知、创编歌词。

歌词特色鲜明，不要求幼儿过多的绘画技巧，属于高结构、低控制类绘画。一般是幼儿先对音乐进行整体感知，通过对音乐的感知与理解，把听觉符号转化为视觉符号，便于幼儿自己理解。比如歌曲《大雨小雨》，引导幼儿在初步感知音乐的过程中，放手让幼儿进行绘画，以表达自己对歌词的理解，有的幼儿绘画大小不同的雨点，有的运用疏密的线条表示大雨小雨。当再次欣赏歌曲时，请幼儿将自己的绘画按照歌词的顺序展示出来，帮助自己记忆歌词。

面对复杂的歌词内容，教师可以先呈现部分图谱，在此基础上，给予幼儿填充内容的绘画机会，进而创编歌词。比如歌唱活动《小雨点跳舞》，借助图谱理解歌词内容，通过幼儿画小雨点在哪里跳舞的图片来创编歌词，能够流畅的唱出创编的歌曲。图谱中运用符号"？"表示歌词"小雨点在哪里跳舞"；一个小雨点的图形表示"滴答滴答滴答滴答"。幼儿先借助图谱帮助，会唱问题版的"小雨点在哪里跳舞"之后，再在教师的引导下，结合生活经验，画出小雨点在树上、在房顶、在山上等地方跳舞的情境，最后选出大家比较喜欢的图片，齐唱己创编的歌词。图谱设计帮助幼儿理解和记忆歌词。幼儿在活动中的绘画是幼儿创编歌词的基础。

在图谱的设计与使用过程中，有几种情况是不适宜幼儿参与画图的：教师在图谱的设计过程中需要严格依照音乐的结构、旋律等；歌词不易通过符号的方式来里现，对幼儿有一定的难度；图谱的完成需要花费一定的时间，界易形成幼儿消极等待的状况。有些活动不适宜幼儿参与画图，教师可以创设机会让幼儿出图、摆图，增加幼儿活动的兴趣和主动性。如歌唱活动《小雨点跳舞》（图，教师在活动中设计了幼儿绘画环节，幼儿的画用来创编歌词。活动中每个幼儿都要作画，完成以后把己的作品摆到黑板上。活动中图谱由很多小图片构成，幼儿自己摆图反而可以节贫活动时间，也避免了幼儿无事可做的消极等待。

（二）拓展真实经验、牵引移情体悟

虽然图谱易于把无形的音乐具象到图片上，但对于歌词简单、重复、直接描述动作过程的歌曲来讲，识记歌词基本源于肢体动作、手偶、毛绒玩具等真实的表现形式，而不是抽象到纸上的图。因此，针对歌曲的内容特点选择不同的活动形式帮助幼儿记忆歌词。

1. 利用动作表演，激发识记潜能。

由于小班幼儿的思维方式以直觉行动思维为主，对事物的感知更多停留在动作上，经验的获取主要源于对周边环境的动作探索，因此，我们选取直观形象的动作表演，引导幼儿在感受有趣动作的同时识记歌词。如：《快来拍拍》，当教师说出身体某一部位的名称时，幼儿以最快的速度将两手拍到该部位上，教师可以适时地加快速度或改变歌词的顺序，帮助幼儿逐渐发

现其中重复的规律。教师也可利用歌唱发出指令,让幼儿逐渐熟悉歌曲内容,在做动作的基础上尝试跟唱,引导幼儿利用不同的速度演唱歌曲。

2.遵循认知规律,模仿动物形象。

结合幼儿的年龄特点,遵循他们的认知规律,模仿歌词中的相关动物形象,便于幼儿记忆歌词,如:《走路》(歌词:小鹿走路跑跑跑,小鸭走路摇摇摇,小乌龟走路爬爬爬,小花猫走路静悄悄)教师提供动物的图片或头饰,引导幼儿自由创编,大胆表演每种小动物走路的动作,在幼儿创编动作时,通过教师的伴唱,引导幼儿回忆自己认识的动物的走路姿态,运用与歌词相同的表述将动物走路的形象编成歌词,进行记忆。又如:《母鸡叫咯咯》(下母鸡、母鸡叫咯咯、叫咯咯…脖子伸伸,两翼扑扑,鸡蛋已生落)通过教师的问题"母鸡下蛋时是什么样子的?"引导幼儿进行观察,形象生动地模仿母鸡下蛋的过程,进而总结歌词,"不时的伸伸脖子、伸出双臂上下摆动,学着母鸡'咯咯'的叫,当听到'鸡蛋已生落'时,就从身下拿出一个鸡蛋托在手上。"整个过程易于吸引幼儿的注意力,激发幼儿的兴趣,记忆歌词。

3.联系生活经验,融入音乐内涵。

许卓娅在全国第五届幼儿园音乐教育大会上提出"幼儿音乐、幼儿生活"互融共存的教育理念,我们深刻体会到音乐生活化的教育价值。因此,我们选取幼儿喜闻乐见的歌唱内容,不仅贴近幼儿生活,而且便于识记,更易于达到情感共鸣。如《买菜》,活动前,先丰富幼儿去菜市场买菜的生活经验,利用自己的生活照片了解歌词的第一句,通过实物观察各种蔬菜、生鲜的外形特征,通过有节奏的朗诵歌词,感受歌词的韵律,为识记、仿编歌词做好充分的准备。

4.欣赏动态画面,激发识记表达。

由于色彩鲜艳、能活动的物体会极大地吸引幼儿的注意力,提高幼儿的兴趣性。因此,通过有效筛选并串联相应的动画帮助幼儿记忆歌词。如歌曲《我是草原小牧民》,教师根据歌词内容设置动画情节:辽阔的大草原,一个小牧民手拿羊鞭得意的赶着羊群，青草摆动，胖胖的羊儿在吃草，美景聚焦到眼睛里、心灵里，小牧民张着大嘴夸张大笑，嘴巴一张一合，表现出"啊哈，啊哈嗬"的节奏特点，便于幼儿模仿与学习。

5. 渲染游戏情境，把握歌词内涵。

通过游戏情境的渲染，激发幼儿的识记兴趣，再现游戏经验，帮助幼儿在潜移默化中感受歌词意境，理解记忆歌词，获得情感共鸣。如：《扮家家》，幼儿喜欢娃娃家游戏，在明确角色认知和职责分工的同时，进行角色扮演，深入人心的游戏表演易于幼儿记忆歌词；又如《小渔篓》，创设游戏情景——到海边去赶海，将歌词内容融入情景游戏，黑板上贴满了鱼虾、螃蟹、海螺还有一些白色纸屑，它们是来赶海的人们留下的垃圾，让我们一起赶海，并把这些垃圾捡掉，让沙滩变得干净整洁，请幼儿提起渔篓随音乐进行表演并记忆歌词。

6. 借助绘本线索，把握无痕识记。

如大班歌曲《阿诗有块大花布》的题材源于绘本，通过剖析绘本色彩的教育价值，发现主要色调红与灰，对比明显，突显了歌词的主要线索"大花布"。歌词中围绕大花布的不同造型变化，借助绘本故事帮助幼儿感知与记忆，展开联想，感受歌词的变化，便于幼儿感知与记忆。

（三）选取关键元素，直击歌词重点

1. 自主创意填词，凸显生活信息。

在一些反映自然（生活）情境，内涵丰富的歌曲中，教师提供音乐及某种情境，并引导幼儿倾听与想象，大胆表达自己的想象，引导幼儿用语言描述出来，并谈谈自己的感受，并将幼儿的语言组织成歌词演唱出来。如教师提出情境：春天了，大地换上新衣，到处都是美的景色。小动物们都出来了，他们愉快地享受春天的美丽和快乐！教师请幼儿说出自己对春天景象的认识及感受，如花儿开了，五颜六色的真可爱，蝴蝶在采花粉，蜜蜂唱着歌儿采蜜，他们飞来飞去多么愉快，像在花丛中跳舞一样等。教师将幼儿提出的某些事物编到歌词中唱出，如"花园里，鲜花开，鲜花开。一朵朵，真可爱，

真可爱,蜜蜂采花蜜呀,采花蜜,蝴蝶传花粉呀,飞来飞去多呀多愉快。"教师请幼儿按照歌词结构组织歌词,将新词填入曲调并演唱出来。

3. 观察图片细节,在兴趣点中寻求记忆。

有一些歌曲的歌词十分简单,而且每一乐段提供图片,引导幼儿用简单、准确的语言进行表达,在幼儿表述时教师将其编成歌词。如《粗心的小画家》(歌词:丁丁说他是小画家,彩色铅笔一大把,他对别人把口夸:"什么东西都会画",画只螃蟹四条脚;画只鸭子小尖嘴儿;画只小兔圆耳朵呀;画只大马没尾巴。咦!哈哈哈哈哈哈哈!)教师演唱歌曲前半部分,并吸引幼儿看看丁丁到底画的是什么。出示图片,等待幼儿的自主发现图中的错误,将其串连起来编成歌词进行演唱。

4. 巧用手指歌谣,隐藏识记无痕。

手指儿歌作为幼儿喜闻乐见的一种游戏形式,直观形象、简单易行,适于集体歌唱活动,不仅为幼儿提供可操作的内容,还锻炼了手部的灵活性。由于动作与歌词的一一对应,更加方便幼儿识记歌词,如《五指歌》,伸出手指数出"一二三四五",手指在前臂爬山的动作"上山打老虎",双手弯曲变成大老虎"老虎没打到",双手握拳互打"打到小松鼠",伸出食指绕圈"松鼠有几只",双手指向自己"让我数一数",食指向前左右摆动"数来又数去",手指依次伸出"一二三四五",手指依次收回"五四三二一",手指依次伸出"一二三四五"。

"无法是法乃至法",无痕教育理念其实就是将"教无定法"运用到教学中,通过师幼的互动交流及时发现问题,针对他们的个体需要随机灵活地运用不同的方法给幼儿以创造性的启发。

在无痕歌唱教学的歌词识记中,它改变了老师说、幼儿听;老师管、幼儿从的灌输、训练的教学模式,衍生为变被动接受为主动探究,让幼儿的学习由内而外地自然发生。我们根据幼儿身心发展规律和审美心理特征,针对不同类型的歌曲,分析歌词的内容、风格、表达特点,选择适宜、有效的电教媒体技术、音乐教学图谱、图片、手指谣等教学辅助手段,在润物细无声中，让幼儿在"动中学、玩中学、乐中学"，把认知与情感交融在一起，帮助幼儿在不知不觉中读懂、理解并识记歌词，确保幼儿在听、话、赏、画、玩的过程中获得最佳识记歌词的学习效果。

音乐欣赏背景下幼儿园色彩画教学的实践研究

一、实验课题的提出

经多年来的实验研究：幼儿园音乐欣赏教学主要通过欣赏优秀的音乐作品来帮助儿童提高感受和理解音乐的能力，享受参与音乐进行过程的快乐。但如何在音乐欣赏中使幼儿与生俱来的探究本能和不断涌动的创造激情得以自由地表现和张显呢？新的《幼儿园工作指导纲要（试行）》中指出"艺术教育活动，是教师以多种艺术形式有目的、有计划的引导幼儿生动、活泼、主动活动的教育过程。"由于听音看色是人的本能，听音有色，看色有音，也是人的心灵的本然构造，为此，笔者将色彩与音乐相融合，这种融合主要体现在不同形式和不同层面的组合上，为了使幼儿的音乐欣赏具有可感性、可接纳性、教育性、思想性、艺术性和可视性，我们尝试运用色彩画来指导自己的音乐欣赏教学工作，旨在使幼儿运用这种独特的艺术语言大胆地表达自己对环境的认识和对生活的体验，进而表达自己的兴趣愿望和情感体验，从而真正实现"音中有画，画中有音"的完美意境。为此，笔者确立了"幼儿园色彩画与音乐欣赏相结合"这一课题，并进行了可行性的实践探索。

二、实验研究的依据

在课题组有关专家的指导下，以新《纲要》精神为科学依据，把幼儿的感受、表达、创造作为突破口，将色彩画的创新理论融入音乐欣赏的实施方法和策略之中，同时借鉴"适宜唤醒"原理并结合我园的条件与笔者自身优势，进行实验、展开研究。

◎ 三、实验研究的目的

一是在多种形式的色彩画活动中，激发幼儿欣赏音乐的兴趣，提高幼儿的听觉敏感度。

二是体验色彩活动的兴趣，增强幼儿的色彩敏感度，培养幼儿观察力、想象力和创造力，以强化幼儿欣赏音乐的兴趣，提高音乐欣赏的实效。

三是通过实验，力求探索出幼儿园音乐欣赏教学的新方法、新途径。

◎ 四、实验方法与原则

一是实验时间：2006 年 9 月至 2007 年 1 月。

二是实验对象：开设大一班为实验班，幼儿数 23 名。

三是实验方法：本课题拟采取"综合研究法"进行实施，具体为：观察法、记录法、比较测评法等。

四是实验原则

1. 遵循幼儿身心发展特点，采取纵向比较，自身对比方法。

2. 遵循"做中学，玩中学"的规律，培养幼儿对音乐欣赏的兴趣和敏感性作为实验的出发点。

3. 选择符合幼儿年龄特点，最贴近幼儿心灵的色彩活动内容，以引起幼儿学习动机和兴趣。

4. 遵循"寓教于玩，寓教于乐"的要求，以色彩表现活动为基本活动，结合游戏促进幼儿身心健康发展。

◎ 五、课题的实验步骤

一是观察、记录幼儿非智力因素发展情况。

二是根据幼儿习得音乐语言及色彩表现活动的特点，制定色彩活动与幼儿音乐欣赏相结合的步骤和方法,在实验中重点挖掘以下几方面。

1. 创造良好的音乐环境是前提。

马拉古奇曾说:"教育乃是由复杂互动关系所构成,也只有'环境'中各元素的参与,才是许多互动关系实现的决定性关键。"幼儿园每个班级除了两位教师外,环境就是"第三位教师",而音乐欣赏是富有情感的艺术,只有创设一种与音乐环境相和谐的氛围,才能使幼儿很快地进入音乐,把自己的理解、感受用另一种语言尽情地表达出来,为此在色彩活动中为幼儿创造丰富的音乐环境成为我们开展此实验研究的前提条件。

首先,我们为幼儿创设了充满情感特色物质环境——根据音乐欣赏的教育目标,创设充满情感特色的物质环境,使幼儿深刻地感受并体验周围的环境美、生活美,激发幼儿的审美、想象,通过独特的艺术性语言,让幼儿仿佛回到大自然、大社会中去一样,如欣赏音乐《丰收》之前,我们在活动室张贴作品《堆积着的稻草垛》、水彩画《秋天的田野》及各种品种的农作物,在此基础上,带幼儿到田野观察农民伯伯收获的场面,从而让孩子带着自己对劳动人民热爱的情感去欣赏音乐,带着丰收之情用色彩进行表现,从而使幼儿提高了感受美、理解美、创造美的能力,也是这种丰富的物质环境隐藏在孩子周围,起到暗示的作用。

其次,我们又为幼儿提供了必要的语言环境——幼儿在欣赏音乐时教师可以观察者的身份细心读懂孩子脸上的话语;幼儿在欣赏音乐后教师以倾听者的身份耐心倾听孩子的声音,了解他们的所思、所想、所感,让他们沉浸在音乐中,借助色彩,增强对音乐的听觉敏感度及理解能力。

最后,为幼儿提供了宽松的精神环境——幼儿在音乐欣赏过程中要时时刻刻感受到安全感,为此在前期实验中让幼儿自愿选择色彩表达自己对音乐的理解,同时利用各种细节增强幼儿运用色彩的自信心,在宽松、自由的情况下快乐地欣赏音乐。

2. 以色彩为本拓展活动是关键。

在为色彩活动创设了良好的环境之后,我们应考虑幼儿是如何充分表达表现的。为此，把音乐的选择、材料的提供、有效的指导等隐含着丰富内涵的过程扩展为形式各异的色彩表现活动，成为幼儿音乐欣赏的必要条件。

绘画工具的变化、绘画形式的多样化，对幼儿来说是一种新的刺激，可以激发幼儿参与色彩表现活动的积极性，幼儿可根据自己对音乐的理解，自主选择利用绘画工具来表现，不仅提高了幼儿学习的主动性，而且使幼儿对音乐的表达更准确。因此，音乐欣赏作品的选材与色彩活动的表现形式关系密切。在实践中笔者注意了以下几个环节：

（1）唤醒注意，提高感受力。

如：《漫游神秘城堡》，我们运用流淌画把幼儿带到朦胧的梦境中，让他们根据自己的感受选取颜色，有节奏地抖动着画纸，并根据自己的理解创造性的作画，这样他们很快就集中注意力，投身音乐的意境之中了。

（2）激发兴趣，增加游戏性。

兴趣是最好的老师，是幼儿感受美、表现美、创造美的内动力。如：《节日的花篮》，教师根据音乐的节奏特点，采用滚珠画的形式引导孩子进行表现，通过老师的适时引导使他们能根据自己的理解，创造性地表现花篮中的色彩、感知颜色的神奇，而此时，幼儿的兴趣点始终贯穿在音乐与色彩当中。

（3）满足需要，加强对比性。

如：在欣赏贝多芬的《土耳其进行曲》时，由于该乐曲结构工整、节奏感强，幼儿选用对比色，采用片与点相结合的色彩表现方式进行表达。

3. 介入色彩画优化教法是手段。

色彩画是用来传情达意的视觉语言，同时它也是音乐欣赏中的特殊表达方式，它会给幼儿自我表达和表现创造自由的空间，为了让幼儿把自己心理上的需要、情绪和对周围事物的认知表达出来，我们应打破传统教学模式，运用以幼儿为主体的多重新颖教法，让幼儿在主动参与"发现、感受、表现、创造美"的活动中，提高色彩表现能力及对音乐的理解能力。为此，笔者采用了以下几种方法。

（1）提问法。

舒曼的《梦幻曲》，旋律优美，情感平静、温柔，音域宽，曲调变化细腻，在欣赏之初，笔者将问题的落脚点放在"听了这段音乐，你想到了什么？里面都有谁"上，孩子回答的内容都是十分具象的，如：小动物、汽车、人等，当然表现在画面上的也是由单一线条组成的画面，而且此种表现也是由于长期以来教学方法的限制所致——先线后色，所以我们和幼儿讨论了色彩画与线描画、蜡笔画的不同，认识了各种工具及优点等，最重要的是为了让他们将音乐中的美与环境中的色彩相结合，笔者将提问的落脚点做了改动：你边听边想一想自己好像来到了什么地方？你来到了这个地方心情怎么样？你打算用什么颜色来表现？……孩子们将各种美妙的场景再现在头脑中，并进行大胆的表达，这样的提问变得更开放。在接下来的音乐欣赏中，笔者让孩子们重新回到这个地方，再次进行想象，看看还有什么新发现，以此丰富孩子的画面，完善孩子的构思。

（2）示范法。

这里所指的示范法并不是传统的模仿，而是通过对音乐内容的重新诠释，激发幼儿的潜在兴趣，使幼儿进入视觉思维活动的状态，对示范起到选择和再组合的双向作用。

①幼儿自我示范法：通过幼儿的表达表现为同伴提供思路，用自己的眼光去观察同伴的作品，用自己的思维方式进行无言的交流，去解释画面，寻找他们之间的共鸣和心灵上独特的吻合，引导幼儿在学习借鉴的基础上进行有个性的想像与创造。

②师生共同示范：通过师生的平行绘画、共同参与，使双方的创作都得到互补与发展，不仅调动了幼儿的积极性和参与性，而且还提高了幼儿的绘画技能。如欣赏音乐《神秘的海洋》，教师与幼儿一同欣赏，并用自己所选的颜色表达自己的感受，但幼儿受海浪声的限制，都不约而同地画出了蓝色的大海，此时，教师根据音乐节奏的变化，选择与背景色反差较大的跳跃色，点缀其中，当幼儿的好奇心驱使他们提出问题时，教师方向他们说明用

意，使幼儿对音乐的理解力与表现力进一步增强。

（3）评价法。

幼儿自评，幼儿结合音乐讲述自己所表达的意境、情感及对外界的认识，但幼儿在讲述遇到困难时，教师应适时地指导，如在欣赏音乐《声音》时，幼儿用抽象的图案或冷暖色块、线条表达自己的感受时，一时难以表达，教师可引导幼儿用这个颜色表示什么样的声音，这种线条好像在哪里听到过的声音，逐步让幼儿学会表达自己的感受。

幼儿互评，引导幼儿在欣赏音乐的过程中欣赏他人的作品，走进他人的画面，体验他人的心情，将音乐与画面紧紧的融合到一起，进一步感受音乐的神奇与美妙，从而提高幼儿的评价能力和审美意识，如：在欣赏音乐《童话》时，幼儿在互相观察，积极交谈中，不禁对同伴的绘画提出质疑，此时教师可引导幼儿倾听音乐，再次感受音乐的结构、性质，然后再来评价作品，以提高幼儿的审美能力。

教师评价，教师应根据幼儿的能力水平进行积极的评价，以各种形式鼓励幼儿迈出可喜的一步，获得成功感，真正使评价收到良好的效果。

4.培养兴趣促进发展是目的。

色彩画与音乐欣赏的结合最终目的是让幼儿在快乐的游戏、操作、创作活动中获得有益于身心发展的经验。因此，在实验中我们本着"兴趣为先，发展为本"的宗旨，在活动内容选择上"既考虑幼儿的现有水平，又有一定的挑战性；既符合幼儿的现实需要，又有利于其长远发展；既贴近幼儿感兴趣的事物和问题，又有助于幼儿的经验的积累和视野的拓展"使幼儿获得最基本的感性经验，得到最基本的发展，形成对幼儿的全面综合的影响。在活动的开展中以色彩表现活动为基本活动，环境暗示为隐性渗透、教师角色介入为显性指导，结合游戏促进幼儿身心健康。从而力求在兴趣中求发展，在发展中寻兴趣。

六、实验结果与分析

表 1：实验班幼儿在音乐欣赏方面的纵向比较

时间		中期			后期		
标准		好	较好	一般	好	较好	一般
内容	对音乐欣赏的兴趣	13	12	7	17	13	2
	欣赏力、想象力和创造力的发展	15	11	6	20	11	1
	主动性的发展	6	9	17	15	12	5

从表中可以看出，经过实验，实验班幼儿对音乐欣赏的兴趣浓厚了，逐渐理解了音乐所表达的一定内涵，能听音画画，同时大部分幼儿在色彩表现活动中能大胆想象，自主地去感受、表现和创造，真正获得对音乐进行整体把握的能力，以及应用多种符号进行思考和表达的能力。

表 2：实验班幼儿在色彩表现方面的纵向比较

时期	对色彩表现活动感兴趣	会根据音乐自主选择色彩表现的方式	能正确使用多种工具进行点、印、泼等色彩表现活动	能根据自己的感受正确选择恰当的颜色进行表现	能正确评价自己作品并能客观评价他人作品
前期	23.4%	20.5%	15.5%	11.2%	10.2%
中期	36.7%	42.1%	36.5%	25.7%	18.4%
后期	61.3%	83.4%	79.3%	72.8%	21.3%

表 2 结果显示：实验班幼儿在经过一学期的"幼儿园色彩画与音乐欣赏相结合"的试验后，他们中大部分幼儿相较以前对色彩活动兴趣加强了，绝大部分幼儿能根据音乐自主选择色彩表现的方式，大部分幼儿能根据自己的感受正确选择恰当的颜色，并能正确使用多种工具进行点、印、泼等色彩表现活动，同时也开始能主动评价自己的作品，并客观的评价他人的作

品,这些都说明幼儿的色彩表现有了较大的提高。

◎ 七、讨论与建议

幼儿园色彩画与音乐欣赏相结合给幼儿提供了一个相对自由宽松的学习环境,幼儿能通过色彩画这一艺术语言尽情表达自己对音乐的感受与理解,这对教师的观察、指导、组织能力提出了更高的要求,因此笔者认为应该注意以下几方面。

(一)选择适宜的音乐欣赏作品

所选音乐欣赏作品是否适应幼儿的知识、经验和心理发展特点是前提。幼儿作为一类特殊的群体,美感多处于直观感受水平,极其缺少欣赏经验,因此,选择贴近生活、旋律简短、形象鲜明、结构方整、长度适宜、可参与充分的会成为他们喜爱的作品。

(二)创设安全的欣赏、创作环境

为了给幼儿以安全感,在活动中要做到:第一,给幼儿足够的时间完成创作,并观察幼儿是否理解了音乐的内涵。第二,提供自由表现的机会,鼓励幼儿用不同的色彩表现形式大胆地表达自己对音乐的理解和想象,尊重每个幼儿的想法和创造,肯定和接纳他们独特的审美感受和表现方式、分享他们创造的快乐,这有利于幼儿主动介绍作品及评价作品。

(三)处理作品方式多样化

幼儿在用色彩画表现自己对音乐的理解时应该有成功感,为此我们在处理作品时要力求多样化,如:请幼儿自己保存作品并带回家与父母分享,进行作品的展示活动等,这都能增加幼儿的自信心。

◎ 八、反思与小结

黑格尔的美学体系里指出:任何艺术形式,都希望无限地接近音乐。因为音乐会直接作用于心灵并在那里激起回响,只有和色彩相通,音乐才能"直接"地作用于精神。色彩画能让幼儿在玩中无拘无束地大胆用色,学习用不同的颜色、不同的形状象征性的表达不同的情感，在色彩画中渗透音乐欣赏教育，不仅可以引导幼儿用色彩重新诠释音乐的真正内涵，表达其艺术情感，而且可以使音乐欣赏的过程更加多元化。色彩与音乐的结合就是利用"通感"让我们感知万物最本然的规律，"通感"成为幼儿理解世界的万能钥匙，它使听觉与视觉之间得以自然而自如的转化。因此，我们尝试将幼儿园色彩画与音乐欣赏相结合，探索二者之间的内在联系，以促进音乐欣赏的综合化、合理化，相信新的生机和意味将在尝试中被发现。

主题背景下幼儿园美术情景创设策略的建构研究

主题背景下的美术活动是以主题为线索，以幼儿为中心，以经验为基础，以美术为手段吸引幼儿对美术活动的兴趣性、主动性、参与性和创造性。而情景美术活动是以情景贯穿始终，让幼儿运用美术形式自由表现对世界的理解和认识，自由表达在活动中的情感体验和审美感受。其中，美术情景可以激发幼儿丰富的美感体验、积极的情感表达、主动的自我表现、大胆的本能创造。因此，主题背景下如何创设适宜的的美术情景，让每个幼儿都能从自己的最佳点出发体验美术活动的愉悦是个值得研究的话题。笔者拟从游戏、生活、故事几个方面对此问题进行阐述。

一、于游戏情景中增强主动性、趣味性

游戏情景创设是将美术活动融入游戏中去的一种教学方式。巧妙的借助游戏情景能够将美术活动的目的转化为更为生动的内容，使幼儿摆脱"完成目标"的包袱，真正从美术活动的过程中得到心理上的满足。我们不仅要根据内容选择游戏方式，还应考虑所选择的游戏是否具有趣味性、是否符合幼儿的需求，因为有趣的游戏才能激发幼儿参与活动的愿望和操作乐趣，让幼儿在玩中发现美、感受美、表现美。

（一）创设表演游戏情境，将角色扮演贯穿美术活动始终

表演游戏不仅能传达信息，而且更能反映幼儿真实情感，增强他们的情绪体验。将美术活动与表演游戏相结合，能够深化幼儿对主题活动的理解，有利于他们在作品中的情感再现。如小班主题活动"亲亲一家人"中，幼儿通过前期活动感受了妈妈对自己的爱，表达了自己对妈妈的爱，并希望借助"母亲节"为妈妈做事情、买礼物。为此，我们开展了美术活动——"逛超市"，引导幼儿将彩笔当手推车，将逛超市游戏贯穿绘画活动始终，并利用超市宣传单上的真实物品图片激发他们的创作兴趣。活动运用幼儿已有的逛超市的快乐体验，将"手推车"一直握在手中，为连续圈物画线做好了铺垫。整个过程中，幼儿"购物者"的角色不仅带给他们快乐购物的满足感，也更加激发他们自主、愉悦地表达自己内心世界的意愿。

（二）创设结构游戏情景，运用设计图纸解决实际问题

结构游戏，也称为建构游戏，是幼儿利用各种不同的结构玩具或结构材料，动手构造物体形象的一种游戏。由于结构游戏从本质上包含了游戏者对现实生活的反映、想象和创造，因此，它与美术活动具有相通之处。在结构游戏中开展美术活动不仅能促进幼儿手脑并用，而且能让他们收获不一样的美术体验。比如，陀螺玩具则是幼儿十分感兴趣的一种结构玩具，从孩子的兴趣出发，我们衍生出探究、拼插、设计、制作陀螺等一系列主题活动。活动中，幼儿在自己设计、制作的陀螺上进行绘画及装饰纹样。在最后的活动"陀螺展览会"中，当不同颜色、不同花纹的陀螺旋转起来，变成一个个炫彩陀螺时，幼儿不由自主地欢呼起来。

（三）创设角色游戏情景，激发主动性和创造性

角色游戏是指幼儿通过模仿和想象，扮演各种角色，创造性地反映现实生活的游戏。在游戏中，幼儿通过角色的扮演全情投入其中，自主愉悦的动手操作，体验游戏带给自己的成功感、满足感激。如在主题活动"节日"中，为了让幼儿了解世界各地的人们在节日里的风土人情，我们开展了大班人体彩绘活动"狂欢日里的小小印第安人"，引导幼儿在欣赏生活中色彩鲜

艳、线条丰富的脸部装饰的基础上，感受装饰美，运用对称的方法装饰自己的脸部。他们在印第安民族这个神秘的世界里，尽情地妆扮自己，情不自禁的将色彩搭配、图形组合与情感体验联系在一起，用自己喜欢的方式表现美、创造美，使整个主题活动富有情趣和生命力。

◎ 二、于生活情景中激发好奇心、求知欲

生活情景创设是以幼儿生活为背景，让幼儿在生活中不断拓展绘画经验，习得必要的美术技能，形成积极的审美情趣的一种教学方式。教师在日常生活中应引导幼儿接触周围环境和生活中美好的人、事、物，丰富他们的感性经验和审美情趣，并提供自由表现的机会，鼓励幼儿用不同的艺术形式大胆地表达自己的情感、理解和想象，分享他们创造的快乐。

（一）观察生活事物，寻求美术灵感

大自然是幼儿把握生活经验的舞台，其中也包含了诸多幼儿进行美术表现的源泉。在一次饭后散步生活活动中，幼儿在一棵大树下发现小蚂蚁在搬运一条毛毛虫，他们兴奋得手舞足蹈，并对小蚂蚁产生了极大的好奇。为了抓住这个难得的教育契机，我们生成了主题活动——"热闹的蚂蚁王国"。通过前期活动幼儿不仅了解了蚂蚁的外形特点、生活习性，而且还发现了互帮互助、共同协作的美德。在最后的美术活动《小蚂蚁和大虫虫》中，幼儿细心刻画小蚂蚁智斗大虫虫的英勇场面，并结合已有经验进行了大胆的联想和夸张的表现：有的幼儿在大虫虫周围画满了小蚂蚁，上面还站着一个小指挥，它一只手插腰，一只手举着小红旗；有的幼儿画的小蚂蚁龇着牙、瞪着眼，很用力的向前拉……活动不仅促进幼儿原有的经验得到了重组、再现和拓展，激发了他们的无尽想像。

（二）合理挖掘资源，拓展美术活动途径

身边的教育资源既贴近幼儿生活，又易于激起兴趣。本学期正值园所要接收一所新的分园。受园所"孩子都是幼儿园小主人"理念的影响，幼儿对即将开办的新园充满了期待，在每日的自由交流活动中，他不断讨论新幼

儿园的样子。为此我们开展了"我来设计幼儿园"主题活动,向全班幼儿和家长发出倡议,征集设计方案,并带领幼儿参观新幼儿园的毛坯房,社区建筑和天津诸多有名建筑,引导幼儿欣赏各种建筑物的美。活动进入设计阶段后,我们开展了"幼儿园的新楼房"系列美术创意活动,前期各种资源的利用给幼儿提供了完善的绘画素材,后期的想象创作活动使他们更深刻地体验到创造的乐趣,更好地激发他们爱幼儿园、爱集体的情感。

(三)巧选生活经验,提升幼儿活动体验

一年一度的采摘节到来了。活动前,园所以及班级教师进行了周密的计划:前期的准备、分组坐车、采摘注意事项、如何采摘……在采摘活动后,幼儿沉浸在劳动的喜悦之中。活动后,他们仍对采摘过程念念不忘。趁热打铁,我们随即开展了"快乐的采摘"主题画活动,幼儿通过对整个采摘过程的观察和记录,在画面中尽情地表达自己的快乐体验:有的画了许多果树——他在与大家分享他看到的各种各样的果树;有的画面上把手臂画得长长的——他在表现自己是怎样努力摘到树上的果实;有的画面上画满了小朋友——他在表现自己与小朋友在果园里捉迷藏的快乐情景……五花八门的情感体验与表达,在幼儿的作品表现得淋漓尽致。

三、在故事情景中促进自主表达表现

绘本故事是幼儿乐于接受的一种教学形式,也往往是主题活动中不可或缺的主角。绘本故事的情节、优美的画面为幼儿的美术活动提供了引人入胜的情景,故事情景的线索大多来自优秀儿童文学作品,我们可以按艺术的表现特点与幼儿的需求,选择适宜的美术形式对原有的故事进行加工再设计,把绘画的要求、技能融入其中,将美术表现与故事情景融为一体,从而让幼儿在故事中大胆的表达表现。

(一)挖掘绘本的美术形式,扩展美术表现的空间

绘本中丰富的绘画技巧,多样的绘画风格为美术活动开辟了新的思路,但面对绘本中多元的美术信息我们要学会取舍,如:《母鸡萝丝去散步》的

美术形式是线描，《迟到大王》的美术形式是色彩，《想吃苹果的鼠小弟》的美术形式是铅笔画，《变色龙》的美术形式是染纸等。在主题活动"能干的我"中，孩子们被绘本《爷爷一定有办法》深深地吸引，看到这位智慧的爷爷用爱心和巧手，将一块普通的布料进行不断地变化，他们也萌发了做一位有办法的爸爸妈妈。于是，我们以照顾娃娃为主题，以美术形式——剪纸为主线开展了系列活动，并送给娃娃做礼物，活动不但加深对故事和前期主题内容的理解，还进一步体验了关心他人的快乐。

（二）利用故事的情节起伏，开发合理的美术元素

在美术活动中，利用故事情节创设情景，符合幼儿年龄特点和兴趣点。因此，我们把握幼儿的兴趣与需要，挖掘故事中的美术元素，将美术表现与故事情景有机融合。如：绘本《我的连衣裙》中，简单可爱的形象，明快流畅的线条，重复变化的情节，直击幼儿的心理，我们挖掘此绘本中的美术元素——重复，在主题活动"我和我的朋友"的小主题"我的好朋友"中进行合理运用，幼儿在轻松愉悦的欣赏氛围中，联系自己的生活经验，用绘画的方式为小兔子设计一种或几种重复图案的花布，大胆创新装饰纹样的美，表达了自己对好朋友的祝福。

（三）鼓励探索故事结尾，开发幼儿想象空间

有些绘本故事的结尾给幼儿留下广阔的思考空间，我们通过寻找适宜的故事内容，利用美术活动鼓励幼儿大胆表现对主题活动的理解和感受。比如：在"时间"的主题活动中，我发现幼儿浪费时间的现象比较严重，因此，我选择了故事《等明天》，利用亲子阅读讨论故事情节，为幼儿创设了"小猴子浪费时间的故事情景"，与他们的日常行为达到共鸣，引导每个幼儿都能根据自己的想法大胆想象，并利用绘画形式尽情续编故事的不同结尾。这样不仅激发了幼儿想象的空间，而且在表达表现中重新审视了"时间"这一主题的真正内涵，从而落实到自己日常行为的点滴之中。

主题活动作为综合性活动的主要形式，蕴含了丰富的促进幼儿全面发展的契机。在主题背景下，为幼儿创设一个轻松愉快、充满情感色彩的美术

情景，不仅有效促进幼儿以美术形式尽情表达自己对主题的认识和理解，使主题活动的意义扩大化，教育性得以升华，更为幼儿营造了一个感受美、表现美、创造美的舞台，让他们在广阔的探索空间里丰富自己的想象和创造，真正体验到美术活动带来的自信与快乐。

疫情背景下居家幼儿美术游戏情景创设教学法的实践研究

一、问题提出

幼儿美术是学龄前幼儿所从事的一种创造性的艺术活动，运用多种艺术形式表达幼儿对现实生活的感受、情感和愿望，对于发展幼儿的观察力、想象力、创造力以及陶冶情操具有非常重要的作用和意义，深受幼儿的喜爱。疫情期间，为了更好地安排幼儿的学习生活，各级各类幼儿园纷纷响应教育部"停课不停学"的号召，利用多种线上教育通道积极探索别样的"居家学习"。然而，学习环境的改变、学习过程的单一、媒体信息的干扰……对于自控能力弱、注意集中时间短、兴趣点易转移的幼儿来讲，无形中提出了巨大的考验。尤其是居家幼儿美术的学习存在一定的弊端：教师拘泥于传统的课堂教学模式设计教学活动；幼儿隔着电子屏幕重复性地操作学习，并受材料所限无趣地模仿，被动地接受；家长对美术教学的忽视以及教育观念的误区……因此，居家幼儿美术在教师主观意图的引导下，看似内容丰富，实则过度指导，幼儿收效甚微，极大限制了他们的想象力和创造力。

为了让美术活动在游戏情景的映衬下真正回归自主，教师要将自己的角色由主导全局转变为辅助配合，利用游戏情景、生活情景、故事情景，选择家中随手可得的操作材料，调动幼儿参与游戏的兴趣，使美术活动滋养幼儿的心灵，调节居家枯燥的氛围，拉近亲子沟通的距离，从幼儿园的"共位集中式"转换为居家学习的"异位散步式"。力求让居家幼儿美术是以游戏情景贯穿始终，以幼儿为中心，以疫情为背景，以经验为基础，以网络媒体为手段吸引其对美术活动的兴趣性、主动性、参与性和创造性，激发幼儿丰富的美感体验，积极的情感表达，主动的自我表现，大胆的本能创造，从而真正实现居家幼儿美术与游戏情景创设的有机结合。为此，我确立了"疫情下居家幼儿美术与游戏情景创设"这一课题，并进行了可行性的实践探索。

二、研究目标

一是通过对疫情期间幼儿居家美术学习现状的观察与思考，明确当前居家美术活动中存在的问题，尝试转变教师和家长"高控"的意识行为，帮助幼儿初步实现学习方式、内容设置、操作材料上的自主，在一定程度上促进其自主性行为的发展。

二是通过疫情背景下的游戏情景创设，使幼儿与家长在真实情景中感知真实事物，缓解紧张情绪与焦虑心情。

三是从幼儿视角出发，运用家中常见的物品让美术回归生活，为幼儿的成长助力，增强趣味性、操作性、艺术性、合作性，确保其未来良好的学习状态。

四是利用多种途径改善教师对美术材料产生的思维定势，支持幼儿在游戏情景中产生新的美术创作，合理调整教师对美术活动的预期。

347

三、研究方法

笔者选取了天津市河东区第二幼儿园某个班级进行调查研究，分别对疫情期间幼儿美术活动进行观察，并结合居家幼儿美术与游戏情景创设的关系，本研究采用了问卷调查法、观察法、行动研究法和理论演绎法四种研究方法，对所要研究的问题进行全面的了解分析。

一是问卷调查法：它是研究者用统一严格设计的问卷，通过书面语言与被调查者进行交流，来搜集研究对象关于教育问题或教育现象的信息和资料的方法。疫情期间，教育被冷冷的电子屏分隔开，面对枯燥单一的美术教学形式，家长和教师变得束手无策，如：缺少儿童主体的游戏观，美术活动中自主性的缺失和存在"假教学"现象，内容选择脱离幼儿生活实际，教师与家长的教育意识与行为脱节，重美术表现结果等严重的问题。为了深入了解家长和孩子在特殊时期对美术教育的预期，明确家长的辅助教育行为，教师针对上述情况发起问卷调查，以便后期进行调整与实施。

二是观察法：观察法是教育研究中运用最广泛、最经常、最直接的一种研究方法，特别适用于幼儿教育和基础教育的研究。本研究从 2020 年 1 月开始，至 2020 年 6 月结束，选取大二班 25 名幼儿为观察对象，捕捉并创设适宜的游戏情景，邀请家长客观记录幼儿居家美术活动的行为，考察幼儿与游戏情景的相互作用，对其行为做出正确的判断和评价。

三是行动研究法：突破传统的居家美术活动思路，改变传统的美术形式，从而使美术活动更具实用性和艺术性。第二阶段，旨在改善教师对操作材料产生的思维定势，支持幼儿在游戏情景中产生新的美术创作，合理调整教师对美术活动的预期。

四是理论演绎法：通过观察与总结居家美术活动的情景创设，操作过程，幼儿的行为反应，深入理解和进一步发展有关学前儿童美术教育方面的理论观点。

◎ 四、研究过程与结论

（一）聚焦游戏情景，凝聚真实表达

清华大学代大权教授评价此次疫情的美术创作时指出："艺术创作的终极价值是对人性更积极的表现，不仅仅是表象或行为，更不能止步于标语和口号式的所谓应急制作。"美术游戏情景的创设是这种理念的集中体现，它将美术融入游戏，通过游戏化方式组织幼儿动手操作和自主探究，从而形成美术的创意表达。疫情期间，教师巧妙地借助游戏情景将美术活动的目的转化为更为生动的内容，使幼儿摆脱"完成目标"的包袱，真正从美术活动的过程中得到心理上的满足。我们不仅要根据内容选择游戏方式，还应考虑

到所选择的游戏是否具有趣味性、是否符合幼儿的需求,因为有趣的游戏才能激发幼儿参与活动的愿望和操作乐趣,让幼儿在玩中发现美、感受美、表现美。

1.扮演游戏角色,优化美术形式。

角色扮演不仅能传达信息,而且更能反映幼儿真实情感,增强他们的情绪体验。将美术活动与角色扮演相结合,能够深化幼儿对活动内容的理解,有利于他们在作品中的情感再现。

例如:为封闭在家的幼儿和家长提供亲子角色扮演的机会,并引导他们运用美术形式大胆表达。如在"逛超市"的情景游戏中,亲子合作将家里布置成超市,亲子绘画张贴海报宣传,布置货架展台,设计价钱标签,制作防疫提示……帮助幼儿在超市的主题扮演中合理运用各种美术表现形式,让幼儿自主选择、方便自己、服务他人,注重体验过程、学会自评、弱化师评。同时,在美术活动——《逛超市》中,结合幼儿已有逛超市的快乐体验,将逛超市游戏贯穿绘画活动始终,并利用超市宣传单上的真实物品图片激发他们的创作兴趣。在整个过程中,幼儿"购物者"的角色不仅带给他们快乐购物的满足感,也更加激发他们自主、愉悦的表现自己内心世界意愿。

2.探索纹样特点,丰富美术表达。

在关注每日疫情信息的过程中,中国地图、武汉地图、天津地图等呈现在幼儿眼前,不仅增强幼儿对地图纹样的关注度,而且丰富他们的想象力和创作力。

武汉是疫情期间举国瞩目的地区,笔者开展美术创意活动《美丽的武汉地图》,由于美术是"做出来"的,通过多媒体技术变形,激发幼儿想象,他们说像枫叶、小兔、小狗、风车……并请他们动手设计武汉地图的形象,运用多种材料进行绘制。幼儿在武汉地图的纹样上,利用多种美术形式进行大胆的创作与表达,从中深刻反映了他们对纹样的想象和创造,促进幼儿手脑并用,帮助他们收获不一样的美术体验。

3. 精选美术资源，深化情感链接。

为了调动居家学习的积极性，教师作为引导者，美术资源的合理利用建立在有感染力的真实问题之上，引导幼儿主动去思考，幼儿通过模仿和想象，创造性地反映现实生活。比如在疫情期间，许多幼儿的爸爸妈妈奔赴疫情前线，不能陪在他们身边，运用什么方式带给他们关爱呢？笔者通过亲子连线帮助幼儿了解爸爸穿着防护服的真实经历，创作一幅"我帮爸爸脱衣服"的撕贴画，幼儿为爸爸设计每一层防护服，通过帮助爸爸脱衣服感受爸爸在疫情一线的危险、辛苦和不容易。

可见，幼儿在自主选择中，情不自禁地将色彩搭配、图形组合与情感体验联系在一起，用自己喜欢的方式去表现、创造美，欣赏着被倾注了自己的情感或生命后的对象的形象，体验着欣赏与创作所带来的愉悦感，更使整个活动富有情趣和生命力。

（二）融入生活情景，精选创作题材

生活情景创设是以幼儿生活为背景，让幼儿在生活中不断拓展绘画经验，习得必要的美术技能，形成积极的审美情趣的一种教学方式。通过构建合适的问题支架，让幼儿在困惑和好奇的过程中完成对新知识的重新建构，利用幼儿的生活经验和好奇的思维特点，在知识的关键处和思维的过渡处关注生活中问题的搭建。

1. 观察生活热点，寻求美术灵感。

居家美术活动与幼儿的生活息息相关，迁移故事经验到幼儿的现实生活中，鼓励他们运用美术的方式去发现、去表达。例如：当预防病毒的宣传语在各种媒体中被大力宣传时，幼儿耳濡目染了各种各样的抗议信息，他们对预防病毒的知识日渐丰富。因此，教师指导幼儿绘制独有的预防病毒宣传卡，并运用于幼儿的家庭生活，云分享给小伙伴，技能得到发展，成就感也得到了满足；给英勇抗疫人绘制感谢信……鼓励幼儿绘制对抗击疫情人的感谢信将是诠释幼儿心情的最好体现。因此，教师在日常生活中应引导幼儿接触周围环境和生活中美好的人、事、物，丰富了他们的感性经验和审美情

趣,并提供自由表现的机会,鼓励幼儿用不同的艺术形式大胆地表达自己的情感、理解和想象,分享他们创造的快乐。

2.挖掘现实资源,拓展美术途径。

身边的教育资源既贴近幼儿生活,又易于激发兴趣。本学期正值疫情期间,在复课前夕,每一名幼儿都争做幼儿园的小主人,他们对即将回到幼儿园充满期待,在了解了复课的各项要求后,他津津有味地讨论幼儿园的隔离带、一米线、防疫箱以及老师们戴口罩的样子。为此,通过向全班幼儿和家长发出倡议,征集设计方案,笔者开展了"疫情后幼儿园的新设想"系列美术创意活动,前期各种资源的利用给幼儿提供了完善的绘画素材,后期的想象创作活动使他们深刻地体会到创造的乐趣,更好地激发他们爱幼儿园、爱集体的情感。

3.借鉴抗疫经验,提升活动体验。

疫情下,幼儿通过各种渠道了解抗疫前后的故事,他们身边经常出现和家人一起抗疫的生活故事。如为了增强体质,养成良好卫生习惯,一起运动、一起打扫卫生、出门戴口罩等,笔者把这些片段用绘画记录,累积下来成为亲子抗疫故事,再加上幼儿的想象,录制成故事后利用班级钉钉群就成了幼儿间的抗疫故事云分享。可见,他们已经把身边的抗议经验运用到生活实践中。与此同时,许多抗疫子女运用各种形式给抗疫一线的父母写信,也有抗疫一线父母写给孩子的信,封封为之动容!活动不仅促进幼儿的原有经验得到重组、再现和拓展,也激发他们的无尽想像。

(三)优化绘本情景,促进自主表达

随着疫情舆论的不断升温,网络中涌现出各种有关新冠肺炎的电子科普绘本。教师按照艺术的表现特点与幼儿的需求,精心搜集情节丰富、画面优美,幼儿乐于接受的绘本,为其美术活动提供引人入胜的情景,并选择适宜的美术形式对疫情绘本进行加工再设计,把绘画的要求、技能等自然融入其中,将美术表现与绘本情景融为一体,从而让幼儿在防疫故事中大胆地表达表现。

351

1. 感受绘本风格，发现美术元素。

在疫情期间，我们坚持美术的正面导向，提升幼儿感受、欣赏的审美能力，用美术的绘画手法让正能量在幼儿心中建构。通过把握幼儿的兴趣与需要，挖掘绘本中的美术元素，教师搜集了《花糖之家过非常之年》和《地球是一颗病毒星球》两个绘本，请幼儿观察两个绘本的绘画风格，进行比较分析，从美术元素的角度探讨绘本的美。其中，《地球是一颗病毒星球》形象简单可爱，线条明快流畅，色彩变化多端，直击幼儿的心理，深受他们的喜爱，而《花糖之家过非常之年》色彩相对单一，没有和幼儿产生情感共鸣。可见，通过对比观察、自主感受，幼儿发现了影响美术"美"的诸多元素，为今后绘画的表达表现提供支持。

2. 关注故事情节，提升自我效能。

通过绘本赏析，结合幼儿的亲身经历，教师带领幼儿进一步讨论、分析故事情节，理解绘画与故事之间的关系，并引导幼儿运用自己掌握的美术表现方法尝试创作故事画，在问题情境中用行动完成任务的认知策略能增强幼儿自我效能感。比如：在《一个不能溜达的春节》中，教师利用美术活动鼓励幼儿大胆表现自己对故事的理解和感受，让幼儿的日常行为与绘本达成情感共鸣，引导他们根据自己的想法大胆想象，并利用绘画形式尽情地创编故事。不仅拓展幼儿想象的空间，而且在表达表现中重新审视疫情带给我们不一样的感受，从而激发幼儿养成良好的生活卫生习惯，学会保护自己、爱护家人、维护社会。

3. 彰显技术个性，扩展绘本空间。

为了体现视觉性，教师运用信息技术变静态为动态，采用音频、视频、公众号、美篇等操作平台，探寻线上信息交流通道，选择日常应用、使用灵活的线上个性化指导作为载体，帮助幼儿累积视觉、触觉和其他感官的经验，让操作活动更鲜活、更有趣，尽可能满足幼儿对感官体验的需求，形成创意思维，处理个性化的美术内容。同时，结合疫情背景和幼儿年龄特点，挖掘其背后的教育意义，甄选具有防疫特色的绘本《新病毒的入侵》开展美术活动"微观大战",通过动态的显微镜观察微生物的千姿百态:大眼鱼、葵花、红孩儿等拓展幼儿的设计思路,引导他们利用家中各种材料,运用撕贴、拼接、添画、制作等美术形式创意抗体的形象,不仅满足幼儿动手操作的兴趣,更加深他们对疫情现状的了解,使他们懂得责任与担当,理解生命的珍贵。

五、研究反思

结合时代背景以及幼儿的兴趣点,利用家庭现有资源,在潜移默化创设游戏情景的过程中,居家幼儿美术开启了线上美术教学的新篇章,帮助家长树立正确的"重过程,轻结果"的教育观念,充分彰显幼儿美术表现的自发性、主动性,使幼儿的感受与欣赏、表现与创造是一种自然的流露。

(一)游戏情景下的居家幼儿美术是一种感性地把握世界的方式

通过为期几个月的实践研究,我们惊喜地发现:游戏情景的创设极大提高了亲子美术活动的参与度和满意度,85%的家长和幼儿选择"关爱他人"的主题,90%幼儿的美术表现水平得到提升,家长对操作材料的认可度超过95%。可见,当幼儿身处宽松的心理环境和丰富的物质环境时,其诸多的生活经验和情感体验都会生成许多有趣的美术主题,只要给予幼儿一段不受评价的时期,使其想象不受阻碍,他们就能发现一个属于自己的意义世界。

(二)游戏情景下的居家幼儿美术是思想情感的触碰与表达

疫情下,每个家庭都身处水深火热之中,新冠病毒使幼儿阻断了亲情,失去了自由,他们对此有着独特的见解、丰富的感受。98%的幼儿运用多种美术形式,凭借自己的双手为社会、为亲人、为朋友献上自己的一份力,而教师需要指导家长尊重幼儿的感受,听懂幼儿的表达,相信幼儿的创造,用"静待花开"的教育理念,让幼儿的居家美术变得多元,变得具有更多可能。

(三)游戏情景下的居家幼儿美术是独立、自主的视觉思考与艺术感受

幼儿感兴趣于过程不在乎结果,他们的创作能力是在大量游戏化的表现机会中发展起来的。因此,为幼儿创设一个轻松愉快、充满情感色彩的游

戏情景、生活情景、故事情景，有效促进幼儿利用美术形式尽情表达自己对疫情的认知与理解，润物细无声地拓展美术活动的意义，升华其教育价值，为幼儿搭建了一个感受美、表现美、创造美的舞台，让他们在广阔的艺术空间里丰富自己的想象与创造，真正体验居家幼儿美术带来的快乐与自信。

同时，特殊时期的居家幼儿美术作为综合性活动的主要形式之一，蕴含了丰富的促进幼儿全面发展的契机，为教师现阶段的教育教学提出挑战，带来机遇。在互联网＋的支持下，我们基于幼儿自主发现、自主探究的学习方式，积极抓住美术领域的特点，改变教师的角色定位，转变家长的评价视角，探索面向未来的美术教育。

第二节
做好教育感悟，奋斗育人征途

启 航

　　总觉得离校的日子还在昨天，可看到二幼今夕的变化，我才发觉已经过了三年；总觉得自己还是长不大的孩子，可即将送走第二届大班孩子，我才意识到自己是个大人了；总觉得自己压力大、眼泪多……因为此刻的我终于读懂了那句话——不经历风雨怎会见彩虹！

　　每当漫步在幼儿园的石板路上，环视四周的一切，我总爱回忆，回忆过去的日日夜夜：回首这三年，我是幸运的，因为我亲眼目睹了二幼的旧貌换新颜；亲耳聆听了揭牌儿仪式上的声声礼炮；亲身体会了全园上下的齐心协力；亲自品尝了丰收后的累累硕果……园所的每一方角落都撒满大家的欢笑与汗水，尤其是二幼领导时时处处以身作则，让我感受到什么是平等，什么叫奉献。所以我也在无怨无悔、脚踏实地地做每一件事。今天的二幼在众人敬仰的目光里鹤立鸡群，我也因是二幼人而深感骄傲与自豪，我看到家里的每一个人都在用心地当家做主人，爱惜自己身边的一砖一瓦、一草一木，因为经历风雨才见到彩虹，我们会倍加珍惜眼前的一切！

　　每当漫步在幼儿园的石板路上，仰望幽蓝的天空，我也爱憧憬，憧憬未来的点点滴滴：伴随着市级示范园的正式挂牌，改扩建工程的顺利竣工，园所网站点击率超高不下以及全社会的高度认可，我们无比自豪！二幼已经成为学前教育的领头羊，而我们则是这头羊的内脏，我们健康与否直接关系到它寿命的长短，相信在当今这个竞争激烈的社会里，我们要想永葆年轻态只有在具备全方位能力的基础上，专心学习、大胆创新、扎实做事、善于反思、勤于总结、培养自信才能做好它的内脏，促进它的血液循环，让它永远年轻，有朝气，终有一天会走向全国，乃至全世界。

每当漫步在幼儿园的石板路上，捧着那一张张稚嫩的脸庞：两年的班长生涯，让我终于体会到什么叫感恩。我的孩子们即将从可爱的幼儿园毕业了，我感谢他们，感谢他们带给我当班长的初体验，因为他们陪伴我一路成长，让我更加成熟、自信地面对自己的职业。我坚定地告诉自己：我会用自己的教育理念赢得家长的信任与期待，给孩子们一个真正快乐的童年！

人们常说：回忆过去，展望未来，唯一握住的只有现在。我会把此刻作起点，乘着二幼这艘巨轮，以百米冲刺的速度向下一个目标启航。

我看我

2011 年是我在二幼工作的第七个年头。一路走来的日子让我感悟出一个道理：眼睛只眺望遥远的前方，而没有看到自己的眼前和眼前的自己，会因急于求成，而乱了脚步与心境。因此，我们要留一只眼睛给自己，唯有如此，我们才能辨析自己的状态，明确自己的目标；唯有如此，我们才能透视自己的灵魂，检点自己的内心；唯有如此，我们才能戒骄戒躁、持之以恒、不断前行！

留一只眼睛给自己，就是留一个微笑给自己。我是一个感性的人，所以总爱被身边的人和事所感动；我是一个直率的人，所以总是在不经意地言谈中伤了别人；我是一个脆弱的人，所以总是在得意或失意时掉眼泪——这是我最大的弱点。我总暗暗地告诉自己"眼泪解决不了问题，一定要坚强、冷静地面对一切，重新审视自己，善于发现自己的价值，只有这样才能永不褪色。"

留一只眼睛给自己，也是留一盏明灯给自己。每次在做选择的岔路口上，我总是辨不清方向，找不到路径，值得庆幸的是，在领导、老师们的帮助下，我正在一步一步地走向成熟，坚信只要牢牢守护自己的内心，不动摇、不迷失，就永远不会偏离自己正确的人生轨道。即使风再大，我也会一路向前。

留一只眼睛给自己，就是留一点警醒给自己。每当取得一点小成绩时，我总是告诉自己：这件事我做得很棒，但不要骄傲；这件事我没有做好，给自己制订一个小目标。以督促换努力，以努力换自信，以自信换成功，以成功换未来！

这就是我，留一只眼睛看前方，留一只眼睛看脚下，我看我！

孩子是天 应老师是云

还记得前几年，我有机会到上海学习，与应彩云老师有过一面之缘，如此精彩的教学现场把应老师活脱脱地展现在我的面前，激动的心情难以言表，因为在我心中，应老师是最美的幼儿园教师！

久闻应老师的幼教传奇，我身临其境地感受着"孩子是天，我是云"的人生誓言。应老师甜美迷人的微笑、高山流水的声音给我留下了深刻的印象，孩子喜欢她，家长敬重她，同行折服她，领导欣赏她，专家青睐她，我更加敬佩她！透过她充满童话色彩的辉煌事迹，走进她洋溢童真个性的专业与专攻，我看到了一个健康快乐、率性执著、纯静可爱的应老师。

"天大地大，孩子最大。"在应老师的眼里，孩子们个个都是最优秀的；在孩子们的眼里，应老师更是个本领最大的，不管什么在应老师眼里都不是难题。是她的努力与坚持引领着自己一步步走向事业的高峰，在她成功背后是学习的积累，是知识的积淀，更是文化底蕴的支撑。

应老师让孩子眼睛变得明亮，心灵变得敏感，思维变得敏捷。她让孩子生活在一个宽松、平等、无拘无束，能按自己意愿想说、敢说、喜欢说的和谐氛围中。运动场上，她是孩子有力的竞争者；游戏活动中，她是孩子争抢的玩伴；主动学习中，她和孩子是合作者，引领他们遨游知识的海洋。她常以"是这样吗？""有不同意见吗？""还有更好的建议吗？"进行提问，目的是让孩子有感而发，把自己的体验、经验和期望大胆地表达出来。她的策略不是等待唯一的、预设的答案，而是故意引发孩子思想的交锋和观点的碰撞。

孩子的需求她会满足、孩子的建议她会采纳、孩子的喜悦她会分享、孩子的忧愁她会分担、孩子的矛盾她会化解。最美的应老师是我的榜样，更是幼教人的骄傲，我们每一个人都应朝着这个方向努力，心中永远铭记这样一句话：天大地大，孩子最大！

扬帆领航，展翅翱翔
记河东区领航教师赴北京学习总结

在"教学课程实施与学科教学"的学习培训中，我们不仅有幸聆听了北京十一学校章巍校长的《课堂教学的设计与有效管理》以及北京四中原校长刘长铭的《促进教师发展，提升教学质量》的报告，还实地观摩了北京东华门幼儿园、北京丰台第三幼儿园的园所环境和教学活动。同时，我们利用休息时间组织小组教研，每个人都积极参与，碰撞智慧的火花。

一、挖掘多元的教育智慧，放大个性的园本文化

教育的本质是培养人的社会属性，教育的价值在于促进人的发展和社会统一，这就是新的教育观。东华门幼儿园和丰台三幼充分发挥自己的地域特色，将传统文化渗透其中，让专业机构给予幼儿园环境最专业的支持，弥补幼儿园的技术缺失，使孩子们在真游戏中感受美、表现美、创造美。

◎ 二、渗透"选择"的平等与自由，关注"选择"的责任与担当

在专家讲座中，让我印象最深的一句话是"让孩子为自己的选择负责""选择"是一个人一生中无数次需要经历与面对的教育行为，让他爆发出巨大的动力去支撑自己。那么如何在幼儿园教育中为幼儿提供选择的机会，培养孩子学会自主选择就显得尤为重要！

在我园的选班活动中，孩子们通过欣赏每个老师的教育技能展示，认真思考，慎重选择自己想去的班级和喜欢的老师。由于每个孩子性格各异、适应能力不同，内向孤僻的孩子听到"选班"就开始默默流泪，不想离开自己熟悉的班级和老师，而活泼开朗的孩子会表现得十分兴奋，愿意接受新鲜事物的孩子会迫不及待地尝试接触新的班级、新的老师、新的朋友……面对孩子们的不同表现、不同选择，我们需要鼓励他们慢慢感受"选择"带来的平等与自由，从小敢于选择，乐于选择，善于选择的孩子一定会忠于自己的选择。我们也通过自己的教育智慧帮助每个孩子按照自己的意愿去选择，适应这个千姿百态的世界。

◎ 三、创新二次体验式阅读，收获多感官通道发展

在观摩东华门幼儿园大班的阅读活动中，我们真正感受到二次体验式阅读的乐在其中。孩子们自主选择、自主观察自己喜欢的画面，关注细节，运用各种拟声词模仿动作和表情，利用身体上的多感观通道感受"嘈杂"的街道和每一个人物的不同心理，通过自由结伴、共同协商、大胆表现进行表演。整个活动不仅打破常规，改变封闭的教学形式，还讲触角延伸至现实生活，以宽容、保护、用心的态度对待孩子，让他们透过实践活动亲身感受具体而丰富的客观世界，激发孩子创造性解决问题的欲望，激发他们的好奇心和求知欲，使其从中发现问题、分析问题、解决问题。

四、实施跨学科主题课程，认知无边界完整学习

北京十一学校通过落实国家课程总目标这条暗线，有机融合"认识自己""认识自然""认识社会"这三条明线，设置多条线索的课程网，伴随着孩子易于理解与生成的课程，让他们在游学中触摸历史，与幼儿园教育理念不期而遇——课程即生活，处处皆课程。作为新时代的领航教师，我们要善于发现和保护每个孩子的创新意识，唤醒内在潜能，尊重个性发展，帮助每个孩子发现目标，提升课程的实施能力，向课程深处行走，推进完整学习。

五、体验做好老师的幸福，永远让心灵醒着

能否成为一个好教师，首先在于有无敬业精神，是否喜爱这项职业。陶行知先生献身教育无怨无悔，拥有"捧着一颗心来，不带半根草去"的职业情怀，这是一种自我超越的境界。我们每个人都有本我、自我和超我三个心理层次，培养教师的敬业精神，弘扬好的风气，鼓励教师为神圣的教育事业奉献自我，会使每个人透过自我的修养，约束本我的不正当欲念，到达超我的境界。让我们牢记"育人先育己，立德先立人"，体会做好老师的幸福，永远让心灵醒着！

此次培训的路程是有限的，收获却是无价的。无论是从思想上还是专业上，对我而言都有很大的提升。专家的精彩讲座和教学的现场观摩，让每一位教师像大海一样敞开胸怀容纳百川；像太阳一样不断进行新的核聚变，做一个永远积蓄新能量的大火球，唤醒孩子，温暖家庭，照亮未来。为孩子，为教育，为明天，让我们扬帆领航、展翅翱翔。

环境之境　教育之美

第一次赴美学访

第一次飞越浩瀚的太平洋，才理解人类的渺小与脆弱；第一次踏上美国

的土地，才深知祖国的繁荣与富强；第一次离开自己的家人，才懂得亲情的难舍与可贵；第一次辗转反侧的无眠，才发觉黑夜的漫长与等待；第一次感受美国的学前教育，才审视专业的特殊与唯一；第一次对话外国的小朋友，才体验到心灵的碰撞没有国界……人生有太多的第一次，短短几天的经历是我一生的幸福与幸运，希望把这份幸福与幸运带给每一个人。

美国学前高瞻课程模式下环境创设与活动组织具有开放性、自然性、趣味性和安全性的主要特点。它是以明确的原则创设开放的活动区域，以因地制宜的手段设置自然的活动空间，以因材施教的方法选择有趣的活动材料，以动静结合的形式构建安全的活动内容。

一、环境彰显教育的内涵

（一）基于儿童视角呈现儿童作品，展现学习过程

每学期的"环境创设"都会成为教师们绞尽脑汁的硕大工程。在斯坦福幼儿园，我们随时随地都能看到孩子参与的痕迹，感受他们丰富的想象力与无穷的创造力。圣诞节快到了，孩子们利用各种材料装饰的圣诞树、雪人和火鸡，就连雪人的帽子、围巾都各不相同。由于这里的孩子大多数都是墨西哥人的后裔，所以幼儿园将学习英语作为主要课程之一，所以在他们的环境中总是呈现出每个孩子学习的过程，如：特色作业、绘画作品、名字 DIY、自画像等。

（二）使用生活本品创设墙饰背景，体现隐性智慧

在米德尔顿和斯坦福幼儿园楼道和班级的环境里，我们随处可见这种简洁、明快的背景墙，其中蕴藏各种教育价值，如：利用蓝黄排序的小星星或手拉手的小朋友装饰边框，其中，他们穿的衣服是按照红、橙、黄、浅绿、深绿、青、蓝、紫、粉的顺序排列的，衣服上是 26 个英文字母，并且按照人物的表情、动作进行排序，凸显孩子作品的丰富内涵。同时，他们利用稻草、花布、落叶、棉花等生活本品装饰精美墙饰，既环保又有生机。

可见，他们看似简单的环境不是呆板的摆设，而是将隐性教育无声地融

入环境创设之中,让孩子们自己去观察、去发现、去探索。

(三)利用传统文化打造益智操场,尽享快乐体验

在美国幼儿园干净、素雅的操场上,我竟然发现了小时候曾经玩过的"跳格子""掷沙包""过小河",不过他们只用简单的线条表示,节省资源与空间。操场上还有玩水区、玩沙区、钻爬区……在寒冷的天气,他们随意坐在水泥地上尽情涂鸦,看似凌乱的背后隐藏的是真正的快乐。

(四)运用绘本信息营造正确导向,传递教育智慧

在美国幼儿园,墙饰会呈现各种图文并茂的绘本信息,使教育意义最大化。如:《大卫的烦恼》绘本情境中出现的五颜六色的气球,数字点数的图片,数量对应的粘贴,英文名字的拼写,规则提示的儿歌,数字通道的标志……活动性材料、自检性墙饰的巧妙设计有效支持孩子的自主学习,引导孩子进行细致观察、自主参与、大胆创作、有效学习,营造正确的价值导向,传递隐性的教育智慧。

在交流欣赏的过程中,我怀着激动的心情带来中国特色的传统染纸,斯坦福幼儿园的孩子们对染纸产生浓厚的兴趣且具有规则意识。在积极的互动游戏中,我们一起将染纸作品装点在开放自主的环境中,收获彼此的共同成长。

记河东区领航教师赴天津师大培训总结

记河东区领航教师赴天津师大培训总结

为了顺应时代发展,开阔教师视野,更新教育理念,提升教师专业化水平,区教育局为领航教师搭建了高屋建瓴的培训平台,引导我们转变观念,静心思考,准确定位。在四天紧张而充实的学习培训中,我们不仅认真聆听了白学军校长对教师心理健康的分析与调试,系统解读了南京师大、山东师大、天津师大的专家报告,还实地参观了天津师大的校园和实践中心,在积极的研讨与操作中,我们对未来教育有了更新的展望,对自身发展多了更高

的追求。

一、诠释科学的教师观,享受心灵的幸福感

首先,幸福要拥有一颗好心脏。我们不仅要善待自己,学会在现实生活中感受幸福,制定切实可行的奋斗目标,还要善待同仁,学会在合作互助中体悟幸福,作为教师我们要善待孩子,学会在情感交融中享受幸福。

其次,幸福要拥有一个好榜样。在好学乐学中,让幸福感不仅体现在结果,也存在于过程。提高外在幸福感的关键是"成长",在成长中感受幸福,在幸福中促进成长,师幼共同成长是教师获取幸福感的必经之路。

最后,幸福要拥有一个好品格。不同的人对幸福的感受和体验是不同的,这种感受和体验取决于人的内在素养,取决于人的内心境界。

二、领略智能的 AI 教育,助推高效的新教学

面对 AI 赋能教育的嵌入,我们每个人在大数据面前都是透明的,它们比我们还了解我们自己,不仅影响着我们的生活、工作,还让我们的教育变得更有温度。

身处"人人皆学,处处能学,时时可学"的学习型社会,我们要坚持不懈地推进教育信息化,努力以信息化为手段扩大优质教育资源的覆盖面,使其内嵌在教育中。运用人工智能将教学转化为大数据分析,并以孩子为中心,以人工智能为辅助,为每个孩子提供个性化、制定化的学习内容和方法,激发深层次的学习欲望,大力促进教育公平,让亿万孩子同在蓝天下共享优质教育,通过知识改变命运。

作为新时代的教师,我们绝不能用自己的学识限制孩子。只要我们留心观察、用心尝试,推进信息技术与教育实践的深度融合,定会让智能化的教学更高效,让高效教学陪伴孩子成长。因此,我们深切感受到未来已来、智能已至。

三、跨越艰难的高原期，寻找适宜的教学路

步入事业高原期的我们，怎样才能调整目标、挖掘潜力、独立思考、直面挑战，欣赏到山顶最美的风景呢？

首先，确立登顶的目标，选择一双最适合自己的鞋子，寻找一条适合自己的道路，不满足于常规，才能走得更远，爬得更高；其次，做回"真"与"诚"，修炼最好的自己，让成熟变成内在的定力，成为自己一种坚定的信念，永远不会轻易被外界的新鲜事物所改变；再次，从模仿—独立—创造—有风格，这是我们逐渐蜕变的过程，只有善于发现自己适合的位置，发挥最大的价值，才能形成独特的教学风格。

路是自己"闯"出来的，有"闯"的精神才会有创造，我们要不断的积累自身的优点，像滚雪球一样把优点变成优势，做一名心里明亮、透彻、智慧、真正的领航教师。

四、体验灵动的创客思维，尝试柔软地改变教育

陈鹤琴指出：做中学，做中玩，做中求进步。《3—6 岁儿童学习与发展指南》强调幼儿的真实感受，亲身体验，实际操作，这与创客教育的理念不谋而合。每个孩子都是天生的"创客"，只要激发孩子自身的兴趣，才能吸引他们主动参与。

首先，我们要把自己变成孩子，通过团队分工协作，进行构思、设计、制作、调整、体验、分享；其次，在操作中，通过失败磨练自己，探索新奇的世界，把握个性化的需求，把想象变成现实，在参与式体验中感受思维的碰撞。

在创客思维与创客精神的引领下，我们深刻解读这种新型的教育模式，重新审视创客在幼儿教育中的实践与应用。我们要发扬"爱教育，爱孩子，爱技术"的创客精神，停止抱怨，行动起来，聚你我之力柔软地改变教育。

专注童心植根实践沃土　辐射担当助力团队成长
2020 年教师节大会发言

还记得在 2020 年教师节大会的"名师工作室"授牌仪式上，我从领导手中接过这份沉甸甸的责任，心中激荡着"不待扬鞭自奋蹄"的决心，因为这不仅是一次机遇、一份荣誉，更是一种鞭策、一个梦想。在国培计划、卓越教师、名师领航的学习历练中，我以"呵护本真"的教育情怀倾心耕耘，执着对孩子的解读和对教育的研究，以从不间断的学习滋养着教育生命，以一以贯之的教学浇灌着教育生命，以脚踏实地的研究升华着教育生命。特别是在名师深度培养工程中，我得到了专家们高屋建瓴的引领与支持，让我更加明确了自己作为一名名师领衔人的发展方向。我也将自己的研究专长在我的名师工作室中不断进行着反思与实践，在团队建设中彰显合力，共筑愿景，提升专业素养，引领团队成员逐步成长为研究型教师。

一、强化专业素养，搭建多维平台

为了强化成员的专业素养，诠释职业精神，引领职业情怀，我们开展了"博览群刊以书为御"的系列活动，针对课题研究选读一些提升自身师德修养、提高专业能力、做好课题研究、指导教育实践等方面的专业书籍，也选择了教育名家传记、心理学理论和提高自身修养、增添生活色彩的书籍。同时，利用零存整取式的学习通道，通过专题化阶段研究，答疑式名师互动、碎片化智慧聚焦等创新学习载体，引领教师不断碰撞灵感火花，共享科研新知；采用线上共学、线下研讨等多种方式开展合作研习、拓展教育资源，拓宽教师视野，丰富教育内涵，在内化学风中强化专业规范，努力升华成员的理论素养与学习践行力。

二、植根教学实践，聚焦专项研究

在与孩子的朝夕相处中，我深刻地体会到自然的教育才是最好的教育。在"润泽生命、呵护童心"的理念指导下，我始终追求让生活小事情成就教育大文章，并探索出"在生活中成长、在游戏中发现、在环境中体验"的教学风格。从关注环节实效组织，研究差异指导策略，观察幼儿个性表现入手，通过读懂幼儿、整合课程、提升质量三个维度共享自己的思考与智慧；利用自主探究、团队共研、专项攻关等方式，开展专项领域的一课三研、同课异构、微片教研等，以学习成果实时传递，教学现场远程观摩、异园并行研究探讨等方式，关注工作室各成员间的成长节点，提高工作室各项活动的实效，在多元化的思维碰撞以及植根于教育现场的热点剖析中收获交互成长。

三、辐射引领示范，互助协力成长

为了更好地发挥名师工作室的辐射引领作用，我们借助多种教学资源和信息技术的融合，加强园所三个名师工作室之间的交流共享、合作互动，并邀请天津师范大学、天津市教育科学研究院的专家开展讲座、研讨、现场观摩，组织分层次、分领域、分优势的培训，以达成工作室成员之间的互助交融、协同发展。在河东区立德树人优质均衡培训月及对天津市农村幼儿园骨干教师的培训中，名师工作室教师积极承担培训、观摩任务，辐射专业魅力，彰显名师风采。

未来，我们将进一步明确"强化教师职业精神，引领团队专业成长，激发教育创新能量"的研究方向，通过"名师"的精神熏染与学术支持，与怀揣梦想的老师们携手并肩，共建学习、研究、成长的共同体，努力做师德的表率、育人的模范、教学的专家。在此，我也谨代表名师工作室领衔人郑重承诺：

作为幼教事业的领头羊，我们将不忘教育初心，坚守育人承诺，传承创新使命，努力构建"内塑修养、外注专长、聚焦优势、兼容并蓄"的立体发展空间，带领团队成员植根教学现场、躬身科研实践、创新教育智慧，以合作共进垫起教师专业发展新高度，以团队交融提升教师职业新境界，努力打造一支政治素质过硬、业务能力精湛、育人水平高超的名师团队，彰显河东幼教风采，践行新时代"四有"好教师责任，竭诚塑造河东教育品牌，共同守望河东幼教新的辉煌！

遇见领军培训，照亮"我们"未来
参观北京市第一幼儿园有感

遇见北京一幼，邂逅育人惊喜；遇见童心世界，孕育智慧成长；遇见领军培训，照亮"我们"未来。

在深入贯彻党的二十大精神，落实《新时代基础教育强师计划》中，作为2023—2024级学员，我们承载着促进本学科教育发展的光荣使命和责任担当，全身心投入首届新时代中小学学科领军教师示范性培训中，不仅拓宽学科视野，更在深入细化的学习研究中启迪思维方式，打开创新视角。

徜徉在北京一幼的园史甬道，聆听这所与共和国同龄幼儿园的成长故事，传承红色基因，满怀开放心态，明确育人方向，让爱国情怀成为孩子的生命底色，让自信自主成为孩子的生活态度，让审美愉悦成为孩子的生活方式，让好奇创新成为孩子的学习方式。七十多年，北京一幼孕育了一代又一代具有"中国心、中国情"的中国娃，完美诠释了"爱、勤、精、新"的办园精神。

苏格拉底曾说："教育不是灌输，而是点燃火焰。"在与孩子的同行探索中，北京一幼结合自身地域特色，利用首都文脉资源，释放孩子的主体性：与国旗护卫队零距离交流，感悟国旗精神；在故宫博物院参观游学，感知传统文化；于中轴线公园举办艺术展，自主探究中轴线保护方案；在非遗文化的传承中，体验浓郁的京味儿文化；在北京四合院分园开展"生活中的科学"，支持孩子的自主探索、自我发展；在艺术教育科学化的发展进程中，北京一幼立足传统，面向未来，将人文性、综合性、愉悦性、游戏性蕴含其中，为"快乐育人"镶上一抹亮丽的办园底色。

躬耕领军沃土，令"我们"时有感动、时有收获。感恩教育部新时代幼儿园领军教师示范性培训，感恩北京师范大学为"我们"搭建一个又一个舞台，感恩导师的悉心指导与专家的精彩讲座，感恩班主任的倾心陪伴与同学的奋进助力。我们将充分利用优质资源，不忘教育初心，坚守育人承诺；扎根教育实践，传承创新使命；潜心思考交流，不断提升自身综合素养和专业能力，做教育教学改革创新和质量提升的先行者，努力书写工作领域的新篇章，并在自己的工作岗位上持续发挥示范引领的新作用，真正实现职业发展的新飞跃。

后　记

　　教育是生命孵化生命，品行熏染品格，热情点燃激情的一种情怀。十九年前我选择了成为一名幼儿园教师，"孩子是天，我是云"的人生感悟，让我始终坚持用爱与责任凝炼智慧、品味幸福。犹如云在天上丰富了天的内涵，天又承载了云的生命一样，高远的天让云有了第二次绽放的机会，正如我们从事的职业一样，用专业成就彼此的未来。

　　本书以自己近二十年的从教经历和专业成长为主线，阐述幼儿园教师的专业形象与专业化成长。从教育寻真、教育求索、教育悟道、教育研究四个方面回顾自己用良心诠释这份"看不见"的教育，沿着前辈的足迹走到今天，站在巨人的肩膀眺望明天的心路历程，既有叙事性故事，又有研究性成果，希望志同道合的"我们"携手前行，珍藏人生美好！

　　本书虽是我多年来专业成长的有力见证，但一路走来，饱含了太多的关心与支持。首先，感谢河东区教育局领导的远见卓识，为我搭建展示自我、促进发展的平台；感激园所领导、老师给予我们的信任、肯定、鼓励和帮助；感谢与我并肩成长的孩子和家长，带给我职业幸福与教育体悟，让我从中汲取能量、收获成长。千言万语诉不尽诚挚的谢意与感动，期盼广大读者在阅读后提出宝贵意见，以使本书更臻完善。

　　愿这个大写的"我"成就"我们"气度与从容，愿这个大写的"我们"赋予教育精神与品格。我愿做一朵云绽放在天宇，用智慧的爱、执著的信、高尚的情去发现，去挖掘，为自己——厚实涵养；为孩子——奠基人生！

2023 年 10 月

369